CW00517655

EDITIONS
ARCHIVES D'ARCHITECTURE MODERNE
14, RUE DEFACQZ, 1050 BRUXELLES
IMPRIMÉ EN BELGIQUE
DÉPÔT LÉGAL D/1985/1802/1
ISBN 2-87143-005-5

Conception et réalisation
Conception and realization

Brigitte Buyssens, Maurice Culot, Olivier Demot, Marc Gierst, Anne Van Loo

FRANCIS STRAUVEN

rené braem

LES AVENTURES DIALECTIQUES D'UN MODERNISTE FLAMAND
THE DIALECTICAL ADVENTURES OF A FLEMISH MODERNIST

BRUXELLES

ARCHIVES D'ARCHITECTURE MODERNE

RUE DEFACQZ 14

M C M L X X X X V

Remerciements à

René Braem lui-même, qui m'accorda de nombreux entretiens et qui
m'a donné accès sans réserve à ses archives;
Geert Bekaert, pour le rôle stimulant et clarifiant qu'il a rempli dans
mes recherches;
Adolphe Nivelle, directeur du Provinciaal Hoger Architectuur Instituut de Hasselt, pour l'intérêt effectif qu'il porte à mes recherches;
Jul De Roover, qui m'a confié bien des souvenirs concernant son père
et la période traitée en général;
Marcel Smets, pour quelques entretiens au sujet de l'histoire de
l'urbanisme belge;
Emile Van Broeckhoven, pour quelques indications utiles concernant
l'histoire politico-économique de la Belgique;
Germaine Schillemans-Hofman, Frans Mortelmans et Josef Frickel,
pour leur témoignage émouvant sur la vie et l'œuvre de Julien Schillemans.

Thanks to

René Braem himself, who met me for frequent discussions and gave
me unconditional access to his archives;
Geert Bekaert for the stimulation and insight he gave me in my
research;
Adolphe Nivelle, director of the Provinciaal Hoger Architectuur Instituut in Hasselt, for the practical interest who showed in my research;
Jul De Roover who provided numerous recollections about his father
and the period covered;
Marcel Smets for a few talks about the history of Belgian urbanism;
Emile Van Broeckhoven for helpful indications about the politico-
economic history of Belgium;
Germaine Schillemans-Hofman, Frans Mortelmans and Josef Frickel
for their moving testimony on the life and work of Julien Schillemans.

Les photographies ont été réalisées sur place ou d'après des documents originaux appartenant à H. De Belder, C. Vermeir, F. Strauven
et les Archives d'Architecture Moderne.

The photographs were taken on site or come from original documents belonging to H. De Belder, C. Vermeir, F. Strauven and the
Archives d'Architecture Moderne.

TABLE DES MATIERES
CONTENTS

1929
Projet de bibliothèque.
Project for a library.

INTRODUCTION

Au sein des traditions architecturales belges, l'architecture a toujours été considérée comme une réalité artistique autonome. Tant les conservateurs que les progressistes des générations d'après 1830 en parlaient et la décrivaient toujours en termes d'esthétique, de construction et de fonction. Suivant l'esprit du temps, les trois catégories vitruviennes prenaient une forme et une signification changeantes, mais elles continuaient à constituer le cadre conceptuel de l'architecture tout en en déterminant les limites (1).

D'autre part, l'idée que l'architecture est corrélative à la structure de la société se retrouve dans les traditions du modernisme belge, mais alors plutôt comme une conscience latente, qui ne se manifeste qu'à des moments de conjoncture «ouverte» (2).

Dans cette tradition, Renaat Braem occupe une place particulière. Si cet Anversois a été considéré pendant très longtemps comme le représentant le plus important de l'architecture moderne en Flandres (et en Belgique), ce n'est pas uniquement à cause du grand nombre de bâtiments qu'il a réalisé, mais aussi à cause de la réflexion idéologique explicite dont il a encadré son activité de constructeur. Dans son enseignement, tout comme dans ses conférences et ses publications diverses, il a toujours pris position avec la même ardeur contre les habitudes de construction établies, et il a toujours œuvré pour une «architecture totale», une organisation «totale» du milieu humain qui, selon lui, devrait fonctionner en tant que «levier» pour la réalisation d'une société socialiste libérée. Il défendait avec d'autant plus de conviction ses opinions qu'elles s'opposaient à la conjoncture idéologique dominante: dans sa jeunesse, pendant la montée du fascisme et surtout plus tard, pendant la guerre froide. Dans le monde architectural belge coupé de sa propre histoire, qui «découvrait» à tâtons ou croyait inventer l'architecture moderne dans le vide idéologique des années '50, les discours et les publications de Braem constituaient presque l'unique point de repère théorique; et ce, aussi bien pour ses partisans que pour ses adversaires. Aussi Geert Bekaert a-t-il considéré Braem, dans le contexte belge, comme le théoricien principal de cette époque.

Au cours des années 60, d'autres conceptions

s'imposèrent et Braem qui continuait à défendre à tort et à travers sa vision de la façon la plus étonnante dans son pamphlet retentissant «le pays le plus laid du monde», dut faire face à des critiques ainsi qu'à des réserves croissantes. Des critiques fondées d'ailleurs, dans la mesure où elles s'élevaient contre les contradictions internes de son raisonnement, mais aussi souvent des critiques bornées qui s'appuyaient sur les slogans dans lesquels, après des années de prédication, Braem avait résumé ses conceptions.

L'analyse historique qui suit tend à présenter cette personnalité qui marqua profondément l'architecture belge d'après-guerre sous un jour permettant une évaluation fondée de sa démarche.

L'examen porte sur l'origine des idées et de l'œuvre de Braem, mais aussi sur la façon dont les intentions pures et idéalistes de sa jeunesse ont, malgré leur évolution, continué à influencer sa démarche et son œuvre. Ce qui suit est donc une histoire privée, mais en même temps davantage. Car quelqu'opiniâtres que puissent paraître l'œuvre et la réflexion de Braem, elles n'en sont pas pour autant des phénomènes autonomes. On ne peut les comprendre qu'en les situant dans leur contexte culturel et social: si l'idéologie du moment n'influençait pas directement Braem, elle conditionnait souvent les problèmes auxquels il réagissait. Aussi trouvera-t-on dans la présente étude une coupe de la vie culturelle et sociale de la période considérée, qui se limitera cependant au chemin que Braem suivit — ou qu'il se fraya — et aux perspectives qui s'ouvraient à partir de là. Perspectives qui, espérons-le, offriront des points de repère pour une étude plus étendue et plus approfondie de l'architecture moderne en Belgique.

Une attention particulière a été portée à la formation de Braem, période où il posait les jalons des conceptions qu'il professerait à un âge plus mûr et qu'il s'efforcerait d'appliquer sous des formes changeantes. C'est au début des années 30 que l'on retrouve les racines ainsi qu'un premier épanouissement du discours idéologique de Braem; mais à la même époque, il se heurte déjà aux contradictions auxquelles il reste confronté aujourd'hui encore. Le discours de Braem sera reconstruit, résumé et confronté à sa pratique à travers quelques réalisations exemplaires d'après-guerre. La comparaison de l'idéologie et des métaphores architecturales, ainsi que leur confrontation à l'idéologie dominante et aux développements effectifs de la société en Belgique, permettra finalement de cerner la signification d'une œuvre et d'une attitude professionnelle qui semblent paradigmatiques de l'optimisme, tant controversé, de toute une génération.

---

(1) Cette tradition va des éclectiques du XIXe siècle, en passant par des progressistes tels que Jobard et Guillery, les textes de van de Velde, Pompe et De Koninck, jusqu'à la revue d'avant-garde 7 Arts — malgré le socialisme des frères Bourgeois.

(2) Les moments les plus frappants sont: la période de 1886 à 1896, au cours de laquelle L'Art Moderne publie des articles idéologiques de Kropotkine, du jeune van de Velde et de E. Picard; la période de 1919 à 1921 dont l'optimisme réformiste se reflète dans le Rollandisme de l'Art Libre; et la période 1966-1970 dont le désir de révolution n'en finit pas de se perdre en remous nostalgiques.

(3) Voir La Construction en Belgique 1945-70, Bruxelles 1971, p. 61.

1928 Feuille de croquis.
Sketch.

1926
La Famille Braem.
The Braem family.

JEUNESSE ET FORMATION 1910-1935

JEUNESSE 1910-26

Dès son enfance, Braem eut deux passions: le dessin et l'idéologie. Dessiner, ce qu'il faisait selon ses dires «déjà dans son berceau», fut toujours pour lui un moyen d'expression spontané qu'il développa progressivement jusqu'à en faire une espèce de second langage, un raisonnement visuel personnel.

Lorsqu'il était écolier, il voulait déjà construire son propre «système du monde»: une forme embryonnaire de raisonnement idéologique qui constitua la base de ses futures opinions politiques (1). Avec le temps, ces deux centres d'intérêt s'influencèrent réciproquement: son talent graphique lui permettait de traduire ses réflexions idéologiques en des schémas visuels clairs, tandis que les sujets de ses dessins renvoyaient souvent à un discours plus ou moins idéologique (2). Ces deux passions devaient plus tard se rejoindre dans l'architecture.

Ces penchants n'étaient pas étrangers au milieu dans lequel Braem était né et où il avait grandi, aussi modeste fût-il. Sa mère, Catherine van den Oever, était apparentée au poète humanitariste et expressionniste Karel van den Oever. Son père, Antoon Braem, était un libéral flamingant qui avait gardé de son éducation dans un internat catholique un anticléricalisme actif. Après avoir abandonné le projet aventureux d'aller s'installer comme planteur de café au Brésil, il devint un assistant-pharmacien autodidacte. Il resta toute sa vie un positiviste non-conformiste, un «idéaliste pratique aux cheveux longs et en sandales» qui, pendant un temps, exprima son penchant à l'action comme moniteur du «Turn- en Wapen Club» d'Anvers-Sud. Il s'intéressait également aux arts et était l'ami de Kurt Peiser, un peintre réaliste de la vie populaire anversoise. Il sut donc estimer à sa juste valeur le talent graphique de son fils et prit l'habitude d'aller visiter avec lui chaque dimanche les galeries d'art anversoises. Cependant, le moment venu, il lui conseilla de ne pas devenir artiste-peintre, mais de choisir le métier d'architecte qui lui permettrait de bien gagner sa vie et, en même temps, de continuer à dessiner (son beau-père et ses demi-frères étaient d'ailleurs des maçons-entrepreneurs).

Conformément à ses convictions athées et positivistes, Antoon Braem donna à son fils une éducation laïque, poursuivie plus tard à Anvers, à l'école municipale de la rue Van Maerlant, puis ensuite à l'Athénée Royal. Soustrait aux coutu-

13

mes catholiques de l'époque également en vigueur dans les cercles nationalistes-flamands, Renaat Braem n'a donc jamais entendu parler de cathéchisme dans sa jeunesse. C'est sans doute précisément parce qu'il avait échappé à l'inoculation des idées confessionnelles courantes qu'il se sentit poussé à imaginer par lui-même, intuitivement, des réponses aux questions existentielles, au fur et à mesure qu'elles se présentaient à lui. Parce qu'il ne se sentait pas rassasié par un système universel qui offrait des réponses à toutes les questions, il se mit à poser les questions lui-même et plus particulièrement, il essaya d'imaginer la structure d'un monde sans Centre.

Si candide et schématique que fut cette libre-pensée précoce, elle marqua le point de départ d'un raisonnement personnel, non-conformiste, qui l'amena, au cours de son adolescence, à des réflexions sociales conscientes et, plus tard, à des prises de position politiques radicales. Braem hérita d'ailleurs sa première conviction politique de son père, un adhérent au Parti du Front Nationaliste Flamand. Ce parti, fondé en 1919 par des anciens combattants du front de l'Yser, exigeait l'égalité juridique et l'autonomie des Flamands. Dans les années 20, il défendait — notamment dans le journal *De Schelde* qu'on lisait chez les Braem — une idéologie humanitaire, antimilitariste et pacifiste.

ACADEMIE ROYALE DES BEAUX-ARTS
1927-1931
Humanitarisme et expressionnisme flamand

Ce fut avec enthousiasme que Braem entama, à 16 ans, après la troisième scientifique, des études d'architecture à l'Académie des Beaux-Arts d'Anvers. Pendant les vacances, il s'était lui-même préparé à ces cours en dessinant ses propres plans: une maison de style Sécession, inspirée d'illustrations provenant de revues populaires d'aménagement d'intérieurs, et quelques bâtiments monumentaux dans le style des projets de fin d'année qu'il avait vus à l'exposition annuelle de l'Académie. Au cours des deux premières années dans l'atelier de Pol Berger, il dut se limiter à l'étude et à la reproduction des

ordres classiques au moyen des diverses techniques de représentation. Et comme le voulait l'usage depuis Perrault, Berger enseignait à ses étudiants le langage formel comme un système conventionnel, sans contenu spécifique. D'autre part, le professeur d'histoire de l'art, Ary Delen, ne traitait l'architecture que comme partie d'une matière qui s'arrêtait à la fin du XIXe siècle.

Ceci ne suffisait pas à Braem et, stimulé par la lecture de «*De Geschiedenis van de Bouwstijlen*» d'E. Gugel (un livre que son père lui avait offert), il partit lui-même à la recherche de lectures et d'images dans la bibliothèque de l'Académie et dans la bibliothèque municipale toute proche. Il y trouva et lut la revue anversoise *De Bouwgids*, ainsi que *Schoonheid in Samenleving* de Berlage et *Formules de la Beauté architectonique moderne* de van de Velde. Berlage lui révéla le rapport historique entre l'idéologie et l'architecture, et le rapport présent et futur entre le socialisme humanitaire et l'architecture moderne, le «nouvel art collectif» (3). Chez van de Velde, il fut surtout frappé par l'analyse captivante du caractère biomorphe et «spatio-dynamique» de la nouvelle architecture, et plus précisément par son «AMO» dans lequel il associe de façon pénétrante la nouvelle beauté aux formes vitales de la nature. Chez ces deux architectes, Braem découvrit une critique destructrice de l'éclectisme du XIXe siècle et une passion pour la construction d'une nouvelle architecture.

Plus tard, la revue *Wendingen* (que l'on peut traduire par Tournures) l'impressionna non seulement par l'écriture exaltée et romantique de Wijdeveld (qui correspondait très bien à l'humanisme romantique du Parti du Front), mais surtout par l'expressionnisme virtuose de l'Ecole d'Amsterdam qui s'y associait. Wijdeveld considérait les «tournures», les expressions plastiques pluriformes qu'il publiait dans sa revue, comme des «*présages d'une période où nous pourrons de nouveau voir clairement et où nous trouverons l'accord*», «*des nouvelles du monde des chercheurs, de courts messages de ceux qui d'un regard paisible et d'un pouls régulier, mènent les recherches et qui, comme des forces motrices guident le mouvement*», «*des tour-*

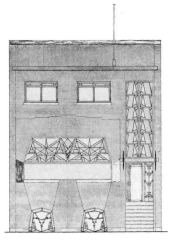

1927 R. Braem, étude de façade.
R. Braem, façade study.

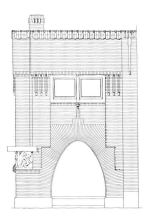

1920 J. Van Laren, magasin à Hilversum.
J. Van Laren, shop at Hilversum.

1927 R. Braem, Station Radio-téléphonique.
R. Braem, Radio-telephonic station.

nures, (...) pleines de fortes impulsions et qui préparent le chemin vers une harmonie future » (4).

D'emblée, Braem se range parmi les «chercheurs»; avec une fougue quasi insatiable pour le dessin, il explore pour lui-même — en dehors de ses exercices d'atelier pour l'Académie — les «tournures» présentées par Wijdeveld.

Il ne copie pas les exemples déjà publiés, mais se familiarise avec leur langage biomorphe ou géométrique qu'il adapte à sa façon, qu'il transforme. Il produit une série singulière de capriccios architecturaux: habitations, maisons de campagne, églises, salles d'exposition, salles de fêtes, palais de justice et une multitude d'autres constructions indéfinies, grandes et petites. C'est ainsi qu'au cours de ses deux premières années d'étude, il assimile et conjugue successivement le langage organique de De Klerk, de Kramer et de Wijdeveld, de Poelzig et de Scharoun; puis le langage géométrique de l'Art Déco (en quelques façades soigneusement composées) et de Frank Lloyd Wright (dans des compositions lourdes et trapues ou bien ouvertes et légères); mais aussi le langage de Wright vu par Dudok (les dessins les plus mûrs de la série), ou bien encore par Wils comme le «Radio Telefonis Uitzend Stasion» (Station d'Emission Radio-téléphonique dans laquelle, selon le parallèle établi par Wils entre Wright et le futurisme (5), les saillies wrightiennes visualisent la dynamique des ondes radio). Dans quelques-unes de ses fantaisies, l'exploration coïncide avec une recherche de signification. Le dessin au crayon de «l'Homme et la Nature» (Mens en Natuur) montre une figure à la Hildo Krop, surgissant comme un démiurge de la masse anonyme; événement accompagné d'une décharge pathétique: la production culturelle commence au moment où, du substrat quasi-naturel — encore végétal — de la masse, jaillit une forme de conscience. L'«élan vital», le mouvement ascendant qu'exprime ce dessin et qui lui donne toute sa signification, n'est pas seulement typique, pour bien des «tournures», du Braem de cette période: il réapparaîtra plus tard comme une sorte de leitmotiv dans son œuvre construite. Dans certaines associations, dans

des études à la Dudok, Braem trahit d'ailleurs son intention de développer une architecture qui parle au moyen d'une transposition monumentale de «l'homme» (c'est-à-dire un homme au front haut, au cerveau d'un volume maximal — selon lui). Néanmoins, toutes les études de formes architecturales de cette période se limitent aux volumes extérieurs — un procédé qui, au demeurant, était caractéristique des réalisations de l'Ecole d'Amsterdam, pour laquelle la forme extérieure devait exprimer une dynamique sociale attribuée à l'ensemble des fonctions, plutôt qu'exprimer ces fonctions elles-mêmes. Dans ses exercices expressionnistes, Braem s'est toujours abstenu d'imaginer des plans et des coupes. Il lui importait surtout d'apprendre un langage formel contemporain, une alternative au langage conventionnel.

Dans ce sens, le programme académique semble avoir néanmoins influencé ses recherches. Et si l'année suivante elles s'engagent dans une voie plus objective, c'est probablement dû au programme d'atelier de la troisième année: calcul et technique de détails de construction, sous la direction d'Antoon De Mol. D'autre part, dans les revues belges *De Bouwgids* et *La Cité,* il découvrait des réalisations modernes de son pays, concrètes et plus prosaïques. Régulièrement, il partait à leur recherche en bicyclette avec son compagnon de classe Léopold Hendrickx (6). D'abord l'expressionnisme tempéré d'Art Déco d'Eduard Van Steenbergen: des habitations urbaines et rurales, ainsi que le quartier Unitas à Deurne (1923-27); puis les complexes d'habitations déjà plus fonctionnalistes d'Alfons Franken (1921-31). *La Cité* publie, en 1927 (7), l'habitation Lenglet de Louis Herman De Koninck; la même année, la maison Guiette de Le Corbusier s'édifie avenue des Peupliers sous la direction de Paul Smekens. Très vite, Braem entre en contact direct avec la pratique quotidienne de la construction. A partir de sa troisième année, il fait des stages chez l'architecte Arthur Smet. Mais ce ne sont pas seulement des motifs formels et techniques qui détournent Braem de l'optimisme impétueux de Wijdeveld: son évolution formelle ne fut certes pas étrangère au glissement radical de ses opinions idéo-

1928 Croquis « l'Homme et la Nature ».
Sketch 'Man and Nature'.

logiques. En effet, les années au cours desquelles il assimilait les «tournures» vitalistes correspondent à un moment où les idées du Parti du Front marquent visiblement le climat politique en Flandre et particulièrement à Anvers. Les élections dites «élections de Borms» de décembre 1928 en furent l'un des signes les plus frappants. En outre, ces années furent celles du boom économique des «gay twenties», auquel le krach de Wall Street d'octobre '29 mit brusquement fin. Au mois de mai de la même année, le Parti du Front avait remporté une victoire impressionnante aux élections; mais pendant les années qui suivirent, les problèmes communautaires (quoique intimement liés aux problèmes sociaux) furent éclipsés par la crise économique croissante qui allait catalyser une radicalisation des esprits. Cette radicalisation affecta également Braem. En 1928, il participait encore aux aspirations humanitaires flamandes en fondant avec Karel Tielemans (un dessinateur de chez Stan Leurs) la Guilde Joe English, un mouvement d'étudiants de l'Académie qui, à travers leur œuvre et leur attitude, voulaient contribuer à la formation d'une culture flamande contemporaine. Mais avec le temps, une polarisation se manifesta au sein même de cette guilde. Certains membres (dont Tielemans) glissaient de l'humanitaire vers l'autoritaire, d'autres (dont Braem) évoluaient idéologiquement dans le sens opposé. Dans ce dernier groupe se développait l'idée que la lutte flamande serait plus qu'une lutte culturelle, qu'elle serait en premier lieu une lutte sociale (8).

Socialisme et constructivisme

Comme catalyseurs de sa nouvelle orientation, Braem cite un discours de Jef Van Exterghem (9), et ses contacts avec Albert De Roover, son professeur de perspective à l'Académie, dont le cours *les arts décoratifs basés sur la géométrie,* était inspiré par le peintre symboliste néerlandais W.A. Van Konijnenburg. En tant qu'élève libre à l'atelier de De Roover, Braem laissa libre cours à son imagination dans quelques pièces chargées et expressives; De Roover, qui était un socialiste convaincu, remarqua l'intérêt que le jeune étudiant en architecture portait à l'idéologie et lui donna des livres de Herman Gorter, d'Henriette Roland Holst et de Jozef Dietzgen (10). Cette lecture représenta pour Braem une expérience profonde, mais elle ne fit, selon lui, que confirmer ce qu'il ressentait depuis longtemps sans pouvoir l'exprimer.

Ce n'est que quatre ans plus tard, au printemps de 1928, qu'il fit la connaissance de Julien Schillemans, au Cercle d'Architecture (le KVB, Kring voor Bouwkunde, la section des jeunes du KMBA). Communiste convaincu depuis longtemps, Julien Schillemans avait déjà développé à ce moment-là sa propre vision désurbaniste d'un complexe communiste mondial, comportant une chaîne de villes linéaires concentriques, chacune de 35 millions d'habitants (11).

La nouvelle orientation idéologique de Braem l'incitait à une remise en cause de son architecture. Il découvrait d'autres revues qui essayaient plus «objectivement» de tenir tête aux problèmes de l'époque: *Die Form* (1925-34) et *Das Neue Frankfurt* (1926-31). Il prit également l'habitude de lire *Monde* (1928-35), l'hebdomadaire français politico-culturel d'Henri Barbusse, qui affichait une sympathie partielle pour les évolutions sociales en U.R.S.S. et qui, dans cette optique, donnait de temps à autre des informations sur l'architecture et l'urbanisme soviétiques (12). Il trouvait des documents semblables dans la revue distribuée par le Service d'Information soviétique: *l'URSS en construction.* Entretemps, son évolution formelle suivait lentement son cours. A travers quelques interprétations introverties de Dudok, il se rapproche en 1929 du Style International: c'est le cas de son projet pour deux petites maisons, proches des maisons de De Koninck pour l'avenue Fond'Roy à Uccle, qui réunissent le langage formel de ce dernier et celui de Van Steenbergen. En complément et vu l'actualité internationale — le deuxième congrès des CIAM en octobre 1929 à Frankfurt sur le thème «Die Wohnung für Existenzminimum» — il dessine, en août de la même année, deux «maisons minimum» qui ne sont pourtant pas formellement inspirées des exemples de *Das Neue Frankfurt,* mais, à nouveau, de De Koninck (pour ses perspectives aux arêtes seulement suggérées) et de Hoste (pour l'articulation générale de ses quartiers à Zelzate et à Kapelleveld).

A partir de la quatrième année — la première année d'exercices de «composition» — Braem abandonne ses projets extrascolaires et fait coïncider ses explorations formelles avec la résolution et le développement des projets d'atelier. Pour gagner les bonnes grâces de son chef d'atelier, le traditionaliste Evrard, il présente ses premiers exercices de composition d'une manière «coûteuse» et extrêmement soignée: un banc avec une pergola, où il combine une forme corbusienne à une dynamique wrightienne; un pavillon irréel au bord d'un étang dans un parc et un pavillon de chasse aux articulations dynamiques, habillé de céramiques lisses.

Grâce à sa technique de virtuose (il dessine aussi bien de chacune de ses deux mains) et à son originalité infatigable, Braem occupe très vite une position de meneur dans l'atelier, une position quelque peu affranchie qui lui permet d'ignorer plusieurs conventions de composition et de présentation. Tout se passe comme s'il puisait une bonne dose de son énergie dans

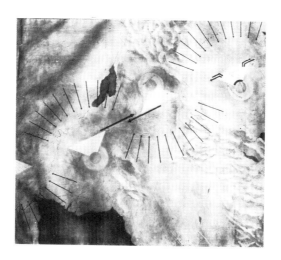

1928-30 J. Schillemans. Projet d'une ville mondiale de 35 millions d'habitants.
J. Schillemans. Project for a world town of 35 million inhabitants.

1930 Pavillon de chasse.
Hunting lodge.

cette tendance à aller à contre-courant, dans ce désir de libérer en premier lieu son propre langage des normes établies. Malgré ce raisonnement à rebours, il obtient les meilleures notes grâce à sa force de persuasion graphique. Dans les projets qui suivent, il en vient à construire un vocabulaire particulier, plus objectif. Bien qu'on y remarque encore les influences, très nettes cette fois-ci, du constructivisme et du Bauhaus, on assiste manifestement à la mise en place de ce qui deviendra, dans ses réalisations d'après-guerre, un style personnel. Dans ses projets pour un hôtel et pour une école — où les fonctions se dissolvent dans des volumes géométriques en céramique et en verre rigoureusement et obstinément rythmés —, il tombe dans une sorte de «Tendenza» flamande d'avant la lettre (13).

Il présente ces volumes primaires comme des machines autonomes sur fond de ciel sombre et inquiétant, exprimant ainsi l'affirmation hardie d'une «vérité» géométrique invariable, en contraste avec un environnement de moins en moins compréhensible. Dans un projet plus important pour une «Zeemanshuis» (Maison des Marins), il assimile les volumes primaires à une composition constructiviste un peu lourde, d'ailleurs basée sur un plan fonctionnaliste assez simple. En revanche, on est d'autant plus surpris devant la fraîcheur d'une série de compositions abstraites à la gouache: exercices picturaux composés d'éléments purement géométriques, qui se juxtaposent d'abord de manière assez simple, puis graduellement plus complexe. On pourrait comparer ces études aux expériences puristes sur lesquelles, dix ans plus tôt, Le Corbusier tentait de fonder son propre système. Toutefois, Braem n'y incorpore pas d'éléments biomorphes, induisant des «sensations secondaires» (il en était saturé — du moins à ce moment-là — à cause de ses exercices expressionnistes). Plus tard, il essaie de combiner, avec moins de succès du reste, ce monde formel idéal avec la figure humaine.

Au cours de cette même année 1930, à l'occasion du centenaire de la Belgique, une exposi-

1930 Pavillon au bord d'un lac.
Pavilion beside a lake.

tion universelle est organisée à Anvers. Le terrain, situé avenue Van Rijswijk, à l'Est du centre, fut aménagé par J. Smolderen; les différents bâtiments étant confiés à plusieurs architectes. Smolderen lui-même dessina l'Eglise du Christ-Roi, dans une sorte de style Art Déco byzantin. Les pavillons de Van Averbeke, celui de la ville d'Anvers et celui de l'Art Flamand (ce dernier, situé dans la rue Pestalozzi, fut transformé plus tard en école) paraissaient plus modernes; mais les plus modernes étaient ceux de Léon Stijnen, l'un pour les Arts Décoratifs et l'autre pour la firme De Beukelaer. Après l'exposition, on démolit la plupart de ces pavillons bâtis en plâtre, mais on conserva la structure des rues de Smolderen. Le terrain fut vendu par lots et, peu de temps après, il était couvert de maisons. Quelques-uns de ces ensembles comptent toujours parmi les meilleurs que l'architecture moderne anversoise ait jamais produits: les maisons de Van Steenbergen à la Volhardingsstraat (1932), les appartements de Brosens à l'Avenue des Colonies (1932) et de

Hoste à l'Avenue de l'Exposition (1934). Mais à cette époque, Braem attachait surtout de l'importance à l'exposition parce qu'à cette occasion son professeur d'histoire de l'art, Ary Delen, obtint une généreuse subvention de quelques mécènes pour faire avec ses étudiants des voyages d'étude à l'étranger. Il les accompagna à Bruxelles, Gand, Bruges, Paris et Londres où ils firent les visites obligatoires des musées. Le hasard voulut qu'au même moment se tenait à Paris, au Salon des Artistes Décorateurs, une exposition sur le Werkbund, organisée par Gropius (la première exposition allemande à Paris depuis la Première Guerre mondiale). Pour Braem, ce «grand étincellement de métal et de verre» fut une vraie révélation. Il voyait pour la première fois ce qu'il appelait une «matérialisation du grand schwung révolutionnaire» du constructivisme russe; une expérience convaincante par laquelle il se sentait soutenu et confirmé dans la direction qu'il avait choisie. Ce fut aussi avec beaucoup d'intérêt qu'il participa l'année suivante au troisième congrès des CIAM à Bruxelles, sur le thème de « la construction en hauteur et la maison unifamiliale ». Pour la première fois, il y entendit et vit quelques-uns des « pionniers » qu'il admirait: Gropius, Le Corbusier, May... etc; et c'est à cette occasion qu'il rencontra les membres belges des CIAM, Hoste et Bourgeois.

L'influence que devaient avoir ces rencontres se ressent sur les projets que Braem élabore dans l'atelier de Jef Huygh. Chez cet expressionniste modéré, il donne libre cours à un style international intransigeant, un croisement entre le constructivisme et le Bauhaus qui, de par sa technique de représentation « russe », paraît d'autant plus incisif: dans des dessins d'une pureté qui exclut la moindre fantaisie graphique — mais animés de photos d'« hommes modernes », découpées dans la revue allemande AIZ (*Arbeiter Illustrierte Zeitschrift*) —, il projette une « maison de repos » et un « bloc d'habitations urbaines dans une partie de la ville à démolir » (il s'agit de constructions en hauteur, bien sûr, conformément aux conclusions du congrès des CIAM à Bruxelles).

A partir de ce projet, il se met d'ailleurs — à la manière du Bauhaus — à écrire sans majuscule. D'autre part il accompagne ses projets de commentaires idéologiques. La « perspective totale » de sa « maison de repos », qui s'étend de façon presque linéaire à la lisière d'une forêt, le long d'un lac, présente une légende — entourée d'un cercle — qui révèle l'ingénuité de son raisonnement fonctionnaliste: « *on doit apprécier l'architecture non seulement par l'œil, mais aussi par l'esprit, par l'expérience abstraite des fonctions réciproques des volumes. Beauté? On peut parler de beauté seulement lorsque le problème est biologiquement et statiquement résolu* ».

Ce texte trahit également les vives discussions qui animaient à ce moment les étudiants de la cinquième année. Ces étudiants que le généreux Huygh, en dépit de ses conceptions personnelles, « prenait tous pour des génies », étaient strictement divisés entre eux en « conservateurs » tels que Louis Stynen, « modernistes tempérés » tels que Leopold Hendrickx et « modernistes acharnés » tels que N. Kaplanski, J. Wellner et Braem lui-même (14).

Braem exprime ses convictions de l'époque dans quelques textes écrits pour une revue ronéotypée de la Guilde Joe English qui ne parut d'ailleurs que pendant une année, en 1931. Entre le romantisme flamand et les comptes rendus d'excursions à travers la lande de Kalmthout, le ton qu'il emprunte est absolument inattendu. Dans *Deux minutes d'architecture* (Twee minuten architectuur), il condamne le désordre romantique des vieilles villes existantes que beaucoup d'artistes paraissent aimer, mais qui, au fond, représentent des environnements indignes de l'homme. « *la tâche la plus urgente de l'humanité moderne est de combattre les microbes en démolissant les vieux débris. que le soleil brille sur les hommes ! c'est dans les ruelles les plus pittoresques que sévit la phtisie. les villes insalubres sont celles qui se soucient le plus de la préservation d'immeubles anciens et de l'esthétique urbaine* ». Puis il ajoute: « *l'architecture saine doit se libérer de l'art, même si elle s'impose dans des formes classiques ou cubistes* ». Les architectes « *doivent rejoindre ceux qui repoussent l'art et les valeurs de 'prestige' gonflées, ceux qui essaient de construire une culture saine* ».

Dans un article suivant, *bouwen, woonmachines, liefde enz.* (construction, machines à habiter, amour, etc.) il va un peu plus loin. Il décrit l'architecture comme un médium d'organisation qui peut être opératoire dans la réalisation d'une nouvelle société en élaboration « *à la suite de la révolution des relations économiques entre les différentes classes qui dans un avenir assez proche auront supprimé toute division entre elles* ». La nouvelle « *vie sociale basée sur la collectivité* » exigera de nouvelles formes de logement: au lieu de maisons unifamiliales, on réalisera « *des blocs d'habitation avec des services ménagers centralisés* ». L'architecture doit, en dehors de toute réflexion artistique formaliste, essayer d'atteindre ce but; la technique moderne rend possible la réalisation constructive de « *volumes de conception purement biologique* », basés sur l'examen scientifique des « *fonctions psychologiques et physiologiques* ». La tâche spécifique de l'architecture est donc de doter la construction d'une « *qualité spiri-*

tuelle», identifiée plus loin à «*l'amour de l'harmonie*» et à «*l'amour de l'homme*», une qualité grâce à laquelle elle exerce une «*influence purifiante*» sur les utilisateurs.

Dans un dernier article, *superstructure idéologique et infrastructure économique,* il appelle l'art (nettement envisagé dans le sens dont il vient d'être question) «*notre arme pour activer l'apparition d'une économie plus juste, dans laquelle pourra se développer harmonieusement une nouvelle culture,*» (...) «*que cette arme soit tranchante, cela dépendra de notre 'volonté'. l'arme la plus puissante est la personnalité, pour la développer nous devons dresser chacun notre plan quinquennal personnel*».

Ces idées sont visiblement empruntées au constructivisme russe. Déjà en 1924, dans leur *Manifeste Productiviste,* Rodchenko et Stepanowa condamnent l'art en faveur de la technique. L'idée qu'il faut créer une architecture basée sur des fondements scientifiques, une architecture qui contribue à la réalisation d'une nouvelle société grâce à ses principes organisateurs, appartient également à l'idéologie de l'OSA (la «Société d'Architectes Contemporains») (15).

Pour autant qu'on ait pu le vérifier et que Braem s'en souvienne, à cette époque il n'avait pas accès à ces sources, mais s'était forgé lui-même ces conceptions à partir de la lecture de Gorter et de Roland Holst (16).

L'espoir révolutionnaire qui jaillit de ce texte, ne se fondait cependant pas sur une intuition individuelle de Braem. Divers milieux de gauche partageaient cette intuition et voyaient dans la crise économique l'ultime crise annoncée par Marx, celle qui mènerait à l'écroulement fatal du système capitaliste et donc à l'avènement du socialisme (17). Comme nous l'avons vu à propos de la Guilde Joe English, cette crise engendra également une radicalisation à droite. La classe moyenne, qui se sentait menacée par la prolétarisation, avait tendance à s'accrocher aux politiciens qui défendaient un «ordre nouveau». En octobre 1931, année où Braem publie ses trois premiers articles, Joris van Severen fonde le Verdinaso, un parti qui voulait réaliser un modèle de société corporatiste et qui, en

même temps, rêvait d'un état «Thiois» autonome.

Ce climat affecta également la culture. L'accent glissait de plus en plus vers des valeurs traditionnelles que l'on croyait stables. Même Braem, dans son projet de fin d'études à l'Académie, se voyait forcé de céder au besoin croissant de monumentalité. Dans son étude pour une «gare centrale», il cherche un compromis entre le langage formel constructiviste et la composition académique axiale. Le jury couronna le résultat en lui décernant le Grand Prix d'Architecture.

L'INSTITUT NATIONAL SUPERIEUR DES BEAUX-ARTS 1931-35 IDEOLOGIE DU PLAN ET DESURBANISME

Après ses études à l'Académie, Braem s'inscrit à l'Institut National Supérieur des Beaux-Arts où il travaille pendant trois ans dans l'atelier de Jozef Smolderen, avec une interruption de juillet '32 à septembre '33, pour effectuer son service militaire.

Au début de ces trois années, il reçoit sa première vraie commande, ou du moins ce qu'il se représente comme tel: un chanteur d'opéra anversois lui demande de construire un hôtel à Laroche en Ardennes. Il travaille au projet avec M. Segers, un jeune architecte qu'il a rencontré dans l'atelier de Smet où il poursuit son stage. Quelques années plus tard, quand ils commencèrent effectivement la réalisation du bâtiment, ils se rendirent compte que le terrain n'avait jamais été payé. L'entrepreneur et les architectes, eux non plus, ne le seront jamais. Seul subsista, comme une ruine constructiviste, le squelette des fondations inachevées.

Une telle aventure n'était que trop symptomatique du chaos économique qui se propageait dans les années '30. La crise — qui en Belgique ne se manifesta vraiment qu'après les fêtes forcées du Cinquantenaire de 1930 — déclencha la dévaluation et les troubles sociaux qui allaient engendrer une polarisation de la gauche et de la droite. Dans ce climat économique, les gouvernements tant à l'Est qu'à l'Ouest, acquièrent la conviction que l'économie orthodoxe libérale n'est plus tenable et qu'il est

1933 Projet d'Hôtel de Ville.
Project for Town Hall.

nécessaire d'organiser une sorte de production planifiée. Après le libéralisme relatif de la NEP (Nouvelle Politique Economique) instaurée en 1921 par Lénine, l'U.R.S.S. stalinienne veut, à partir de 1928, organiser sa production et son développement économique selon des plans quinquennaux. En Angleterre, Keynes écrit déjà sa *Théorie Générale,* publiée en 1936. Aux U.S.A., Roosevelt lance le *New Deal* en 1933, année où Hitler prend le pouvoir en Allemagne et y instaure, à sa façon, sans se soucier de rien ni de personne, un nouvel ordre économique. En Belgique, Henri de Man, après avoir glissé du marxisme au réformisme, s'impose en tant que théoricien du socialisme planifié (18).

Ce climat ne laisse pas Braem impassible. Après son service militaire, période pendant laquelle il produit quelques perspectives architecturales spleenétiques, il ressent intensément le besoin d'une réorientation fondamentale.

Il rédige d'abord un aperçu historique et matérialiste détaillé sur l'évolution du rapport «*production-culture-art*» (produktie-cultuur-kunst) depuis la préhistoire jusqu'en 1933. Il y fait une analyse schématique de la «production, de la structure sociale, de la culture, de la superstructure religieuse et des formes» de chaque époque, qu'il illustre à chaque fois de reproductions ou de dessins. L'aboutissement de ce schéma pamphlétaire est la prise de position que nous avons déjà rencontrée dans les articles de Braem pour la Guilde Joe English.

L'homme de 1933 devient un «*élément de la nature, agissant consciemment, maître de son propre sort grâce à l'activité collective et qui essaie collectivement d'atteindre un but, selon un plan préalablement établi.*»

Dans un schéma complémentaire, «*doelstelling*» (but final) de 1934, il décrit quelles en sont les conséquences pour l'architecture: elle doit devenir «*l'art de l'organisation du milieu humain*», une «*architecture totale*» résultant d'une synthèse des arts qui se mettent au service d'un but objectif, dicté par la raison. Quelques mois plus tard, Braem décrira en détail en quoi consiste ce but. Entretemps, il essaie de le visualiser dans un «plan». Il ne s'agit évidemment pas d'un plan économique comme celui de Henri de Man, ni d'un plan général comme celui de Paul Otlet, mais d'un plan urbaniste-architectural, qui se veut opérationnel et représentatif dans le cadre d'un plan quinquennal communiste fictif, imaginé à la mesure de la Belgique (19). Conformément à une tradition respectable de l'esthétique socialiste (Morris, van de Velde, Berlage) il voit un rapport évident, voire même une interaction, entre le chaos économique et le chaos spatial et formel; aussi va-t-il s'efforcer de résoudre ce chaos par un plan global. Ce plan consiste en une ville linéaire de 100 km de long entre Anvers et Liège. Elle se compose de six bandes parallèles: une zone de transport (le Canal Albert, éventuellement avec une ligne de chemin de fer à côté), une zone industrielle, une autoroute, une zone verte (comme zone de récréation et zone tampon) une zone d'habitation, de la nature et de la «petite agriculture». Ce projet est un peu moins utopique que celui de la «Ville mondiale» de Schillemans, ne fût-ce que par sa localisation concrète (le long du Canal Albert) et parce que l'habitat n'est pas destiné à des communautés mais à des familles. Il s'inspire directement du modèle russe et notamment du projet que Milioutine développe en 1928 pour la reconstruction de Stalingrad: une ville linéaire de 80 km de long, avec un chemin de fer, de l'industrie, des zones vertes, des routes, des maisons, un parc et la Volga.

Dans les commentaires dont Braem accompagne ses plans, il base explicitement son projet sur l'idée milioutinienne des chaînes de production: «il faut organiser le logement par rapport à la production, l'industrie se développe le long des réseaux routiers facilement praticables qui vont des endroits de production 'naturels', les mines etc., vers les points d'exportation, les ports, les points de jonction etc.,... les quartiers d'habitation doivent suivre ces lignes. Les habitants doivent disposer des mêmes équipements que les habitants d'une ville dense» (20).

L'«architecture totale», dans laquelle Braem englobe ce logement productiviste, prend des allures technocratiques ingénues. La zone résidentielle est une série sans fin de bandes de logement de 300 m de long, de 16 m de large, de 10 à 20 étages doubles (donc de 60 à 120 m de hauteur), implantées à une distance de 300 m les unes des autres. Les volumes purs, complètement vitrés, uniquement rythmés par leurs dalles apparentes s'étirent comme des formations immatérielles dans la lande — sans doute la lande de Kalmthout, le terrain d'excursion favori de la Guilde Joe English. Dans le vide, entre les murs de verre dressés face à face, une jeunesse saine et joyeuse, se délassant ou jouant sans souci, profite de sa libération de la société bourgeoise.

Dans cette ville linéaire, Braem conçoit également un «théâtre total», un des exemples les plus frappants de son raisonnement «à rebours». D'après un schéma de l'évolution du théâtre depuis la préhistoire jusqu'à Piscator, il conclut que l'architecture de Gropius et de Lissitsky ne tire pas les conséquences exactes de la réalité du théâtre contemporain: «ils imaginent tous les deux une scène en forme d'arène au milieu du public. le jeu reste un spectacle autour duquel le public est assis et... qu'il regarde. il faut mêler le public à l'action, c'est-à-dire l'introduire à l'intérieur du jeu. la conséquence absolue en est donc qu'il faut construire la scène autour du public».

Braem dessine donc un auditoire circulaire, entouré d'une scène en anneau: 2.400 sièges pivotent sur eux-mêmes et l'auditoire tout entier peut, lui aussi, tourner mécaniquement autour de son axe. Braem était convaincu de la nécessité d'une telle structure pour le «théâtre collectif de l'avenir»; du reste, elle se prêtait également à la représentation de pièces classiques puisque le public pouvait être orienté mécaniquement vers la partie de la scène où se déroulait l'action, ce qui rendait superflus les changements de décors.

A l'exposition annuelle de l'Institut Supérieur, dans la Salle des Fêtes de la place du Meir, le projet de Braem occupait une place importante. C'était, en fait, le premier projet d'urbanisme dans les annales de l'Institut Supérieur; l'originalité insolite et hardie de son architecture contrastait en outre très fort avec l'Art Déco pesant et conformiste de ses collègues (un hôtel de ville de F. Laporta, une tour de V. Blommaert et une basilique de J. Schellekens). Son projet n'échappa donc pas à la presse. E. Van der Paal écrit dans KMBA: «*Renaat Braem est, en tant qu'élève, presque un outsider. Il essaie de représenter l'influence de l'architecture sur l'humanité à travers l'histoire, en faisant son procès jusqu'aujourd'hui à l'aide d'exemples visualisés, pondérés, qui se déroulent comme des films. Critique éloquente! (...) A travers ses vastes idées pour une nouvelle architecture universelle, Braem essaie de construire un avenir meilleur dans un monde meilleur, peut-être pour une autre humanité? Celui qui veut partager ces conceptions comprendra sans doute ce que Braem veut dire*» (21).

Sympathiques, et parfois plus lucides qu'il ne le pouvait présumer, furent les commentaires d'Hubert Colleye, le critique d'art de *La Metropole*: «*Le jeune homme (Renaat Braem) qui, dans l'exposition de la classe du maître Smolderen, fait, à l'ahurissement de beaucoup, du bolchevisme en plans synoptiques sur les cloisons de la Salle des Fêtes, n'est, au fond, qu'un traditionaliste renforcé. On ne peut même pas dire qu'il s'ignore. Ne s'autorise-t-il pas expressément de la tradition pour émettre une vérité générale qui sera la base de sa vie? (...) Il y a, évidemment, beaucoup de raideur dans ces démonstrations de jeunes gens, parce qu'elles se veulent absolues. C'est pourquoi on les peut dire utopiques. Mais il ne peut s'agir de les rejeter. Eux seuls, après tout, ont raison; mais, presque toujours, ils ont trop raison. La vie se chargera de le leur montrer; ils entreront dans le domaine de la contingence. Ils auront tort de le redouter; ne proclament-ils pas eux-mêmes que l'art doit 'servir'? Or, les hommes ne sont pas des anges; et la terre n'est pas le paradis*» (22).

FORMULATION D'UNE IDEOLOGIE PERSONNELLE 1934

En effet, «une vérité générale, qui sera la base de sa vie» préoccupe intensément Braem à ce moment. Il poursuit la recherche qu'il avait entamée par une série de schémas idéologiques, en une suite remarquable d'articles, publiés dans le mensuel de la Société Royale des Architectes Anversois (23). Il y fait l'examen critique des mouvements architecturaux dominants de l'époque (Le Corbusier et De Nieuwe Zakelijkheid), qu'il condamne en grande partie dans «*herbeginnen van 0*» («*repartir à 0*»). Il renie une bonne part de ce qu'il a adoré pour se forger une conception architecturale personnelle dans «*Vers une architecture*». Ces textes qui comptent parmi les plus importants de la littérature abondante que Braem — poussé par une propension insatiable à écrire — a produite depuis lors, méritent d'être examinés de plus près.

Dans «*Où? tentative d'orientation*», il commence par affirmer que l'ambition des vrais pionniers de l'architecture moderne, van de Velde, Berlage, Loos et Gropius (24), était de créer un «*art collectif qui prendrait racine dans une structure sociale plus saine; qui serait l'expression la plus noble d'une nouvelle culture imprégnée d'une nouvelle religiosité, une nouvelle aube pleine d'espoir après la longue nuit d'individualisme et de civilisation apparente*».

Puis il analyse sévèrement, ou plutôt il attaque de front, l'œuvre de la «*comète le corbusier*», «*un génie publicitaire*», «*le rubens de 1934*»: «*ce qui nous frappe chez le corbusier, c'est l'absence totale d'une base sociale bien définie ou déductible. en regardant de plus près l'urbanisme de le corbusier, nous constatons que, par ce manque de fondement, celui-ci est intenable et vide de sens. ses plans urbains sont organisés collectivement, sans différence de logement entre les classes différentes. nous voilà donc dans une société sans classe. mais la ville a été dessinée en fonction de l'économie actuelle! dans le centre il y a la 'cité des affaires', les trusts, les banques, de grandes salles dans des gratte-ciel en verre, aux mêmes dimensions et avec un aménagement standardisé. une triple utopie!:*

1° la présence de cette 'cité des affaires', prouve que nous vivons dans une société basée sur le capitalisme — le logement égal pour tous, comme le représentent les 'redents', devient donc impossible.

2° en ce qui concerne la 'cité des affaires' elle-même, la concentration des capitaux n'est pas encore telle que les trusts et les banques, entre

woonblox

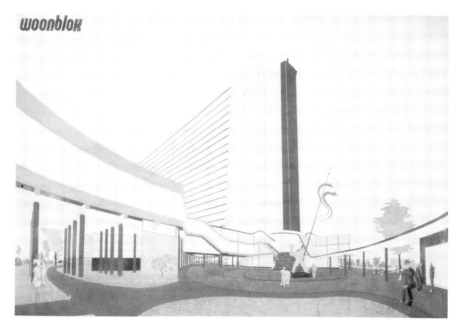

1934 Projet de Ville Linéaire.
Linear town project.

lesquels il y a une concurrence énorme, consentiront à se réunir sous un même toit. être puissant et vouloir montrer sa puissance vont de pair. la banque la plus importante veut le bâtiment le plus riche, etc.;
3° l'idée même d'urbanisme et de plans fonctionnels pour des villes entières est un non-sens dans notre système social: ce système n'est-il pas basé justement sur le désordre? Les propositions urbanistiques de le corbusier, quelque séduisantes qu'elles puissent être, se trouvent donc gravement en porte à faux par rapport à la réalité; on pourrait répliquer qu'il crée délibérément des utopies? d'accord, mais pourquoi mêler à ces rêves utopiques les affaires, la bourse, etc.? les hymnes de le corbusier aux industriels, le chapitre Architecture ou Révolution *dans 'vers une architecture' nous en donnent la clé. et nous découvrons le pot aux roses. ces plans doivent créer l'illusion que dans le chaos horrible dans lequel nous vivons, il est possible — avec un peu de bonne volonté — d'apporter à tous de la lumière, de l'air et du*

soleil, les joies essentielles. nous savons tous que c'est impossible sans les changements sociaux que le corbusier mentionne à peine, et que c'est l'examen de ces changements qui doit se trouver à la base d'une nouvelle conception de l'architecture».
Puis il décrit l'architecture de Le Corbusier en partant de sa fameuse définition «*l'architecture est le jeu savant, correct et magnifique des volumes assemblés sous la lumière*», comme une sorte de sculpture dans laquelle l'effet plastique domine tout, «*de la sculpture abstraite dans laquelle on peut se balader et se laisser imprégner d'impressions plastiques intéressantes*», «*le dernier atout de l'art pour l'art bourgeois, caché derrière un masque avant-gardiste*». Bref, «*loin d'être le meilleur représentant de l'architecture fonctionnelle, le corbusier en est le plus grand ennemi.*»
Dans un deuxième article, il fait la critique du Fonctionnalisme (la «Nieuwe Zakelijkheid» hollandaise). Après avoir rejeté une définition de Huib Hoste trop générale selon lui (25), il dis-

27

tingue deux tendances dans le mouvement: premièrement l'esthétique négative, machiniste, «à odeur d'essence», l'esthétique des turbines, des dynamos, qu'il considère comme un anti-mouvement «nécessaire au nettoyage des écuries d'augias de l'architecture», mais vide de sens positif, constructif. En d'autres termes, il condamne le «formalisme misérable» des constructivistes russes, «qui dans l'esprit et la forme ressemble aux élucubrations exagérées des futuristes italiens». Il constate avec satisfaction que depuis quelque temps en U.R.S.S. on prend également ses distances tant à l'égard de ces «manigances» que du «formalisme à la le corbusier».

Il y oppose «le mouvement vraiment sain qui a traversé les frontières de l'objectivité et qui contient les racines où circulera la sève grâce à laquelle pourra s'épanouir une architecture totale, lorsque l'infrastructure sociale le permettra». Il reprend à ce propos une citation de Van Loghem: «l'architecte doit aider à former l'homme nouveau», et il y ajoute que cette vision correspond à l'éthique de la quatrième classe sociale, la classe dominante de demain. Ce mouvement, dit-il, ne se soucie pas de la forme comme Le Corbusier, mais veut se mettre objectivement, sans prétentions individuelles, au service de la vie. Néanmoins, son article suivant s'intitule «repartir à 0»; il y constate l'échec de la Neue Sachlichkeit en Allemagne qu'il interprète comme la faillite des idéaux de toute une génération, le fiasco fatal de 50 ans d'action dû au «consentement trop facile à des compromis et à des objectifs trop vagues». Pour s'en prémunir, il veut «définir une fois pour toutes son attitude envers les problèmes brûlants qui mobilisent notre attention». «Nous devons définir notre position, tracer le chemin à suivre, barricader les sentiers trompeurs». Il formule ainsi le problème central: «comment et dans quelle mesure l'architecture, L'ART DE L'ORGANISATION DU MILIEU HUMAIN, peut-elle apporter le bonheur aux hommes; dans quelles conditions ce bonheur sera-t-il celui du plus grand nombre d'hommes?»

En réponse à cette question, il développe d'abord une «petite sociologie pour architectes» en douze points, ou plus exactement, une «explication pour architectes du matérialisme historique» (26).

Après une brève explication de l'«infrastructure» en 8 points, il passe à la superstructure. Selon lui, dans les périodes d'équilibre social, l'art est l'expression harmonieuse des idéaux collectifs, tandis que dans une période de confrontation directe entre les classes, cette union s'avère impossible. Dans une telle situation, l'art devient une arme dans la lutte sociale. Pour ce qui est de l'architecture, Braem pose la «question pénible»: «l'architecte doit-il simplement s'adapter aux conditions de vie changeantes, ou doit-il agir activement sur la vie par la création de nouveaux volumes et en guidant les gens dans leur manière de vivre; par conséquent doit-il se battre pour obtenir les conditions sociales nécessaires à ce changement? (...) quelle attitude l'architecte doit-il adopter dans la lutte des classes pour les moyens de production?» Sa réponse est la suivante: «pour nous, la lutte pour une nouvelle architecture implique irréfutablement: la lutte pour un nouveau et meilleur style de vie. On n'échappe pas à cette dialectique d'airain: il faut une nouvelle architecture pour construire une nouvelle humanité et il faut une nouvelle humanité pour faire une nouvelle architecture» (27).

Il continue son exposé par une analyse économique — à nouveau en termes marxistes — de la crise existante, et se heurte au paradoxe que dans des rapports de production en déséquilibre, c'est précisément le développement trop avancé des moyens de production (la technique), qui mène à la misère au lieu d'apporter la prospérité. On ne peut comprendre objectivement ce processus et essayer d'y intervenir, qu'au moyen de la «nouvelle science objective» (le marxisme). Elle «apporte la certitude que l'humanité, une fois qu'elle aura aboli les oppositions actuelles entre classes, pourra évoluer selon un certain plan, dans une direction choisie d'avance. les conditions matérielles à remplir sont les suivantes: produire le perfectionnement total de la technique, non pour le profit, mais pour satisfaire aux exigences de la consommation calculées statistiquement; programmer l'emploi total des forces de production pour une prospérité générale meilleure. Cette infrastructure sociale et économique sera couverte par une superstructure culturelle qui apportera la certitude intérieure, le sens de l'utilité du travail, une nouvelle éthique, une nouvelle conscience de la dignité humaine, une nouvelle foi qui sous-tende un art collectif, l'art le plus élevé et le plus beau que l'humanité aura jamais connu».

Dans le quatrième article «vers une architecture», il poursuit: la condition de la construction d'un tel futur repose sur une «domination temporaire de la quatrième classe sociale qui a la tâche historique d'abolir la lutte des classes, et donc de se détruire elle-même en tant que classe, pour créer un système social dans lequel l'intérêt des classes cède la place à un intérêt humain général, un système social qui permette enfin, sur le plan culturel, de tenir un raisonnement purement humain».

A partir de ce moment, l'idéologie, la culture et les valeurs de l'ouvrier idéal dictent les normes; pour Braem, l'architecture doit se fonder sur elles. Dans cette optique, la «nouvelle création architectonique est une forme consciente d'action sociale qui a pour but la création d'une humanité heureuse».

Elle peut uniquement se baser sur un «fonds d'opinions commun à de grands groupes d'hommes». Elle doit être un art collectif dont la peinture et la sculpture sont des parties intégrantes: «l'architecte crée un ensemble fonctionnel de volumes, formés selon certaines exigences physiques et psychiques, donc un cadre quasiment objectif pour l'accomplissement de certaines fonctions vitales. la construction, l'enchaînement et la relation avec l'environnement de ces volumes sont tels qu'ils exercent une influence active sur la vie de leurs utilisateurs, non pas selon l'opinion personnelle contingente de l'architecte, mais sur base d'objectifs généraux, visant à un humanisme supérieur. ce qui exclut toute ostentation et toute représentation, tout jeu gratuit et tout luxe délibéré». L'architecte en tant qu'artiste doit «en serviteur animé par les idéaux de la masse, et tout en se maintenant dans un cadre rationnel, matérialiser ces idéaux dans une forme pénétrante, active. l'architecte doit transformer en formes, individuellement et subjectivement, le problème objectif de l'organisation du milieu humain. et non: transformer en formes individuelles, ce qui est tout autre chose!»

La valeur artistique, la qualité de l'architecture ne dépendent pas uniquement du savoir-faire et de l'intuition du dessinateur, mais surtout de l'enthousiasme et de l'amour qu'il met dans son travail. Le nouvel architecte doit — en refusant les héritages académiques et en tant que partie consciente de la nature — inspirer sa méthode des principes créateurs de la nature elle-même: c'est-à-dire du principe de l'effet maximum par un effort minimum, emprunté à la physique de Leibniz et visualisé dans les paradigmes «intelligibles» d'harmonie entre fonction et forme (comme les gâteaux de miel, les toiles d'araignées etc.). Si certains raisonnements des textes de Braem cités ici en détail, paraissent aujourd'hui familiers, ou résonnent même comme des clichés, il faut bien se rendre compte que le fondement idéologique de l'architecture qu'ils constituent était, à l'époque, tout à fait unique au sein de l'architecture belge. Dans leurs textes, Bourgeois et De Koninck adoptaient un point de vue totalement neutre, apolitique, technico-esthétique, malgré leur inspiration socialiste (28). Hoste laissait parfois échapper un commentaire idéologique, mais en général, il raisonnait en termes fonctionnalistes pour lesquels la «fonction», qui détermine le contenu spirituel, se rapporte aussi bien à la construction, aux matériaux, à l'usage, qu'à l'organisation et à l'expérience psychologique (29). Si les idées de Braem font donc aujourd'hui l'objet d'un usage courant en Belgique, c'est dû en grande partie au fait que, depuis 1934, il n'a cessé de les répandre, infatigablement, sous différentes formes. Même à l'étranger, en U.R.S.S. excepté, les idéologies architecturales explicites étaient rares. Et non seulement elles étaient absentes chez les apolitiques classiques comme Le Corbusier, Gropius et Mies, mais aussi chez un socialiste comme H. Meyer. J.B. Van Loghem était un des rares architectes occidentaux à situer explicitement l'architecture à l'intérieur des relations de production et de leur transformation possible. Pour préparer ses articles, Braem avait en effet utilisé son livre *Bouwen, nieuwe Zakelijkheid* (1932) et en avait parfois cité des extraits. La lecture de ce livre et une excursion à bicyclette aux Pays-Bas, quelque temps auparavant avec Jul de Roover (fils d'Albert de Roover), stimulèrent sans doute son intérêt momentané pour le fonctionnalisme hollandais. Jul de Roover se souvient que, arrivés au milieu de la pureté et de la perfection des volumes du Kiefhoek de Oud, tous deux furent envahis, non sans émotion, par le sentiment que dans un milieu aménagé comme celui-ci, les habitants devaient inévitablement devenir socialistes.

Leur visite à l'usine Van Nelle influença sans doute également Braem dans son choix de façades de verre continues pour les blocs de sa Ville Linéaire. Il nous surprend cependant en repoussant le constructivisme russe avec un certain mépris si peu de temps après avoir défendu le concept et l'esthétique machinistes de sa Ville Linéaire. Interrogé aujourd'hui à ce sujet, Braem déclare que la théorie avait ici devancé la pratique. Sans doute, ce changement subit de son attitude était-il dû aux événements survenus en U.R.S.S. (dont il avait été informé, comme le montre son texte), et à son admiration pour Berlage qui, dans une interview surprenante (30), s'était prononcé contre le fonctionnalisme. Tout comme les «réalistes» russes du moment, le vieux pionnier accusait, juste avant sa mort, le mouvement d'être «*un symptôme de la dégénérescence de la société bourgeoise; abandonnant tout élément sentimental et ne tolérant que les nécessités techniques, le fonctionnalisme s'adapte parfaitement à notre ère de rationalisation. Le fonctionnalisme à tendances capitalistes est, tout comme la production rationalisée, obsédé par l'idée: le plus vite et le moins cher possible*». (Dans son exemplaire personnel de *Opbouwen,* Braem faisait référence dans la marge de ce passage, à la «conception technique et snob» du fonctionnalisme, donc du constructivisme). La Ville Linéaire n'est donc pas, ou du moins n'est qu'en partie, une illustration de ses quatre articles parus dans *KMBA.* Braem

considère l'idéologie architecturale qu'il explicite ici comme la base d'un idiome plus riche, plus généreux. Elle se résume à ceci: l'architecture n'a pas pour objectif la création de bâtiments séparés, mais l'organisation de tout le milieu humain: elle doit être un art collectif, une «architecture totale», le résultat d'une intégration des arts plastiques répondant à la culture et à la société socialiste de demain. La «nouvelle science» nous apprend que cette société devra se réaliser inévitablement et dans un futur proche, via un processus dialectique. La tâche des intellectuels (de gauche) consiste à s'intégrer dans ce processus, à formuler «objectivement» et à répandre les valeurs de la nouvelle culture que l'on peut déjà percevoir aujourd'hui au sein de la classe ouvrière. L'architecture, vue de cette façon, n'offre pas uniquement une image éloquente de la nouvelle société, mais elle montre concrètement les possibilités d'une autre vie sociale en invitant à les expérimenter. En même temps, elle peut également agir en tant que «levier» dans le processus dialectique dont il est question plus haut: en confrontant ses utilisateurs dans des rapports libérés et ouverts. La forme d'une telle architecture ne doit, ni ne peut donc être formaliste (académique, cubiste ou constructiviste), elle doit être caractérisée par une «*monumentalité au service de tous*» qui, sans représentation ni symbolisme oppressif, préfigure la société libérée. Elle doit naître, à l'instar de la nature, en tant que «*continuation pleine d'amour de la création*» qui, avec une économie spirituelle, se met au service de sa fonction.

Pour faire place au nouvel univers formel, tout l'environnement construit — qui nous poursuit comme la malédiction permanente des anciennes formes de société oppressives — devra être rasé impitoyablement, à l'exception des monuments, c'est-à-dire des bâtiments anciens remarquables dans lesquels se profile déjà l'espoir de la libération imminente.

En dépit du fait que l'histoire a pris un tout autre tournant que ne l'avaient supposé Braem et ses partisans, en dépit des déceptions répétées face à la dialectique réelle de l'histoire, à l'Est comme à l'Ouest, en dépit aussi des confrontations continuelles et de la proverbiale dichotomie entre le rêve et l'acte réel, Braem restera fidèle toute sa vie à la vision qu'il formule ici à l'âge de 24 ans. Le cadre conceptuel dans lequel il continua à juger et à réaliser des projets d'architecture fut toujours tributaire de cette idéologie ou du moins de l'une de ses composantes. Et ceci malgré, ou peut-être justement à cause des antonymes qui la composent: ordre collectif et liberté individuelle, forme personnelle et intégration des arts, anticipation intellectuelle et structures de relations établies, concept idéal de la société et exigences des utilisateurs, socialisme utopique et planifié, valeurs travaillistes et nécessité de la consommation, expression plastique et structures sociales effectives, forme extérieure et organisation intérieure, authenticité «naturelle» et représentation, amour et économie spirituelle, préservation des monuments et dynamique de la production, rhétorique et dépendance fonctionnelle, régionalisme et internationalisme... Dans le «processus dialectique» auquel Braem voulait s'intégrer, ces contradictions apparaissent comme des «antithèses» qui, au cours de la pratique, devront se réconcilier dans des synthèses graduellement plus élevées. Il va de soi qu'il ne parvint jamais à intégrer cette multitude de quadratures du cercle dans un vaste concept d'ensemble — quel que soit le projet auquel il travaillât. Sa virtuosité impatiente ne pouvait pas se plaire à ce genre de travail laborieux. Comme l'évolution de Braem l'a indiqué jusqu'à présent, et comme son évolution ultérieure le montrera, il s'intéressait moins à la confrontation réciproque et à la réconciliation d'une multitude d'antithèses au sein de chaque projet, qu'à l'exploration de concepts contradictoires distincts, entre lesquels, de projet en projet, ou de période en période, il développa une sorte de mouvement oscillatoire.

En d'autres termes, la dialectique de Braem se manifeste plutôt dans l'évolution générale de sa production que dans ses projets eux-mêmes, caractérisés le plus souvent par la dominance d'un seul de ces concepts; ce qui implique un conflit continuellement irrésolu entre l'antonyme élaboré et son pendant, supprimé à cette occasion. A mesure que Braem voyait disparaître ses illusions idéologiques, son discours se réduisit à une sorte de programme dialectique qui, précisément par sa richesse antithétique, lui est demeuré une source inépuisable d'inspiration.

MONUMENTALITÉ

Après cette réflexion théorique, le premier concept auquel il s'attaque est la monumentalité. Dans sa Ville Linéaire, à proximité d'un échangeur routier, il dessine une «Ville des Morts»: un crématorium composé d'une immense coupole désolée, dont les divers columbariums se ramifient dans le paysage. La monumentalité funéraire chargée, dans laquelle se perd ici «la formulation objective» de la conscience cosmique, donne une image assez sinistre de la «nouvelle religiosité». L'atmosphère qui en émane n'est certainement pas étrangère à la conjoncture pessimiste du moment: au printemps de 1935, quand Braem travaille à ce projet, la crise économique belge atteint son point culminant. D'autre part, la monumentalité apparaît à l'époque comme un phénomène général en Europe. En 1931 déjà, l'U.R.S.S. laisse entrevoir un revirement: au moment précis où, pour la première fois, Braem formulait son crédo travailliste-constructiviste pour la Guilde Joe English, pour la première fois aussi, le constructivisme et le «désurbanisme» qui s'y rattachait, furent officiellement désavoués en U.R.S.S.

En juin de cette année, L. Kaganovitch expliqua au Comité Central du Parti que, dans la réalisation des plans quinquennaux, il n'y avait pas de place pour des expérimentations «gauchistes», mais que les «techniciens compétents» devaient s'efforcer loyalement de réaliser certaines tâches, clairement définies par le Comité Central (31). Une année plus tard, après de longs débats, ce comité prononce son verdict sur le concours pour le Palais des Soviets et couronne l'invraisemblable et hyper-monumental projet de Jofan. Par la même occasion, l'U.R.S.S. stalinienne sanctionne l'architecture néo-académique comme «social-réaliste» et prend ses distances à l'égard des modernistes,

1935 Projet de Ville des Morts. Détail du Crématorium.
Mortuary city project. Detail of the crematorium.

aussi bien des constructivistes que des participants étrangers comme Le Corbusier, Gropius, ou Van Loghem. Ordinairement on attribue ce changement au seul désir de la dictature stalinienne de s'affirmer dans des symboles autoritaires; mais des recherches récentes démontrent que ceci ne constituerait qu'une partie de l'explication. Une histoire très complexe, à laquelle nous ne pouvons nous arrêter ici, avait précédé cette décision et l'un des motifs invoqués à ce propos était la préférence du peuple pour une architecture classique, préférence qui se manifestait notamment dans les projets que plusieurs ouvriers avaient présentés en architectes amateurs au concours en question. D'après de nombreux témoignages, le prolétariat ne comprenait et n'appréciait guère l'esthétique du constructivisme, mais désirait d'autant plus avidement récupérer les valeurs qui, avant la révolution, avaient été le privilège de la bourgeoisie. Il exigeait, comme le disait Lounacharski, «son propre droit à des colonnes». Cette situation cadrait parfaitement avec la

théorie du réalisme socialiste que G. Lukàcs avait développée dix ans plus tôt et où il attribue à l'art d'avant et d'après la révolution un statut tout à fait différent. Dans la lutte révolutionnaire, le caractère agressif de l'avant-garde venait bien à propos; mais une fois la révolution accomplie, l'esthétique anticipative devient superflue. Dans la construction du socialisme, elle doit céder le pas à des éléments plus «constructifs» et à des techniques d'une qualité éprouvée. La monumentalité récupérée devait, aussi bien pour la population que pour le monde extérieur, donner l'impression que l'U.R.S.S. n'était pas mêlée à une aventure terrifiante, mais qu'elle s'appliquait résolument à l'élaboration constructive des valeurs stables, qui, libérées de leur ancienne fonction oppressive, devenaient accessibles à tout le monde (32). La nudité de l'architecture moderne occidentale fut par contre-coup stigmatisée comme le résultat intolérable du «mode de production du capitalisme déclinant!»

Cette révolution ne manqua pas d'inquiéter les

1935 Le hall central du Crematorium.
Central hall of the crematorium.

architectes occidentaux de tendance socialiste. Mais même si ce changement eut un certain impact sur l'attitude de Braem à l'égard du constructivisme, on ne pourrait parler ici d'obéissance docile de sa part. Braem a toujours eu un dégoût quasiment physique pour les pratiques « néo », donc également pour le réalisme socialiste. Il déclare aujourd'hui que le virage de l'architecture soviétique fit naître en lui une méfiance croissante pour l'évolution de l'idéologie soviétique. Selon lui, l'architecture ne peut pas « mentir ». Il déclare avoir eu à ce sujet des discussions animées avec Schillemans qui, à ce moment-là, était encore solidaire de la politique soviétique : il ne voyait aucun lien entre l'idéologie et la forme et estimait que le socialisme du moment avait plus besoin de quantité que de qualité.

L'attitude et l'évolution de Braem ne sont comparables que, dans une certaine mesure, à celles d'André Lurçat, le communiste français qui fut invité au printemps de 1934 en U.R.S.S. alors qu'il venait de terminer son œuvre fonctionna-liste la plus réussie : l'école Karl Marx à Villejuif. Dans un discours à Moscou, il se prononce contre la pauvreté du fonctionnalisme et du constructivisme, et contre la position apolitique de Le Corbusier. Il critique également les pratiques « néo », qui devenaient courantes en U.R.S.S., et plaide pour une monumentalité moderne qui, au-delà des anciennes formules de style, continue à assumer les constantes essentielles de la tradition. Cette dernière position — qui n'est pas celle de Braem — le mène, dans les projets qu'il présente au cours de cette même année à Moscou (par exemple son projet de concours pour l'Académie des Sciences) à des compositions axiales d'éléments académiques modernistes, dans un style que Perret avait déjà anticipé et que l'on a parfois considéré comme la version française du réalisme socialiste (33). Non seulement en U.R.S.S. stalinienne, mais aussi à l'Ouest, dans les dictatures comme dans les démocraties, on ressentait ce besoin croissant de monumentalité. Les régimes fascistes d'Allemagne et d'Italie s'efforçaient de manifester et de perpétuer symboliquement leur pouvoir, leur prétendue stabilité. Dans les démocraties, des courants autoritaires analogues se manifestaient qui voulaient établir un ordre nouveau comme remède à la désintégration croissante du système parlementaire, une menace contre laquelle les institutions «démocratiques» elles-mêmes réagissaient en adoptant une façade autoritaire pour masquer leur impuissance. L'Europe entière des années trente est dominée par ce besoin poignant d'auto-affirmation, de représentativité imposante qui, à gauche comme à droite, conduisent à peu de chose près à la même monumentalité oppressive. Il faut être déjà connaisseur pour apprécier la différence entre le Palais de la Société des Nations à Genève et la Chancellerie de Speer, ou entre le Mont-des-Arts réalisé en 1949-64 à Bruxelles, et le Rectorat de l'Université de Rome de Piacentini.

Dans le projet avec lequel il termine ses études à l'Institut Supérieur, Braem paie à l'esprit du temps un tribut plus élevé encore que dans son projet final à l'Académie, quatre ans plus tôt. Il participe au Prix Godecharle avec un projet pour l'Albertine (la Bibliothèque Royale de Bruxelles): un projet qu'il appelle lui-même opportuniste et dans lequel surgit une monumentalité parfaitement assimilable à l'architecture du Troisième Reich que Houyoux et Gobert allaient concevoir plus tard comme solution à la même commande; un environnement oppressif dans lequel rodent des figures AIZ, arborant cette fois un air quelque peu consterné. Si le projet de Braem «sert» ici quelque chose, c'est en premier lieu son désir de remporter le prix. Ce qu'il fait en satisfaisant le besoin officiel d'images simulant la stabilité inébranlable des institutions, dans une période où la constitution belge est plus chancelante que jamais.

Le même esprit autoritaire émane cependant d'un projet dont le langage formel ne se trouve point compromis par la monumentalité en vigueur. Au courant de cette même année accablante (1935), Braem élabore avec Hoste un plan d'assainissement pour le centre de la ville d'Anvers. Ce plan drastique prévoit une série de larges percées linéaires à travers le vieux tissu urbain pour assurer l'aménagement d'autant de boulevards rectilignes, bordés de blocs oblongs. Il s'agit là d'une application expéditive de l'idée de ville linéaire au sol urbain, afin de libérer celui-ci de «tous vieux débris». Le plan ne sauvegardait que les ensembles monumentaux tels que la Grand'Place et la Maison des Bouchers de même que les remparts Brialmont et le quartier éclectique de Zurenborg et, d'autre part, les quartiers généralement reconnus comme valables au point de vue technique et hygiénique. Ce plan supposait, pour ainsi dire, une intervention militaire, quelques bombardements linéaires — qui se produiraient en effet quelques années plus tard, mais selon un tout autre plan et dans un tout autre but. Braem respire aujourd'hui à l'idée que le plan ne fut pas réalisé et ne lui attribue qu'une valeur purement «historique». Non pas à cause du caractère drastique de l'intervention qu'il continue à défendre, mais à cause de l'implantation mécanique et «anorganique» des blocs.

1937
Braem à Florence.
Braem in Florence.

STAGE ET DEBUT DE LA PRATIQUE PERSONNELLE
1935-1940

STAGE CHEZ LE CORBUSIER
PARIS 1935-37

Pour l'ensemble de ses projets à l'Académie et à l'Institut Supérieur d'Anvers, Braem remporte le Prix Rubens (34) qui, avec le Prix Godecharle, allait lui permettre d'explorer les musées et l'architecture de Paris et... de faire un stage chez le Corbusier. Malgré sa critique pertinente de la «Ville Contemporaine» et son refus arbitraire de l'idiome corbusien, Braem se sent tout de même attiré par ce «Rubens contemporain». Muni d'une recommandation de Hoste, de ses projets de villes linéaires, et non sans hésitation, Braem se rend rue de Sèvres. Le Corbusier lui laisse étaler contre le mur ses plans qu'il regarde attentivement mais avec impassibilité. Arrivé à la «Ville des Morts», il refuse de regarder: «*Comment est-il possible qu'un jeune homme s'occupe de la mort!*»
Braem entre tout de même chez lui comme stagiaire et participe pendant trois périodes, en 1936 et 1937, à la réalisation de quelques projets. Il collabore au projet pour les magasins Bata et fait deux perspectives pour celui qui est présenté au concours des Musées de la Ville et de l'Etat, Quai de Tokyo (35). Il se souvient éga-

lement avoir proposé de mettre un toit en forme de champignon sur le «Musée à croissance illimitée», une idée wrightienne que le «patron» — qui se montrait assez sceptique au sujet du concept d'«architecture totale» — n'appréciait guère: «*Cher Braem, souviens-toi de ceci: l'architecture peut tout exprimer à elle seule, par ses propres moyens. Nous n'avons besoin ni de la peinture, ni de la sculpture*». Il adoptait une attitude tout aussi sceptique envers le Front Populaire de Blum (juin '36 - juin '37) qui avait tellement enthousiasmé Braem. Néanmoins, le contact avec la «personnalité écrasante» du pionnier quinquagénaire laissa une impression ineffaçable sur le jeune Anversois qui révisa entièrement son opinion sur le langage corbusien.
En effet, Le Corbusier devint pour Braem une sorte d'image idéale, un point de référence lumineux dont il suivit attentivement l'évolution et qui allait indéniablement marquer son raisonnement et son action personnelle (36).
Non qu'il ait jamais copié Le Corbusier; il se familiarisait avec sa pensée et son travail pour les interpréter de manière personnelle. La façon concrète dont Le Corbusier alliait sa créativité architecturale à la peinture et à la sculpture,

confirmait Braem dans la manière de travailler qu'il avait lui-même adoptée depuis sa jeunesse. Sur le plan de l'urbanisme, la doctrine des CIAM comme la formulait Le Corbusier dans la Charte d'Athènes allait constituer un cadre conceptuel solide qui permit à Braem de structurer en une «synthèse nouvelle» les concepts d'«architecture totale» qu'il avait développés jusque-là; et ceci, sans pour autant changer quoi que ce soit à son «programme dialectique» de 1934, ni à sa critique de la «Ville Contemporaine» dont il ne rétracta jamais un mot — mais dont il n'osa jamais parler lui-même à Le Corbusier. Il corrigea ou interpréta La Charte d'un point de vue socialiste là où il le fallait, tout en montrant une préférence qui alterna entre la Ville Radieuse et la Ville Linéaire.

De son côté, Le Corbusier a de temps à autre manifesté explicitement son appréciation pour le travail de Braem en qui il voyait un disciple plein d'avenir. Il le proposa comme membre des CIAM et envoya sa Ville Linéaire à *l'Architecture d'Aujourd'hui* pour publication. Ignorant tout de la dure critique que fit Braem à son adresse dans *KMBA,* et sans dire le moindre mot de son concept de ville linéaire, Le Corbusier loue l'imagination avec laquelle ce Flamand avait mis en application les principes de la Ville Radieuse: «*C'est avec plaisir que je vous ai signalé l'étude faite par M. Braem à Anvers, sur l'urbanisation d'un quartier d'habitation. Lorsque vous avez vu ces planches, vous avez compris comme moi quelle sorte de satisfaction intime j'ai pu ressentir en voyant que les nouvelles générations comprennent la voie que nous nous efforçons d'ouvrir depuis tant d'années et s'élancent sur des terrains libres avec un enthousiasme et une force d'imagination qui nous donnent la certitude que nos travaux ne sont pas faits dans le vide et celle surtout que des réalités urbanistiques apparaîtront à bref délai en divers points de la terre. Cet urbanisme n'est en effet, pas limité à des questions de clocher ou de régionalisme; c'est un urbanisme purement humain, capable de s'adapter aux diverses topographies, aux divers climats, aux diverses coutumes.*

Voyez ici, par exemple, combien les landes plates et balayées par le vent de mer des rives de l'Escaut se trouvent exprimées avec talent et exploitées avec tout le lyrisme que nous souhaitons voir introduire dans leurs travaux par les édiles chargés de nous apporter autre chose que des villes mortes ou inhumaines».

André Bloc publie un dessin en perspective et y ajoute, sous le titre de «Application des Thèses de la 'Ville Radieuse'», les commentaires suivants: «*Dans ces dessins si expressifs, on se rend compte que les esprits pessimistes ont certainement tort lorsqu'ils s'imaginent que de telles propositions ne seront mûres que dans cinq cents ans! Les nouvelles générations n'en demandent pas tant et sont décidées à vivre une vie plus riche dans un milieu urbain capable de leur apporter ce que Le Corbusier appelait les «joies essentielles*».

«*Les planches de M. Braem se passent de commentaires. Elles sont éloquentes par elles-mêmes. Nous tenons bien à l'affirmer! Elles valent non pas par les solutions architecturales qui sont encore indigentes mais purement et simplement par la figuration d'une vie nouvelle exprimée si brillamment sur un sol urbain désormais transformé*» (37).

Le prix Godecharle ne permettait pas à Braem de passer tout son temps à Paris, et il le partagea donc entre Paris et Anvers, où il réalisa ses premiers projets.

En 1936, il se laisse convaincre par Julien Schillemans d'adhérer au Parti Communiste, conformément à ses opinions idéologiques. En octobre de la même année, il épouse Elza Severin, dont il avait fait la connaissance dans la Guilde Joe English (38). Ensemble ils passent l'automne et l'hiver à Paris où, à la suite des récentes réformes de Blum, régnait une atmosphère animée. Ils se sentent portés par l'élan révolutionnaire qui anime les foules et se laissent imprégner par son action bienfaisante. Les manifestations de masse, organisées au Vélodrome d'Hiver pour envoyer une aide militaire à l'armée populaire durant la Guerre Civile d'Espagne, captivent leur attention. Ils participent avec enthousiasme aux activités de la Maison de la Culture, fondée par des intellectuels et des

1936 Braem avec le Yougoslave Pantovic dans l'atelier de Le Corbusier à Paris.
Braem with the Yugoslav Pantovic in Le Corbusier's workshop in Paris.

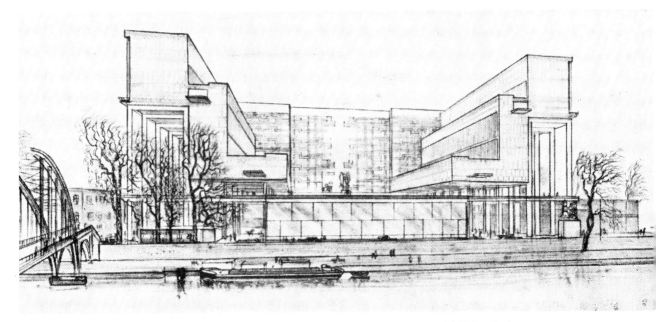

1936 Le Corbusier, projet de Musées de la Ville et de l'Etat au quai de Tokyo, Paris.
Perspective réalisée par R. Braem.
Le Corbusier, project for the Musées de la Ville et de l'Etat at the quai de
Tokyo, Paris. Perspective by R. Braem.

artistes de gauche. S'inspirant de cette initiative, Braem dessine sa propre «Maison de la Culture», un projet remarquable, par lequel il cherche à transposer — dans une atmosphère flamande presque idyllique — ce qu'il voyait réalisé à Paris. C'est un projet radieux, dans lequel restent très présents non seulement le bonheur de sa lune de miel, mais aussi son optimisme devant cette parcelle de socialisme réalisé. Bien qu'il s'agisse ici d'une commande imaginaire que Braem s'était donnée à lui-même, le projet diffère considérablement en caractère et en intention de ses projets d'école. Il le situe toujours dans un environnement imaginaire, mais le concept et l'échelle en sont beaucoup plus réalistes. Le plan comporte deux corps de logis: un hall triangulaire qui pénètre suggestivement dans une salle ronde, légèrement entrouverte. Le hall triangulaire se prolonge par une place trapézoïdale d'aspect lisse, d'où un conférencier pourra s'adresser en chaire à la foule, et où l'on pourra allumer un «feu de joie». Le tout est implanté dans une nature aménagée de façon élégante, avec un étang dans lequel se reflète l'architecture, et autour duquel les figures AIZ jouissent, une fois de plus, de l'atmosphère décontractée d'une journée de vacances. Le projet n'est guère corbusien: il apparaît comme l'expression la plus réussie de l'idéal architectural que Braem concevait à ce moment: un fragment «naturel» de culture faisant partie d'une nature culturalisée, une forme détendue qui se veut en même temps non oppressive et monumentale, composée d'éléments contemporains (39). Mais aussi, le projet démontre comment, en se projetant dans la réalité, l'utopie se confine dans une fonction culturelle qui la réduit à des dimensions sociodémocrates. Avec ses allures quasi scandinaves, ce Centre Culturel d'avant la lettre anticipe l'architecture de prospérité de 20 à 30 ans plus tardive.

1946 Rome. Vue du Foro Italico. Dessin réalisé à Altengrabow.
Rome. View of the Foro Italico. Drawing done at Altengrabow.

ENTREVUE AVEC LE «RAZIONALISMO» ITALIEN
UNE EXPERIENCE TROUBLANTE

Au printemps 1937, le couple Braem fait un voyage en Italie. Ils visitent surtout les villes monumentales classiques, mais s'attardent également devant l'architecture italienne moderne. Les réalisations de Terragni à Côme, la gare de Florence à peine achevée et le Foro Italico d'E. Del Debbio à Rome passionnent Braem. Cependant il est surtout séduit par l'Académie d'escrime de L. Moretti, un bâtiment pur et moderne tout en marbre dans lequel il découvre une monumentalité contemporaine convaincante. Comme on le sait, l'architecture moderne italienne se trouvait alors dans une situation singulière, particulièrement ambiguë. Contrairement au nazisme allemand qui condamnait le Bauhaus comme forme de «Kulturbolchevismus», le fascisme faisait preuve d'une sorte de pluralisme culturel ouvert non seulement au néo-académisme à la Piacentini, analogue à celui de Speer, mais encore au «razionalismo», l'architecture moderne italienne. Par conséquent, les deux mouvements se disputaient le privilège d'être reconnus officiellement en tant qu'expression véritable de l'idéologie fasciste. En parlant de sa Casa del Fascio (l'exemple le plus pur de «razionalismo»), G. Terragni déclarait sans ambages en 1936: «*Un ordre architectural s'associe dès à présent au plan politique, un ordre qui coïncide avec le nouvel ordre conquis par l'Italie corporatiste du fascisme*» (40). Les leaders fascistes ne voyaient donc aucun inconvénient à s'identifier également au «razionalismo». Mais au même moment, Braem croyait, lui aussi, reconnaître dans le «razionalismo» la réalisation de ses aspirations. Il éprouvait une admiration spontanée à son égard; mais parce qu'il établissait tout aussi spontanément un rapport entre l'architecture et l'idéologie, cette confrontation fut pour lui, comme pour tant d'autres, une expérience troublante. Cette nouvelle monumentalité, n'annonçait-elle pas avec éloquence que le nouvel ordre qu'elle anticipait coïncidait avec celui du socialisme? Ne s'agissait-il que de quelques sécrétions socialistes que le fascisme avait englouties dans sa spongieuse idéologie? Ou cette architecture n'était-elle rien qu'un masque, une façade de pure représentation qui recouvrait une réalité toute différente? L'architecture savait-elle donc «mentir» tout de même?

Pour comprendre ces questions, il faut savoir que cette ambiguïté ne se manifestait pas uniquement en Italie, mais un peu partout en Europe (sauf en Allemagne). Le socialisme et le fascisme aspiraient bien à des formes de société tout à fait différentes (respectivement une société sans classes et une société corporatiste), mais dans les années 30, les deux mouvements présentaient certaines analogies superstructurelles: tous deux mettaient en perspective un ordre nouveau et à ce propos, le fascisme n'hésitait pas à envelopper sa propagande d'une phraséologie empruntée au style de vie socialiste: l'éthique de l'ordre, le sens de la communauté, l'enthousiasme créateur, le bon sens et la dignité humaine qu'il disait siens, exerçaient une attraction certaine sur les sympathisants et ex-socialistes. De plus, par des manifestations de masse bien organisées, les deux mouvements s'efforçaient d'exalter l'ordre nouveau, d'exorciser en quelque sorte le chaos et de démontrer en même temps leur pouvoir potentiel. Les images de style, les «armes» superstructurelles et les tactiques qu'ils empruntaient l'un à l'autre, ne semblaient bien souvent que leurs reflets réciproques (41).

Ce conflit engendra inévitablement des glissements dans l'idéal socialiste. L'idéologie, mise en jeu comme arme dans la lutte politique, s'éloigne de ses objectifs utopiques originels pour prendre des formes tactiques, utilisables sur le champ, donc combatives. Ainsi naît le conflit classique et tragique entre les fins et les moyens. Si le but final du mouvement socialiste reste la création d'une société anarchiste (42),

le chemin qui y même doit être frayé au moyen d'une stratégie disciplinée, d'une solidarité, voire même d'une solidité le moins possible altérée par des particularités individuelles, par le «droit à la différence».

L'architecture en tant qu'«arme» idéologique s'avère alors moins la préfiguration d'une société socialiste «libérée» qu'une métaphore construite de la discipline et du pouvoir socialiste. L'architecture devient une forme de représentation dans laquelle l'invention structurelle intérieure doit céder la place à la rhétorique extérieure.

Inversément, l'ordre, la sobriété et l'homogénéité de l'architecture moderne, que les socialistes comme Braem voyaient comme une anticipation de l'abolition des classes, s'avéraient contribuer, du point de vue corporatiste, à cacher les distinctions de classes. Comme le fit remarquer avec perspicacité E. Bloch en 1934 (43), l'esthétique du fonctionnalisme était, dans une situation marquée par le fascisme, en accord avec les aspirations des classes moyennes inférieures. Pouvait-on imaginer plus grande polyvalence?

En Italie, la contamination de ces significations à l'intérieur du «razionalismo», conduisit à des frustrations qui persistent encore aujourd'hui. C'est elle, par exemple, qui poussa un E. Persico à séparer radicalement l'architecture de l'idéologie: si l'architecture risque de périr d'une association fatale avec une idéologie funeste, elle ne peut être «sauvée» qu'en proclamant son autonomie.

En tant que communiste, Braem était parfaitement conscient de la différence qui séparait le fascisme du socialisme, mais il semble avoir fait peu de cas de la contamination formelle des deux mouvements, ce qui plus tard allait lui jouer plus d'un tour. Rien ne laisse supposer qu'il ait réfléchi de façon critique à ce problème; au contraire, son admiration spontanée pour le «razionalismo» et pour l'énergie qui présidait à sa réalisation, l'éloignèrent temporairement de «l'architecture totale» qu'il avait développée l'hiver précédent dans sa «Maison de la Culture», pour se concentrer sur la nouvelle monumentalité italienne. Le nouveau est (et

1938 Deuxième concours pour la Bibliothèque Royale Albertine à Bruxelles (coll. Smet. 7ème prix).
Second contest for the Royal Albertine Library in Brussels (Smet coll., 7th prize).

demeure) pour Braem un critère décisif de la progressivité (44); un critère qui lui permet, dans les tourments des années trente, de distinguer — au-delà des frontières italiennes du moins — plusieurs formes d'«ordre nouveau». Ainsi, de retour à Paris, s'exprime-t-il assez négativement sur le pavillon «prétentieux et vide de contenu» de la «pauvre Allemagne» à l'Exposition Mondiale de 1937. D'autre part, il affiche une sympathie prononcée pour le pavillon soviétique. Les deux pavillons se trouvaient, menaçants, l'un en face de l'autre, l'un coiffé d'un aigle, l'autre d'un couple d'ouvriers à l'assaut, préfigurant la confrontation inévitable entre les deux états. Mais tandis que le pavillon de Speer s'affirmait par un classicisme statique et morne, le pavillon de Jofan s'imposait par un jeu dynamique de volumes. C'était une sorte de composition suprématiste monumentalisée, à peine décorée d'éléments classiques.
Et dans la mesure où ce pavillon incorporait une certaine mémoire de l'avant-garde — ici transposée dans la violence plastique — il ne manquait pas de plaire à Braem (45). Mais la confusion concernant la «superstructure» ne l'empêchait pas de prendre une position très nette par rapport à l'«infrastructure». Au cinquième congrès des CIAM, en juin de cette même année où à Paris, le Corbusier le présente en tant que membre, il propose d'inclure à la résolution finale une clause dans laquelle il pose la socialisation du sol comme première condition à une politique urbaniste digne de ce nom. Une proposition qui ne manqua pas d'embarrasser les participants italiens, mais qui fut finalement acceptée par la majorité (45bis).

DEBUT D'UNE PRATIQUE PERSONNELLE

Les œuvres que Braem entreprend de réaliser à partir de 1936, en collaboration avec Segers, diffèrent sensiblement des rêves qu'il avait mis sur papier pendant sa formation. Il s'agit de cinq petites maisons individuelles entre mitoyens, dont les dimensions et le budget modestes constituent un défi sans précédent pour l'esprit

41

inventif de Braem. Pour la première fois, il dessine des plans soigneusement balancés, mesurés avec précision. Dans leur esprit et leur expression, ces habitations sont nettement inspirées par l'œuvre de Louis-Herman De Koninck. C'est avec la maison qu'il réalise en 1936, dans la rue Van Ersten à Deurne, que Braem participe au prix Van de Ven de 1938. Et le fait que De Koninck soit membre du jury n'est certainement pas sans rapport avec le couronnement de cette œuvre de Braem. Dans le rapport du jury, De Koninck exprime son appréciation d'une démarche dans laquelle il s'est manifestement retrouvé lui-même: «L'œuvre des confrères Braem et Segers, titulaires du prix Van de Ven 1938, doit son mérite essentiel aux modestes programmes et moyens dont durent s'accommoder les créateurs. Une maison confortablement ordonnée n'ayant que 5,50 m de façade et une superficie totale de 40,25 m² est une gageure qui démontre un savoir-faire estimable chez les auteurs. (...) La franche sincérité des façades avec des caractères adéquats à leurs destinations fit décerner à cette œuvre l'ensemble des cotes favorables» (46).

Mais ces réalisations discrètes ne rencontraient qu'en partie les ambitions de Braem. Quant à son penchant pour les interventions à grande échelle et pour la monumentalité, il le satisfaisait dans les concours pour la Bibliothèque Royale Albertine à Bruxelles. Pour la construction de la Bibliothèque Royale, les autorités lancèrent deux concours sur deux sites différents, le Mont des Arts et le Jardin Botanique, afin de se rendre compte, grâce aux différentes propositions, des possibilités qu'offraient les deux terrains. Braem, qui avait déjà étudié le problème à l'occasion du Prix Godecharle, mais in abstracto, sans implantation définie, participa aux deux concours; la première fois en collaboration avec Schillemans, dans le cadre du bureau Cols et De Roeck et la seconde fois en collaboration avec Smet. Dans l'affrontement des violences monumentales qui virent le jour à l'occasion de ces concours (47), les projets de Braem se distinguèrent par leur monumentalité relativement discrète: une monumentalité «contemporaine», selon le modèle italien, mais aussi, une forme moderne de représentation déjà fort éloignée de l'optimisme de la «Maison de la Culture». Alors que, dans ce dernier projet imaginaire, il voulait intégrer son architecture à un environnement fictif, les volumes de l'Albertine traduisent une méconnaissance complète du contexte bruxellois réel. Ces projets ne sont guère conçus en tant que contribution à la ville existante, mais en tant qu'amorce d'une transformation qu'il s'imagine aussi tranchante que celle qu'il avait envisagée en 1935 avec Hoste pour Anvers.

1944
Caricature pour *Het Vrije Woord*.
Caricature for *Het Vrije Woord*.

LA DEUXIÈME GUERRE MONDIALE
1940-1944

En septembre 1935, comme tous ceux qui étaient soumis aux obligations militaires, Braem est mobilisé. Après la campagne des 18 jours, il est fait prisonnier de guerre à Tielt et déporté via Walsoorden, Altengrabow et Fallingborstel à Bokeloh, en Saxe inférieure, où on lui impose six mois de *Landwirtschaft*. A la mi-janvier 1941 on le renvoie chez lui.

Comme on l'a souvent décrit, la Belgique a vécu les six premiers mois de l'occupation dans un attentisme ambigu (48); vers la fin des années trente, certaines couches de la population avaient un tel dégoût du spectacle impuissant des politiciens, du chaos économique, de la corruption cloués au pilori par Degrelle, qu'elles éprouvaient une certaine sympathie pour «l'ordre nouveau» de l'occupant. D'autant plus qu'au début, sa discipline fit bonne impression. Puisqu'au début de la guerre, l'Allemagne semblait bien avoir militairement le dessus, elles voyaient s'ouvrir la perspective d'une coexistence prolongée avec — ou dans — le Troisième Reich. La prise de position de Henri de Man est très symptomatique de ce raisonnement: en tant que président du Parti Ouvrier Belge (POB), il dissolvait son parti dans un manifeste rendu public le 28 juin 1940, et interprétait cet «ordre nouveau» comme la révolution: «*La guerre a amené la débâcle du régime parlementaire et de la ploutocratie capitaliste dans les soi-disant démocraties. Pour les classes laborieuses et pour le socialisme, cet effondrement d'un monde décrépit, loin d'être un désastre, est une délivrance*» (49).

Le gouvernement Pierlot avait d'abord fui en France, puis s'était exilé à Londres lorsque l'Angleterre décida malgré tout de continuer la guerre. L'administration belge «*restait active sous la direction des plus hauts fonctionnaires ministériels, 'les Secrétaires-Généraux' qui, pendant l'absence (l'emprisonnement) du roi et du gouvernement, prenaient en mains le gouvernement effectif du pays. Ceci, sur base de l'article 5 de la loi du 10 mai 1940 qui prévoyait qu'un fonctionnaire subordonné, en cas d'absence des autorités hiérarchiques, devait prendre sur lui la charge de cette fonction supérieure*» (50). En accord avec les autorités économiques et ecclésiastiques, les Secrétaires-Généraux suivirent une politique du moindre mal et tentèrent, en prenant eux-mêmes en main l'organisation du pays, de réduire l'emprise de l'administration allemande. D'autre part, l'occupant comptait laisser au pays une autonomie fictive, afin de

1940 La fin de la culture. Dessin réalisé avant le mois de mai, pendant la mobilisation.
The end of culture. Drawing executed before the month of May, during mobilisation.

faire accepter plus facilement son « ordre nouveau ». Cette situation allait se clarifier dès l'automne, au fur et à mesure que les autorités allemandes exerçaient plus de pression sur les Secrétaires-Généraux pour les forcer à prendre des mesures de plus en plus répressives.

Néanmoins, la tâche que le *Militärverwaltungschef* E. Reeder se proposait au début était : « *le retour à l'ordre et au calme, non par la terreur policière, mais grâce à des mesures positives, pour mettre au profit de l'effort stratégique du Reich les forces de l'économie et du travail du territoire occupé, même contre ses propres intérêts. Pour cela il nous faut la participation des couches ouvrières de la population* » (51). Ce qui explique pourquoi on renvoya très vite chez eux, après l'occupation de la France, les prisonniers de guerre belges (les Flamands d'abord, vu la théorie raciale en vigueur). En tant que membre du Parti Communiste, Braem n'échappa pas au désarroi général. Au contraire, lors de l'invasion allemande, son parti — théoriquement lié par le pacte de non-agression entre l'Allemagne et l'U.R.S.S. —, fut toléré par l'occupant. C'est ce qui lui permit de bien s'organiser pour la résistance dans laquelle il allait jouer un rôle important après l'invasion de l'U.R.S.S. par l'Allemagne en juin 1941. Quelques mois auparavant, Braem avait d'ailleurs déjà pris position en adhérant au « Front de l'Indépendance », une organisation de résistance qui coordonnait des groupes de toutes tendances et dont le Parti Communiste formait le noyau.

Braem ne participait pas aux actions armées, mais formait avec Jul De Roover, leurs épouses Elza et Frieda Severin, Marc Macken et Remy Cornelissen, une « cellule » de la section de propagande. Les artistes mettaient leur talent graphique au service de la propagande anti-allemande, dessinaient dans des brochures imprimées et distribuées clandestinement par Remy Cornelissen, et illustrèrent même une édition satirique de *Mein Kampf*. Une opération aussi dangereuse qu'inutile, Braem l'avoue aujourd'hui. Après la libération, avec Elza Severin, il dessina également des illustrations pour *Het*

Vrije Woord (la Parole libre), qui sortait de l'illégalité (52). En outre, il n'était pas complètement dépourvu d'occupations professionnelles. Il construisit une usine de liqueurs au «Zuid» (construction sur laquelle les autorités municipales anversoises fermèrent les yeux) et participa à un concours d'urbanisme. Déjà en juin 1940, dans le cadre du programme précédemment cité, Reeder avait fondé un «Commissariat Général à la Reconstruction du Pays». La reconstruction des territoires sinistrés était pour lui un élément indispensable à l'apaisement de la population (53). Charles Verwilghen qui fut nommé Commissaire-Général, confia le Service d'Architecture et d'Urbanisme à son frère, l'ingénieur Raphael Verwilghen, l'un des fondateurs de la pensée urbanistique en Belgique.

Avant la Première Guerre mondiale déjà, en tant que fonctionnaire au Ministère des Travaux Publics, et plus tard, en tant que rédacteur de *la Cité,* il avait œuvré à la réalisation d'un urbanisme moderne en Belgique. Il profita de la nouvelle situation pour mettre à exécution les idéaux d'aménagement auxquels la Belgique libérale s'était toujours opposée (et auxquels elle s'opposerait avec d'autant plus de vigueur après la guerre). Il rassembla donc autour de lui une multitude de sommités du monde de l'architecture belge, avec comme «éminence grise» Henry van de Velde qui terminait ainsi son «apostolat mouvementé pour le nouveau style» en tant que chef du «contrôle esthétique», un service qui soumettait chaque plan à un examen esthétique et le «rectifiait» si nécessaire.

Le Commissariat déployait plusieurs activités; le 12 septembre 1940, il fit proclamer un arrêté-loi ordonnant aux communes sinistrées de dresser un plan d'aménagement. Pour stimuler l'exécution de cette loi, il lança, début 1941, un certain nombre de concours pour les plans d'aménagement des communes les plus touchées. Braem participe au concours d'urbanisme pour la reconstruction d'Enghien et le gagne (54). Sur l'ancienne grand-place, détruite par un bombardement, son projet prévoit une nouvelle place, plus spacieuse, entourée de magasins, et sur les espaces libres, un centre sportif et un centre administratif. Plus tard, lorsqu'il élabore l'architecture de ces projets et qu'ils les soumet à Verwilghen, celui-ci ne semble pas du tout les apprécier. La grand-place de Braem était bordée par une série de façades répétitives — une image qui ne correspondait pas du tout à la tendance régionaliste «nationaliste» qui, immédiatement après le début de la guerre, trouvait en Schellekens, Henvaux, De Ligne entre autres, des défenseurs convaincus. Verwilghen taxe tout bonnement le projet de Braem de «bolchevique». Henry van de Velde est plus positif et loue surtout la qualité typologique du projet. Pour se défendre, Braem rédige un article sur la «Monumentalité» dans *Bouwkunst en Wederopbouw,* la revue officielle du Commissariat. Dans ce texte particulièrement ambigu, il analyse avec complaisance le besoin croissant de monumentalité *qui exprime l'idéal collectif, cette recherche d'une union supérieure de l'homme avec son semblable, qui est également la base du concept de la religion».* Il constate que l'on a «*besoin d'une convention de formes pour réunir formellement l'œuvre de personnalités totalement différentes en un style qui exprimerait l'idéologie de l'Etat».* Mais, dit-il, on commet une erreur fondamentale en cherchant à résoudre le problème à travers la renaissance de styles néo (comme le montraient les illustrations de la chancellerie de Speer et d'une académie militaire à Moscou). La nouvelle monumentalité devra se construire avec des moyens actuels, avec la «*technique moderne qui étaie, elle aussi, la nouvelle conception sociale»:* il en voit des exemples dans les pays scandinaves et en Italie (l'agrandissement de l'hôtel de ville à Göteburg par Asplund et l'Académie d'Escrime de Moretti à Rome). Braem appuie son raisonnement sur une citation de Mussolini: «*Nous n'avons pas le droit de piller l'héritage du passé. Nous devons créer un art nouveau».* Il déclare aujourd'hui avoir voulu de cette façon confronter le fascisme italien et le fascisme allemand. Une «forme de camouflage» dont on se demande, dans ces circonstances précises, s'il en concevait les implications. L'état d'esprit dans lequel il en arrive ainsi à participer à la «politique du moindre mal» (55) s'exprime dans sa perspective pour l'école d'Enghien, un complexe oppressif inspiré par la revue *Moderne Bauformen*, d'où surgit une figure nue, levant désespérément les bras vers un ciel sombre.

Un autre article, publié un an après dans la même revue, «*Contre l'architecture de l'autruche*», est beaucoup plus clair. Il l'écrit en complément à un débat entre Hoste qui continue à défendre sans compromis le fonctionnalisme et J. Schellekens qui plaide pour une architecture nationaliste, régionaliste, respectant les lois de la hiérarchie existante (56).

Braem prend implicitement parti pour Hoste; mais son appel optimiste «*à l'acceptation de la vie et à la joie créatrice*» résonne assez étrangement dans les circonstances données. L'exposition *l'Urbanisme dans la ville et dans le village* qu'il organise au cours de l'été de 1942 à la demande du Gouvernement Provincial anversois fait preuve du même optimisme. Les intentions des autorités provinciales y semblent presque les mêmes que celles du Commissariat Général. Comme le disait au vernissage F. Wildiers (alors Député Permanent), la province voulait profiter de la «nouvelle situation» pour commencer une politique urbanistique effective. L'exposition serait un premier pas, propagandiste, dans cette direction (57).

Quoi qu'il en soit, ce fut un évènement singulier, cette exposition organisée sous les auspices du Commissariat-Général pour la Reconstruction du Pays, non seulement par Braem, mais par toute la cellule de propagande communiste du Front de l'Indépendance.

A en juger d'après les photos, la salle de marbre offrait un spectacle étonnant. A l'aide de techniques variées: photos, illustrations, représentations symboliques, sculptures de Macken et de Cornelissen, mais aussi par de simples plans, était démontré ce qu'il fallait entendre par mauvaise et bonne architecture, mauvais et bon urbanisme. Il va de soi que les régionalistes présents à l'ouverture taxèrent l'exposition de «bolchevique» (58).

Mais, prévoyant cette réaction, Braem y avait spécialement inclus une série de dessins à l'intention de ses adversaires. Ces dessins qui comptent parmi les plus attachants que Braem

«Turnhals». Préhistoire.
'Turnhals'. Prehistory.

ait jamais produits, apportaient une contribution au débat sur le régionalisme dont il fut question plus haut; ils constituaient un argument contre la conception statique et fermée du village et de la ville préconisée par Schellekens. Sur sept panneaux, il développe autant de stades de l'évolution d'une ville typique flamande «de la préhistoire jusqu'en 1999». C'est une ville imaginaire que Braem appelle «Turnhals», un croisement entre Turnhout et Herentals, où apparaissent des bâtiments symboliques comme l'hôtel de ville et la gare de Lierre, ou encore l'église de Diest.

La formule fait penser aux *Contrasts* présentés par Pugins cent ans plus tôt; mais la suite de Braem offre une image plus attachante et plus complète de la ville, non seulement parce qu'il regarde toujours «Turnhals» à vol d'oiseau et suivant une perspective identique, mais surtout parce que, sans commentaire idéologique cette fois, s'aidant uniquement de sa perspicacité

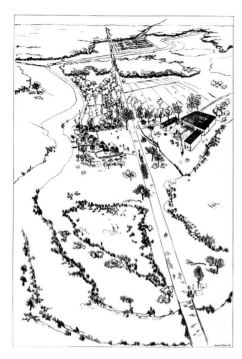

«Turnhals». Epoque romaine.
'Turnhals'. Roman period.

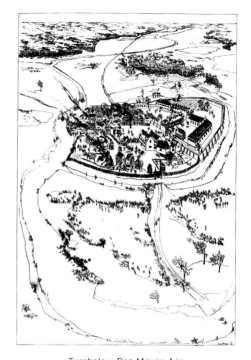

«Turnhals». Bas Moyen-Age.
'Turnhals'. Lower Middle-Ages.

graphique, il présente la ville comme le résultat d'un processus dialectique et démontre qu'elle n'est pas une donnée statique, mais qu'à tout moment de l'histoire elle est le résultat — et en même temps la condition — des rapports sociaux. Ainsi, sur le premier panneau, le village lacustre n'influence guère son contexte, il est encore dominé par la nature marécageuse.

Le paysage de l'ère romaine présente des signes discernables de culture: une grand-route traverse l'image en ligne droite et jette un pont par dessus la rivière qui, de par l'assèchement des marais, coule selon un tracé plus précis; le long de la route, il y a une villa avec des huttes annexes pour les serfs et, au loin, à la lisière du bois, un castrum. Au début du Moyen Age, les éléments romains disparaissent presque entièrement. Seul, le schéma géométrique de la ville subsiste, comme un vague souvenir, dans le plan du monastère qui apparaît à sa place. Il est cerné d'un rempart de pierres auquel s'adossent les fortifications de bois du portus annexe, où l'on distingue déjà une hiérarchie sociale entre les maisons en bois des producteurs et les maisons en pierre des commerçants. Les remparts en bois ne paraissent pas assez robustes pour résister aux attaques des Normands auxquelles les habitants tentent d'échapper en se réfugiant à l'intérieur du monastère. La ville du plein Moyen Age est la plus belle: un ordre topologique s'y est développé empiriquement, un organisme autonome entouré d'un mur robuste, un fragment d'utopie emmurée qui repousse le monde extérieur: la campagne et le châtelain. Au début du XIXe siècle les remparts disparaissent, à l'exception des portes. Plusieurs maisons présentent des traces d'interventions classicistes. Une ligne de chemin de fer traverse le paysage, les forêts sont en voie de défrichement et déjà les industries s'installent. Le dessin illustrant le XXe siècle offre une image parlante de ce que Braem appellera plus tard «Le

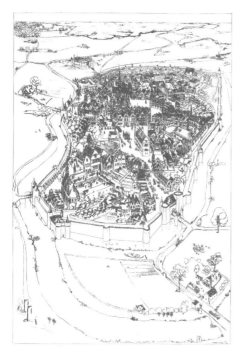

«Turnhals». Haut Moyen-Age.
'Turnhals'. Higher Middle-Ages.

«Turnhals». Début de la révolution industrielle.
'Turnhals'. Early industrial revolution.

Pays le plus Laid du Monde». L'industrie a envahi toute l'agglomération urbaine et l'intérieur de la plupart des îlots. Les nouvelles techniques constructives disloquent la topologie originelle. Dans les zones marginales, croupissent des quartiers d'ouvriers misérables. La ville dégénère en un magma chaotique se polluant lui-même. La rivière est devenue aussi noire que de l'encre de Chine.

Le dernier stade — l'anticipation dont Braem prévoit la réalisation en l'an 1999 — est le plus consternant et, paradoxalement, le plus nostalgique. Il trace avec justesse les limites de ce que l'urbaniste moyen considère aujourd'hui encore comme la «solution idéale», à laquelle en Belgique presque aucune réalisation ne correspond jusqu'à présent. Les industries (Fruttaria, Crott & Co), les taudis, les immeubles à appartements, la publicité, bref tout le chaos a été assaini: les îlots ont été «vidés» et aménagés en «zones vertes» intérieures, semi-publi-

ques; le tissu urbain, réparé assez brutalement au moyen d'une architecture d'intégration rigide, quasi scandinave. Il a été débarrassé de tout élément étranger, remis à neuf et «restauré» sous un aspect que l'on ne retrouve à aucun des stades précédents. La gare néo-gothique a cédé la place à une gare moderne. Le chemin de fer a été surélevé d'un niveau, laissant ainsi libre cours au trafic. Les rues sont d'ailleurs presque vides: Braem ne prévoyait pas la vitesse à laquelle l'industrie automobile se développerait après la guerre. A l'arrière-plan, en dehors du vieux centre, se déploie un ensemble moderne structuré tout autrement, de façon géométrique, composé de blocs parallèles (couverts pour la circonstance de toits en pente), complétés d'installations sportives. Le fleuve est redevenu clair et a trouvé une fonction récréative. Là où s'emmêlaient les taudis, s'étale à présent un centre culturel quelque peu ampoulé.

Malgré sa vision perspicace de l'évolution mor-

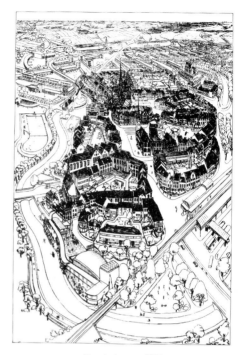

«Turnhals» en 1942.
'Turnhals' in 1942.

«Turnhals» en 1999.
'Turnhals' in 1999.

phologique de la ville, et malgré ses réflexions précoces sur l'approche contemporaine de cette évolution, Braem n'a jamais mis en pratique ce raisonnement nuancé. Ses multiples interventions urbaines d'après-guerre témoignent à peine de préoccupations contextuelles. Plutôt que de s'accrocher à ce qui existe, elles s'offrent comme un fragment d'une autre réalité, comme présage partiel d'une utopie à réaliser. Mais pour le moment, la guerre est loin d'être terminée. Le 6 décembre 1942, Braem est dénoncé et arrêté par la Gestapo avec 70 autres résistants, ou supposés tels. A la mi-mars, après cent jours de détention, la plupart des prisonniers — dont Braem — sont libérés, grâce à un concours fortuit de circonstances (59). Braem reprend haleine, mais peu après, son ami Julien Schillemans est arrêté par la Gestapo et fusillé à Brasschaat. Marc Macken, chef de la section de l'Armée Secrète pour le Brabant, est interné à Breendonk et y souffre des pires atrocités, tel-

les les marches de la faim. Braem se tient à l'arrière-plan: il dessine des projets de transformations et quelques autres projets qui resteront sans suite. Il se met aussi à réfléchir, et cela se manifeste dans son étude pour une «maison de campagne dans le Brabant», une commande imaginaire qu'il se confie à lui-même, avec laquelle il revient à sa «Maison de la Culture» et à l'expressionnisme des années vingt. Le plan se présente comme une sorte d'organisme conchoïdal, se nichant dans la nature brabançonne. La maison est conçue dans un langage personnel qui ne se réfère à aucun modèle si l'on excepte les réminiscences corbusiennes (comme le moellon de la maison de campagne à Mathes de 1936 et les sculptures organiques puristes), mais qui pourrait passer pour une anticipation de Bruce Goff. Braem semble à la recherche d'une architecture qui, repoussant tout «régionalisme», tout «nationalisme» ou «razionalismo», se rattache toutefois au terroir.

1946
Dessin à la plume.
Pen drawing.

LE DEVELOPPEMENT D'UNE PRATIQUE
LA DIALECTIQUE ENTRE FORME ET IDEOLOGIE

LA LIBERATION

Quoiqu'Anvers ait subi la guerre jusqu'en mai 1945 — notamment en tant que terrain d'essai pour les expérimentations de W. von Braun —, la ville fut libérée dès le 4 septembre 1944. C'est à ce moment que se déclenche un ensemble complexe de forces, jusqu'alors contenues, qui ne peuvent être que sommairement mentionnées ici. Les groupes de résistants sortent de la clandestinité et prennent l'initiative de persécuter les collaborateurs. Le gouvernement Pierlot revient de Londres et essaie de rétablir l'ordre. Dans le vide politique qui s'est creusé après la disparition du Vlaamsch Nationaal Verbond (VNV), de Rex et la dissolution du Parti Ouvrier Belge, le Parti Communiste se réfère au rôle important qu'il a joué dans la Résistance et à la part qu'a prise l'U.R.S.S. dans la lutte contre l'Allemagne des Nazis pour s'imposer en tant que parti national et en tant que nouvelle alternative démocratique. Il ne fait pas mystère de ses objectifs : il veut transformer la Belgique en un état socialiste. Dans son troisième numéro sorti de la clandestinité, *Het Vrije Woord* écrit (3 nov. 1944) : «*Il est vrai que le Parti Communiste a un programme révolutionnaire : il veut la réforme radicale du système économique afin de pouvoir régler la production d'après les besoins, et ne plus la laisser dépendre de la lutte des intérêts entre les groupes et les particuliers qui ne pensent qu'à leur profit. Il enlève donc aux particuliers le droit à la propriété et l'accès à l'appareil de production. De plus, en abolissant le droit à la propriété, il fait disparaître les classes sociales qui en sont issues. Dans la société sans classe qui se réalisera grâce à l'application du programme communiste, l'appareil de production, devenu propriété de la collectivité, ne sera employé qu'après consultation de cette collectivité et uniquement à son profit. La production désordonnée, le chômage, l'escroquerie des biens et des débouchés, bref les causes les plus profondes de la crise et de la guerre propres au système capitaliste n'existent plus dans cette nouvelle société*».

La proposition de programme qu'il y ajoute prévoit notamment la création «*d'une démocratie économique et sociale*» par l'abolition des monopoles et des trusts, par une économie planifiée, par la socialisation des moyens de production et par la cogestion. L'article est illustré d'un dessin symbolisant la corrélation des activités économiques : l'industrie, le transport, l'agriculture et la construction — représentée par un maçon sous les ordres d'un architecte aux apparences assez corbusiennes. Le dessin est signé «michel», un pseudonyme que Braem utilise quelque temps pour dessiner dans la revue et sous lequel il publie également quelques articles. Régulièrement, depuis la parution du premier numéro, sa femme Elza Severin dessine elle aussi des vignettes satiriques, sous le pseudonyme de «Sus». Dans trois articles des n°s 10, 11 et 12 consacrés aux «Problèmes de la Reconstruction», «Michel Staal» tire ses propres conséquences urbanistiques du programme du Parti. Il s'oppose aux pratiques du Commissariat Général, «*un exemple de la tactique fasciste qui consiste à résoudre une situation injuste à grands renforts de publicité, sans modifier pour autant les privilèges de la classe capitaliste, et en qualifiant par après cette action de 'socialisme'*». Il ne conteste pourtant pas l'importance des études déjà entamées, mais constate que jusqu'à présent rien n'en a été réalisé et exprime la crainte qu'après la restauration, la reconstruction ne devienne l'affaire de l'initiative privée. «*On se mettra à bâtir, chacun à son gré, que cela sonne clair ou creux, sans cohésion ni perspective*». Braem est persuadé que la tâche de l'industrie du bâtiment ne doit pas se limiter au déblaiement des ruines ni à la reconstruction d'anciens bâtiments; conformément à l'intention du Parti de transformer la Belgique en un état socialiste, l'urbanisme belge doit également subir une transformation radicale: «*La tâche qui nous attend est celle du remaniement total de l'organisme belge. Si ce pays veut constituer un cadre digne des générations à venir, nous devons enfin employer les forces dont on a si longtemps abusé pour détruire (ou pour se défendre contre la destruction), pour construire une patrie que les ouvriers pourront également appeler avec fierté: Notre Belgique!*»

Mais il existe différentes formes d'urbanisme: «*Dans les pays fascistes où l'on a voulu corrompre les intellectuels et déconcerter le peuple avec des réalisations urbanistiques, il s'agissait surtout de nouveautés spectaculaires, de nouvelles rues luxueuses avec des rangées de faça-des gigantesques, de grandes et de lourdes réalisations qui devaient extérioriser le pouvoir du régime: voir l'Allemagne, l'Italie. Par contre, dans les pays démocratiques, Union Soviétique en tête, on veut créer un milieu plus heureux pour les larges couches de la population. On n'y démolit pas uniquement beaucoup de villes pour les reconstruire selon de nouveaux principes, mais on construit également de nouvelles villes près des nouvelles industries.*» Pour aboutir à ce résultat, il faut une réforme radicale «*concernant la propriété du sol, l'utilisation des matières premières et la gestion de l'industrie du bâtiment*». C'est notre unique chance de vaincre le chaos actuel: «*Une concentration de bâtiments recouvrant presque tout le pays, soudés ensemble çà et là en des agglomérations amorphes. Des villes et des villages liés par un réseau routier complexe incohérent, qui ne suffit plus aux exigences modernes. Au gré du hasard, où le terrain et la main-d'œuvre sont bon marché et où le transport est facile, on jette de l'industrie, que ce soit au centre de la ville ou à côté d'une cité-jardin. Au milieu de l'industrie, des terrains agricoles, sous la menace permanente des agglomérations qui grandissent comme des taches d'huile. Déboisement systématique partout. Perturbation du paysage par des constructions en bordure des routes. Etouffement de la ville par l'enchevêtrement effréné de l'industrie et des maisons. La spéculation foncière commande l'expansion de la ville. Ouverture de rues et intrigues de sociétés de construction avec, pour seul principe directeur, le profit*» (60).

Dans l'immédiat après-guerre, les gouvernements qui se succédaient très vite adoptèrent une politique d'économie planifiée en rançonnant la population et en exerçant un contrôle sévère sur la production et la consommation. Pour la première fois (et jusqu'à présent, la dernière) les communistes faisaient également partie du gouvernement. E. Lalmand, leur secrétaire national, occupa le poste de Ministre du Ravitaillement de février '45 jusqu'en mars '47. Aux premières élections d'après-guerre, en février 1946, le Parti obtint 10% des voix, un succès manifeste qui lui vaudra quatre portefeuil-

1945 Evocation du premier meeting communiste après la guerre.
Drawing of the first communist meeting after the war.

les ministériels dans les deux formations de socialistes, libéraux et communistes qui suivirent, c'est-à-dire les gouvernements Van Acker et Huysmans.

Le communiste liégeois J. Terfve, Ministre de la Reconstruction dans ces gouvernements de mars 1946 jusqu'en mars 1947, offre à Braem une place importante dans son cabinet. Mais cette carrière administrative ne le tente guère, et il demande qu'on lui confie plutôt un projet concret. Terfve le charge alors, avec Brosens et Laforce, de la construction de deux petits quartiers résidentiels pour sinistrés, à Borgerhout dans la Rue J. Smit, et à Deurne, près du petit Fort. Le trio développe un plan complet pour le petit Fort, qu'on ne réalisera qu'en partie (Braem reprendra ce projet plus tard, en 1959-63, puis en 1970 et le réalisera après y avoir apporté des changements importants). Le quartier plus petit de la rue J. Smit sera entièrement réalisé: un ensemble simple, sans prétention, avec en son centre un élargissement visuel de la rue dû à l'aménagement de petits jardins en face des maisons (1946-47). La distance entre les ambitions révolutionnaires de Michel Staal et les dimensions discrètes de ces deux projets illustre la politique de sobriété forcée, et peut-être aussi le manque de liberté d'action d'un parti qui, malgré son orientation réformiste, perdra très vite la sympathie de l'opinion publique.

LA GUERRE FROIDE
L'IDEOLOGIE DE LA RECONSTRUCTION
LA LOI DE TAEYE

La participation gouvernementale du parti communiste fut de courte durée: elle devint très vite impossible en raison de l'évolution de la conjoncture internationale. La division du monde en deux sphères d'influence séparées à Yalta en février 1945 se ressent très nettement en 1947, à l'occasion des discussions autour du plan Marshall. Le «Programme de Redressement Européen», que seize pays occidentaux n'hésitèrent pas à adopter, fit l'objet de critiques très violentes de la part de l'U.R.S.S.; et la Tchécoslovaquie qui posait également sa candidature à l'aide américaine fut promptement détournée

de ce projet par le Coup de Prague de février 1948. Le blocus de Berlin, en juin de la même année, et la signature du Pacte Atlantique en avril '49 marquèrent le début de la «guerre froide» qui devait creuser des sillons très profonds dans le paysage politique de l'Occident libre; et les communistes, qui restaient souvent fidèles à leurs idées staliniennes, furent rapidement considérés comme des «ennemis intérieurs». Ils furent exclus du gouvernement belge dès 1947 et en 1949 ils perdirent 41 % de leurs électeurs. Ils se retirèrent à l'arrière-plan où, par leurs idées radicales, ils constituèrent un aiguillon pour le réformisme socialiste. En Belgique, la Guerre Froide ne conduisit pas à un antagonisme politique bipolaire, mais elle laissa tout de même ses empreintes sur différentes controverses idéologiques. Surtout sur l'idéologie de la reconstruction qu'il importe d'examiner à présent. La portée de la démarche de Braem n'apparaît clairement qu'en étant restituée dans le contexte de l'idéologie dominante dont elle se distingue. Après l'épuration des fonctionnaires du Commissariat Général à la Reconstruction compromis par la guerre, et en premier lieu celle de R. Verwilghen, un vide théorique se creusa dans l'administration de l'urbanisme. Verwilghen était l'un des fondateurs de la pensée urbanistique moderne en Belgique; une expérience jeune et fragile fut brusquement rompue suite à son licenciement et celui de ses collaborateurs. Leur place fut prise par un nombre d'individus inconscients qui se faisaient passer pour des experts dans un domaine où ils n'avaient jamais mis le pied. La nouvelle administration, entièrement composée de juristes, supprima l'Arrêté-loi du 12 septembre 1940, pour le récupérer promptement, presque mot à mot un an après, dans l'Arrêté du 2 septembre 1946. Parce qu'en outre, «les hommes de Londres» n'avaient aucune vision à offrir et qu'ils s'en tenaient à un juridisme étroit, la problématique de la reconstruction devint très vite une pomme de discorde idéologique, une sorte de concrétion dans laquelle se stratifiaient les tensions de la Guerre Froide que le réformisme tentait de recouvrir. La discussion entre les confessionnels et les socialistes sur la politique de la construction et du logement avait débuté bien avant la guerre et plongeait ses racines dans le XIXᵉ siècle mais dans les années 1947-53, elle se ranima avec d'autant plus de violence. La controverse était aussi singulière qu'intense, ce qui démontre qu'aux moments décisifs, l'idéologie de l'environnement construit ne constitue pas seulement un passe-temps marginal pour de jeunes idéalistes ou des théoriciens raffinés. En Belgique, elle fut le sujet d'un débat politique qui conduisit à des options peu usuelles. Des options qui donnèrent à ce pays l'aspect singulier qui le distingue de ses voisins.

L'idéologie de l'initiative privée que défendait surtout le Parti Social Chrétien (PSC) en la personne d'Alfred De Taeye, se présentait comme la continuation du réformisme libéral du XIXᵉ siècle, de la théorie associationniste de Ducpétiaux et de la loi de 1889. Grâce à des conditions de financement favorables, elle donnait aux ouvriers les plus appliqués, travailleurs dociles, bref les ouvriers «moralement supérieurs», la possibilité d'acheter leur maison, avec la conviction qu'ils continueraient, par après, à travailler avec la même application pour pouvoir payer leur hypothèque et, qu'en outre, ils deviendraient ainsi eux-mêmes des défenseurs de l'ordre existant (61).

A. De Taeye était lié à cette tradition par Valère Fallon S.J., un des économistes catholiques les plus importants de l'entre-deux-guerres. Ce jésuite enseignait à l'Ecole Supérieure Centrale des Ouvriers Chrétiens, à Heverlee, où De Taeye fit des études d'assistance sociale. Dans son traité remarquable *Principes d'économie sociale* (1921), Fallon essayait de combiner l'effet stimulant de l'initiative privée au devoir chrétien de charité et de justice (62). Son raisonnement est entièrement basé sur l'idéologie de la propriété privée qu'il estime nécessaire à la liberté, à l'ordre public et à la prospérité (en tant que fruit des intérêts individuels cumulés). Son raisonnement eut une influence décisive sur le programme du Parti Social Chrétien de Noël 1945, dans lequel le parti se proposait de «déprolétariser» la classe ouvrière, notamment par une répartition plus juste de la production et par la stimulation de l'épargne et de la propriété

privée. Afin de réaliser cet objectif, le parti décida de créer un climat économique favorable en stimulant l'initiative privée (63). Une des mesures les plus importantes prises à ce propos, après que le parti eut accepté la responsabilité de gouverner en mars 1947, fut la loi du 29 mars 1948, dite loi De Taeye, «*portant sur les dispositions particulières destinées à encourager l'initiative privée à construire des habitations à bon marché et acquérir de petites propriétés terriennes*». Le système de primes prévu par cette loi était la concrétisation d'une idée que Fallon avait déjà lancée avant la guerre (64). Dans son traité, il considère d'ailleurs la construction d'habitations sociales comme une condition essentielle de la santé publique, des bonnes mœurs et de l'ordre public. Les objectifs de De Taeye rejoignaient fidèlement ceux de Fallon. Il les expliqua en toute franchise à un congrès de la Petite Propriété Terrienne qui se déroula en septembre 1948: «*La Petite Propriété, en envisageant le logement sain à la campagne, œuvre en même temps pour l'élévation morale et matérielle de la famille (...) C'est précisément là le grand mérite de la Petite Propriété Terrienne, qui fait en sorte que les familles qui viennent faire leur demande, soient matériellement et moralement à la hauteur de leur tâche. On aboutit à ce résultat par le caractère spécifique de la formule elle-même, non seulement en donnant une maison aux ouvriers, mais en les laissant régner en maîtres sur la terre qui leur appartient. En tout premier lieu, ce domaine privé concrétise le rêve que tout ouvrier a chéri un jour: une forme de petite propriété. Le petit propriétaire se sent responsable de la conservation de son bien, qui est une partie du patrimoine national: mais en même temps il se sent plus en sécurité, plus indépendant, plus autonome. La responsabilité et l'indépendance sont à la base du développement de la personnalité humaine, notre but le plus élevé; mais aussi, sur le terrain de la pratique, la responsabilité et l'indépendance sont indispensables à l'initiative privée et au sens de l'épargne (...) Le sens de l'épargne, comme toute vertu humaine, s'apprend. Ne croyez-vous pas que des familles qui ont épargné pendant des années pour payer leur contribution mensuelle, continueront d'épargner, même une fois que tout sera payé? Et ce sens de l'épargne, n'est-il pas l'une de nos caractéristiques nationales disparues aujourd'hui? (...) Dans un pays démocratique, l'initiative et le sens de l'épargne sont également des conditions à la prospérité du peuple. Ma conviction est donc que c'est la maison privée qui, plutôt que toutes les palabres sur l'éducation populaire, contribuera à consolider l'existence de notre peuple. Mais la Petite Propriété veut plus encore! La maison est entourée d'un bout de terre que les intéressés doivent faire rapporter. Car, en fin de compte, le petit propriétaire est aussi un petit agriculteur et sa famille, une famille de petits agriculteurs; car, où plus que dans le milieu agricole, le travail réunit-il les familles? L'ouvrier passe donc sainement et agréablement son temps libre en compagnie de sa femme et de ses enfants, et ils s'entraident. Toute la famille vit dans et avec la nature et participe à la beauté créatrice comme nous la voyons dans les plantes et les animaux. J'attache une très grande importance à cet aspect moral de la Petite Propriété Terrienne, et je ne fais pas ici de la poésie de la nature. Il s'agit du contact vivant et permanent avec la nature, si rafraîchissant pour la cellule vivante qu'est la famille. Hormis ces conditions morales, qui ont un effet bienfaisant sur la vie de famille, la Petite Propriété Terrienne offre également des possibilités matérielles que nous apprécions à leur juste valeur, surtout en cas de problèmes économiques, crises, guerres, etc. (...) J'estime qu'il faut combattre la 'Verstädterung' («l'urbanisation») de la campagne et que dans ce but, nous devons stimuler et privilégier l'installation des ouvriers à la campagne par le biais de la petite agriculture (...) Je vous donne également raison quand, dans les plans et l'implantation des maisons, vous évitez soigneusement la formation de groupes uniformes trop grands, avec trop de familles du même niveau de vie. Du point de vue social, la production de logements en série est condamnable»* (65).

Les revues *Landeigendom* et *Propriété Terrienne* (66) jouent sur tous les tons à propos des thèmes que De Taeye développe ici — la pro-

priété privée en tant qu'agent de l'initiative privée qui, déployée à la campagne, mène à l'élévation morale, à l'ordre social, au calme et à des conditions d'investissement propices — thèmes qui apparaissent également comme arguments dans des débats à la Chambre et dans la presse catholique. A partir de cette même idéologie, les catholiques s'opposèrent avec un acharnement égal à la concentration d'habitations dans les villes. De Taeye y fait déjà allusion à la fin de son discours cité plus haut. Ailleurs il en parle plus explicitement: «*A mesure que se généraliseront les bonnes conditions de logement pour la classe ouvrière, s'amenuiseront les causes des remous sociaux*» (67). Bien sûr, un tel argument s'inspire en premier lieu d'un dégoût pour les conditions inhumaines de logement dans les taudis et les impasses hérités du XIXe siècle. Mais contrairement aux socialistes qui partageaient ce dégoût, les catholiques s'opposèrent avec la même vigueur à toute alternative urbaine. Dans le débat précédant le vote de la loi De Taeye, certains membres du Parti Social Chrétien prétendirent que les «*maisons-casernes et les cités*» étaient, par définition, inférieures à des «*étables*» (68). Ils considéraient les habitations sociales concentrées comme des lieux de décadence morale où, par l'absence de terres privées et à cause d'un voisinage étroit, se perdraient le sens de l'indépendance, l'esprit de famille et donc également le sens de la responsabilité. Puisque la famille ne pouvait pas se réunir et se consacrer à des activités positives et intégrantes comme la petite agriculture, elle se désintégrerait de proche en proche. Les membres de la famille se verraient forcés de passer leur temps libre hors du noyau familial, dans la débauche, la promiscuité, ou pire encore, dans l'agitation politique. La crainte que les «casernes locatives» ne deviennent des foyers d'agitation sociale était un héritage du XIXe siècle, réapparu avant la guerre à la suite de la bataille des Höfe de Vienne en février 1934 (69). Si cette peur restait plutôt spéculative et peu explicite, plus concrète était la crainte que ces complexes concentrés d'habitation ne deviennent des foyers d'électeurs socialistes (70). La politique socialiste de construction de logements était fondamentalement opposée à celle du PSC. Sur le plan politique, elle était défendue par l'architecte et député Fernand Brunfaut qui se présentait comme l'homologue de De Taeye du côté du Parti Socialiste. Tout comme Verwilghen pendant la guerre (71), et Braem dans *Het Vrije Woord*, il prédisait que l'initiative privée transformerait le pays en un chaos et que beaucoup d'ouvriers ne pourraient pas faire les efforts nécessaires pour y accéder, malgré le système de primes. Il proposa l'alternative d'une politique comparable à celle mise en œuvre au même moment aux Pays-Bas, une forme de planning urbanistique rationnel, pris en charge par des sociétés de construction spécialisées.

Après le vote de la loi De Taeye, il plaida pour la fondation d'un Fonds National pour la réalisation des projets des sociétés de construction, une proposition qui prévoyait également le financement de l'aménagement urbanistique des quartiers en question, et qui imposait une rationalisation des projets. Le 15 avril 1949, le projet fut voté et devint la loi dite Brunfaut (72). L'idéologie sur laquelle cette loi se basait ne peut être assimilée sans plus à celle de Braem. Ce serait nier l'utopie de Braem qui débordait amplement les ambitions réformistes du Parti Socialiste. Mais les deux avaient beaucoup en commun et la guerre froide les rapprocha. La conjoncture politique les obligeait, autant l'une que l'autre, à intérioriser leurs idéaux sociaux et à les réduire à l'objectif, de moins en moins explicite, d'un socialisme pragmatique, planifié. Il est hors de doute, même s'il ne le disait presque plus jamais ouvertement, qu'avec sa politique alternative de construction et de logement, le Parti Socialiste aspirait toujours à la réalisation d'un style de vie socialiste comme celui que Henri de Man, avec d'autres, avait propagé au cours des années vingt. Mais vu la conjoncture actuelle, le Parti ramena ce but malséant à l'objectif implicite d'une politique présentée comme purement rationnelle et fonctionnelle. D'une manière analogue, Braem se voyait forcé de mettre entre parenthèses, sinon à l'écart, son idéal communiste, pour s'appliquer de plus en plus — dans le cadre du socialisme belge planifié — aux

conséquences architectoniques de cet idéal dont il parlerait de moins en moins explicitement. Il exprima ses désillusions dans un article amer, *In het Land van de Grimlach* (Au Pays de la Grimace) (73) : «*Je me souviens du temps éloigné où nous sortions d'une nuit de cinq longues années de barbarie motorisée et gestapisée, le regard fixé sur la lumière qui enfin brillerait dans les cieux ouverts d'une ère nouvelle. Nous, résistants naïfs, nous croyions alors qu'on allait entamer la reconstruction de la patrie, portés par cette même foi collective qui nous avait fait oublier, dans la lutte contre les oppresseurs, nos petits différends. Trois ans après? Que reste-t-il de cette foi? Les anciens sont partis, les anciens sont revenus, et avec eux les anciennes lois. Au lieu d'un renouvellement du pays sur base d'une coopération générale, nous voyons uniquement des tentatives désespérées pour faire durer le passé condamné; de tristes manigances pour tenter quand même de retarder les aiguilles de l'horloge de l'histoire*». Il affirme à nouveau sa foi en la nécessité d'un renouveau total du milieu de vie, mais de façon plus prudente cette fois-ci, sans en mentionner les prémisses révolutionnaires : «*On a taillé en pièces ce qui aurait pu être une entreprise à l'échelle nationale: «chacun pour soi et le diable pour tous!» Il est caractéristique par exemple que la première mesure pratique prise pour tempérer la tragique crise du logement ne fut pas l'union des ressources financières et techniques afin de permettre une construction plus rationnelle et économique, mais bien l'acceptation de la proposition de loi de De Taeye, qui effrite les moyens financiers et empêche la technique — par force de loi en quelque sorte — de s'adapter aux moyens de production actuels. Au lieu d'opter pour l'unique possibilité de donner à la masse des maisons à des prix raisonnables, c'est-à-dire pour la construction de masse par le biais de la normalisation et de la préfabrication, cette loi ramène la construction sur les vieux sentiers où les spéculateurs fonciers et les sociétés de construction se tiennent avidement aux aguets (...) Là où il n'est pas question d'unités d'habitation, mais uniquement de construction de maisons individuelles éparses, on*

1953 Les habitations des socialistes vues par les catholiques.
Socialist dwellings as seen by the Catholics.

oublie également l'équipement social du logement. Absents sont donc: les salles de réunion,
les maisons de jeunes ou les terrains de sport!»
Quand, cinq ans plus tard, il termine les premiers
blocs du Kiel et que la lutte idéologique pour la
reconstruction s'est atténuée, il la reconsidère
avec un certain détachement dans deux caricatures pertinentes. L'une montre l'idée que se
font les catholiques du logement des socialistes: une sorte de Gallaratese dans lequel la promiscuité mène à la débauche et à l'agitation politique; l'autre résume inversément l'idée que se
font les socialistes de la vie dans un quartier
catholique: un conglomérat chaotique, irration-
nel, de systèmes clos où la famille nombreuse,
menacée par le trafic mécanique, est dominée
par des symboles cléricaux, capitalistes et
même fascistes; la visite du curé, les tours
d'églises qui s'associent aux cheminées d'usine, les croix gammées sur les palissades et jusque sur les vitraux. Mais les idées de Braem sur
ces deux situations n'étaient peut-être pas aussi
détachées que ses dessins voulaient bien le

montrer. En fait, il n'a jamais pu complètement
surmonter les deux points de vue. D'un côté, par
nécessité, par besoin d'expérimentation — et
non pas à contrecœur — il construira un nombre
considérable d'habitations individuelles qui
constituent le plus souvent une contribution
vitale au chaos qu'il dénonce: dans la perspective d'un alignement de maisons traditionnelles,
les créations de Braem sont souvent les plus
voyantes. Mais d'un autre côté, par principe, il
continue à dénoncer le chaos — donc la réalité
de la seconde caricature — alors que, concrètement, il ne cesse de rechercher des formes nouvelles, meilleures et plus 'abouties' pour le rêve
qu'il caricature dans le premier dessin.
Bien que le fondement idéologique de cette
controverse soit refoulé, les résultats n'en sont
pas moins réels pour autant. En Belgique, la
production de l'environnement construit a été
principalement déterminée par la politique de
« non-planification » promue par la Loi De Taeye.
Tandis que les Pays-Bas investissaient l'argent
du plan Marshall dans de vastes travaux hydrau-

1953 Les habitations des catholiques, vues par les socialistes.
Catholic dwellings as seen by the socialists.

liques et soumettaient l'urbanisme — conformément à la doctrine des CIAM — à un processus de planification rationnel, la Belgique investissait une bonne partie de cet argent dans des primes pour stimuler l'initiative privée.

Contrairement aux Pays-Bas qui continueront à suivre pendant longtemps une politique de sobriété, la Belgique optait, dès le début, pour la construction d'une société d'abondance sur le modèle américain, avec une économie de marché libre, sans restriction sur l'importation ni sur l'exportation; une «affluent society» qui, afin d'éviter l'inflation, allait suivre une curieuse politique de sobriété en matière de travaux publics.

La loi De Taeye connut un succès considérable, dépassant de loin les attentes de ceux qui en avaient pris l'initiative. Leur planning prévoyait la distribution de 50.000 primes sur une période de 5 ans, dont 25.000 furent distribuées au cours de la seule première année. Selon l'économiste conservateur F. Baudhuin, cette accélération plaçait l'économie belge dans une «situation engorgée» dangereuse (74). On ne ralentit pourtant guère ce rythme, et en mars 1954, De Taeye offrit lui-même la 100.000ème prime à la construction (75). Ces primes s'élevaient à 22.000 francs, augmentés de 20 % selon la composition de la famille; elles étaient accordées à tous ceux qui voulaient construire une maison privée à bon marché. Par la même occasion la loi en question autorisait les banques de crédit à prêter jusqu'à 90 % de la valeur totale de la maison. Stimulée de la sorte, l'initiative privée produisit l'environnement bâti de la Belgique tel qu'il se présente aujourd'hui. Il va sans dire qu'elle s'est montrée foncièrement réfractaire à l'architecture moderne dont le langage formel «ouvert» et «égalitaire» voulait préfigurer une société socialiste, et dont la réalisation à grande échelle supposait un processus de production planifié.

Le maître d'œuvre belge a très nettement manifesté son goût pour les différents modèles traditionnels tendant précisément à la représentation hiérarchique et monumentale de sa volonté de pouvoir. Mais, tandis qu'à la Renaissance cette volonté produisait une unité dans la multiplicité, sur le marché libre belge, elle déboucha sur une impressionnante compétition de monumentalité plus ou moins banalisée.

La grande et la petite bourgeoisie, puis finalement la classe ouvrière elle-même, stimulées à la déprolétarisation, n'aspiraient plus qu'à conquérir les modèles de la classe sociale supérieure, afin d'anticiper de la sorte, fût-ce naïvement et de manière déformée, son ascension convoitée.

Personne n'eut la force d'imagination indispensable pour coordonner les efforts individuels en une sorte de vision collective. Braem ne faisait pas exception à la règle. Il adoptait une attitude négative envers l'ensemble de cette politique et saisissait les nombreuses commandes privées qu'on lui confiait comme des occasions de développer son langage plutôt que comme des défis à relever pour valoriser des situations concrètes. Dans ses réalisations individuelles, il ne fait qu'étudier à échelle réduite son alternative personnelle: le «nouvel art collectif». De son côté, l'Administration de l'Urbanisme ne montra jamais qu'elle ait eu la moindre conscience de cette problématique: elle passait son temps à imaginer les prescriptions les plus invraisemblables (par exemple, imposer la hauteur des corniches) qui devaient conduire à l'urbanisme de façade bien connu en Belgique. Nulle part, les autorités ne prirent l'initiative d'aménager un espace public où les individus auraient éventuellement pu se retrouver en tant que communauté. Vers le milieu des années 60, lorsque le pays se fut lentement transformé en un immense lotissement et lorsque les concepts à la mode de la phénoménologie existentielle eurent pénétré jusqu'au sommet du Parti Social Chrétien, ce parti lança l'idée singulière de créer des «centres de rencontre». Pendant la Guerre Froide, conformément à cette politique urbanistique — ou plutôt par manque d'une telle politique —, le monde architectural belge fit preuve d'une docilité servile et désemparée à l'égard des ambitions individuelles. On peut encore toujours apprécier le désarroi auquel succomba l'architecture de cette époque dans

une revue comme *Architecture-Urbanisme-Habitation,* prolongement étiolé de *l'Art de Bâtir* créée pendant la guerre. L'atmosphère de distinction frustrée qui émane des villas de toutes espèces étalées dans ces pages, allait rapidement se répandre dans un pays libre de toute entrave urbanistique pour définitivement en démembrer le paysage subsistant. Parmi ceux qui réussirent, malgré la dérive générale, à s'orienter et à échapper à la représentation sénile ainsi qu'à développer un langage original et contemporain, Braem occupe une place particulière. A ce moment, il est sans doute le seul à fonder son langage sur une conception idéologique consciente. A mesure que la Guerre Froide s'intensifie, il n'exprime plus ses idées verbalement, mais se consacre à l'«architecture totale» qui y correspond. On lui en donne une occasion exceptionnelle dans sa première grande commande: le Kiel.

LE KIEL

Le projet pour le Kiel naquit du rapprochement entre l'utopie architecturale et sociale de Braem et la politique de prospérité ambitieuse des sociaux-démocrates anversois. Des hommes qui, comme Harold Wilson, étaient convaincus qu'«on ne trouvera pas l'ultime réponse à tous les problèmes importants de notre époque au cimetière de Highgate, où est enterré Karl Marx».

En matière de construction de logements, les lignes de force de cette politique étaient définies dans une large mesure par l'échevin des propriétés de la ville, John Wilms, qui s'était activement distingué dans le mouvement socialiste depuis sa jeunesse. Il était né et avait grandi dans le quartier de Saint André et, bien qu'il ait donné une image captivante des relations de voisinage de ce milieu typique dans son roman réaliste *La Paroisse de la Misère,* il se sentait particulièrement concerné par les conditions de vie navrantes de ce quartier comme d'autres quartiers populaires. Aussi plaida-t-il d'emblée pour un logement populaire plus humain, notamment dans sa revue *De Rode Burcht* (1924).

1951·54 La cité Kiel, cheminée de la chaufferie.
The Kiel estate, boiler room's chimney.

C'est à son initiative que la ville acheta, avant la guerre, de vastes étendues au Kiel et au Luchtbal. Deux terrains assez éloignés du centre d'Anvers qu'elle put acheter à un prix raisonnable et qui lui permettraient, après la guerre, de poursuivre une politique effective de construction et d'habitation sur son propre territoire. Comme le montraient les résultats du recensement effectué à la fin de 1947 à l'initiative de l'échevin Detiège, ces plans répondaient à un besoin évident. Les bombes V1 et V2 avaient transformé en ruines 13 % des maisons disponibles ; 8 % de la population habitait dans des taudis, et 20 % dans des maisons surpeuplées ou déclarées insalubres (76). Cette crise du logement, la crainte de perdre des citoyens (contribuables) en faveur des communes voisines et les possibilités qu'offrait la loi Brunfaut en 1949, incitèrent les autorités municipales à développer les plans préparés par Wilms en des projets ambitieux. La ville mettait ses terrains à la disposition de sociétés de construction et obtenait ainsi une participation importante dans leurs conseils d'administration. Il s'agissait des sociétés « Onze Woning », fondée par la Commission d'Assistance Publique ; « De Goede Woning », fondée à l'origine par la Caisse Indépendante des Ouvriers Retraités de la Municipalité d'Anvers et reprise après la guerre par les autorités municipales anversoises ; et la S.C. « Huisvesting-Antwerpen », précédemment « Antwerpse Maatschappij voor Goedkope Huisvesting ». Cette dernière fut fondée en 1921 par l'échevin Alfred Cools, l'échevin Wilms, déjà premier président en 1933, et deux de ses collègues : l'échevin des Affaires Sociales et de la Construction du Logement, Frans Detiège (Parti Socialiste flamand) qui s'occupait alors surtout de l'assainissement des taudis et qui, en cette qualité, ne tarda pas à raser la « Paroisse de la Misère », et l'échevin des Travaux Publics, Frans Tijsmans (Parti Catholique flamand) qui voulait transformer Anvers en une métropole moderne.

Les conseils d'administration étaient d'ailleurs composés paritairement de membres du Parti Catholique et du Parti Socialiste flamands. Conformément à cette répartition politique, ils faisaient aussi bien construire des maisons unifamiliales que des constructions en hauteur ; un compromis qui neutralisait la controverse idéologique sur ces deux formes d'habitation : les maisons unifamiliales pour les familles nombreuses et les personnes âgées et les constructions en hauteur pour les autres. Ce fut la nécessité d'augmenter la densité, en d'autres termes de garder sur place le plus de citoyens possible, qui fit accepter aux membres du Parti Social Chrétien l'option de construire en hauteur. Du reste, Tijsmans manifestait ostensiblement son scepticisme à l'égard des réserves idéologiques de son parti en s'installant lui-même au Luchtbal (77). Les trois sociétés rivalisaient entre elles pour présenter le projet le plus impressionnant : « Onze Woning » confia le projet du Luchtbal à H. Van Kuyck qui jouissait alors d'un grand prestige et qui produisit une série de blocs raides, dans un ordre quasiment militaire. « De Goede Woning » confia la rue Jan de Vos au vieux Smolderen qui, quinze ans plus tôt, avait dessiné le tracé des rues locales à l'occasion de l'exposition de 1935, et qui réalisa une série de blocs Art Déco soignés mais un peu dépassés. La S.C. « Huisvesting-Antwerpen », sur les conseils de l'un de ses administrateurs, G. Brosen, s'adressa à Braem. Ce dernier — qu'on disait « révolutionnaire » — dut, conformément à la composition du conseil d'administration, travailler en collaboration avec un socialiste (Maeremans) et un catholique (Maes). Une forme typiquement belge de travail en équipe que Braem sera d'ailleurs obligé d'accepter pour tous ses grands projets. Mais, grâce à son pouvoir de persuasion plastique, il réussit toujours à prendre l'initiative du projet, pour ne laisser que les côtés moins attrayants de l'étude à ses partenaires de circonstance. Braem investit toute son énergie dans cette mission exceptionnelle. Il réunit tout l'acquis de sa jeunesse dans un concept CIAM clair ; une option qui, dans le contexte belge que nous venons de tracer, prend une signification indéniablement progressiste, voire même provocatrice (78), et qui doit être considérée comme l'unique choix historiquement légitime du moment. A Anvers, il donnait une interprétation personnelle de ce que la pen-

1952 La cité Kiel, vue du chantier.
The Kiel estate, view of the worksite.

sée urbanistique du moment avait de meilleur à offrir: un fragment de Cité Radieuse flamande d'une signification exceptionnelle — et rafraîchissante — pour la Belgique d'alors, mais qui compte également parmi les projets les plus accomplis que les CIAM aient jamais produits. Pour se défaire du Plan Particulier d'Aménagement des services municipaux — plan qui prévoyait une série de blocs parallèles et linéaires, situés perpendiculairement à la rue Emiel Vloor, Braem explora d'abord dans sept études les possibilités d'implantation sur un terrain assez ingrat, ceci en tenant compte de l'ensoleillement, de la hauteur de construction, de la densité souhaitée, et de l'espace urbanistique résultant. La solution qu'il jugeait la meilleure fut acceptée par ses partenaires et par le conseil d'administration: un ensemble de trois hauts blocs d'habitation (12 étages et 120 appartements chacun) reliés à une série de 6 blocs moins élevés (8 étages et 70 appartements chacun) placés en zigzag le long de la rue E. Vloor. Cette dernière implantation fut inspirée par la

volonté de pourvoir les appartements d'une large vue, et ce, en dépit de l'étroitesse relative du terrain: une forme d'«open planning» typique des CIAM, avec des espaces libres passifs. Mais l'espace intérieur, délimité par les trois grands blocs, la chaufferie et le «crescent» de maisons pour personnes âgées ajouté plus tard, apporte une correction importante à l'abstraction de l'espace CIAM. En fait, c'est une matérialisation du concept du «cluster» développé à la même époque par les Smithson à Londres (79). Il ne s'agit plus d'un espace indéfini, mais d'un «lieu», même s'il est vaste. Tous les blocs reposent sur des pilotis pour ne pas gêner la vue au sol — selon le précepte de Le Corbusier — et pour réduire l'aspect clos du «cluster» en le faisant «respirer», mais surtout pour symboliser la socialisation du sol. Vu l'absence d'habitation au rez-de-chaussée, personne ne peut s'approprier le terrain pour son usage personnel, ni avoir l'impression de mener une vie de concierge: l'habitation et le sol doivent être libérés l'un de l'autre. Des allusions futuristes et constructivistes se décèlent sous l'insistance formelle des équipements mécaniques: les cages d'ascenseurs sont extraites des volumes principaux comme autant de tours, ce qui les isole acoustiquement. Toutes les conduites, peintes selon leur fonction dans une des trois couleurs primaires, sont accentuées et exposées sur toute la longueur des blocs dans une gaine vitrée permettant une accessibilité optimale.

Les appartements spacieux (de 3 types différents: 1, 2 ou 3 chambres à coucher) sont accessibles par des galeries ouvertes, également conçues comme des éléments distincts à environ 80 cm du volume principal. Le niveau des galeries est inférieur de 4 marches à celui des appartements de sorte que la vue s'élargit, et qu'il devient plus difficile de regarder à l'intérieur tandis que l'appartement du dessous reçoit encore de la lumière directe.

Dans la maison du gérant, attachée comme un organisme quasi-naturel autour de la cheminée de la chaufferie centrale, on retrouve l'écho des «tournures» biomorphes ainsi que dans le mur ondulant des maisons pour personnes âgées, ou encore dans les formes «libres» de la plaine de jeux dont l'étang ondoyant pénètre jusque dans le hall de l'un des blocs. En outre, l'ensemble est discrètement rehaussé de sculptures réalisées par différents artistes (toujours désignés par le conseil d'administration selon leur couleur politique). Ce fut Braem qui choisit pour les cloisons des couleurs primaires dont la fraîcheur contrastait avec les murs blancs en brique silésienne (devenus jaunes depuis). En réalité, la possibilité de mettre en œuvre ces raffinements inhabituels au logement populaire résidait dans le fait que l'Administration belge elle-même n'avait pas encore établi de normes pour la construction en hauteur. Le dynamique Bastiaenen, administrateur de la S.C. Huisvesting - Antwerpen, assuma complètement le projet et fit tout son possible pour le faire accepter intégralement, détails inhabituels et sculptures compris. En présentant le projet du Kiel comme une sorte de norme minimale de ce que l'on considérait à Anvers comme une réalisation acceptable en matière de logement social, il obtint le consentement de la Société Nationale à Bruxelles qui attribuait les crédits. Lorsque le fonctionnaliste hollandais Van Tijen visita le Kiel quelques années plus tard, il dut admettre qu'en matière de logement social, une telle réalisation était en effet impensable au Pays-Bas. Dotée de tous ces éléments, cette «architecture totale» se caractérise par une monumentalité maîtrisée et heureuse qui ne garde que peu ou rien des penchants totalitaires des années 30 et qui, par ses qualités spécifiques, se distingue nettement des réalisations comparables de l'époque.

Braem suivait de très près le travail de Le Corbusier et, sans son exemple, le Kiel tel qu'il le réalisa aurait été presque inconcevable; mais il ne le copia jamais (comme le fit le LCC vers la même époque, en plagiant consciencieusement le modèle de l'Unité d'Habitation de Marseille dans les blocs de Roehampton, près de Londres).

Braem cherche consciemment, et non sans succès, une application proprement nationale, voire flamande, des CIAM. Quand, dans le premier numéro de sa revue *Bouwen en Wonen* (1953, nr. 1), il publie l'Unité de Marseille, il y ajoute des commentaires significatifs, illustrés par la tour de Lissewege: *«Nous voulons une architecture d'AUJOURD'HUI et d'ICI. Nous ne devons pas perdre de vue le message de Le Corbusier (...). Mais l'imitation superficielle de ce langage formel mène à un cosmopolitisme formaliste qui n'est pas propre à notre nature. Notre tâche est de créer une architecture qui veut être tout aussi consciemment actuelle et qui réponde aux exigences et à la nature de notre peuple, de notre climat, de notre paysage. Nous devons nous référer aux bons exemples de notre propre passé, non par des imitations stériles, mais en répondant à la fonction du bâtiment de la même façon franche et robuste que l'ont fait les constructeurs de Damme, Lissewege, Ter Doest. Fonctionnelle, sans détours, robuste et honnête, telle doit également devenir notre architecture».*

Du même coup cette citation illustre comment, aussi bien à cause de sa pratique qu'à cause de la conjoncture, l'attention de Braem se déplace de l'idéologie vers le souci de la forme. Un changement qu'il exprime très clairement dans les *«Dix Commandements pour une Architecture»*

publiés dans le même numéro. C'est une profession de foi fonctionnaliste et, en même temps, un manifeste doctrinal adressé à tous les architectes progressistes (également les non-socialistes), où l'idéologie ne figure plus que sous une forme latente dans la définition de l'architecture qui précède les Dix Commandements: «*L'art d'organiser l'espace avec pour but final la libération physique et psychique de l'homme*» (80). Une définition vague, humaniste, qu'il développe dans un article à l'occasion de l'achèvement du Kiel: «*Grâce aux interventions dans la conception du quartier et le plan des maisons, nous organisons en réalité le déroulement de la vie et le cadre de vie des futurs habitants. Sans que ceux-ci s'en rendent compte, leur esprit est en quelque sorte modelé par les impressions que laissent les différents espaces colorés et proportionnés, mais aussi par les tensions entre les formes s'affrontant dans un certain rapport, par le spectacle organisé de la nature. De cette façon, nous sapons les interprétations de routine qui découlent de l'hérédité, de la mauvaise éducation et de l'ancien cadre de vie; dans un milieu pur, les caractéristiques positives de l'homme pourront se développer à partir d'une conception de vie plus libre*» (81).
Cette définition de l'architecture il l'explicite également dans la présentation de son projet au congrès des CIAM d'Aix-en-Provence en juillet 1953: «*La tâche de l'urbaniste est de promouvoir une manière de vivre plus avancée, plus libre, partant de la réalité sociale actuelle pour la transformer. (...) L'architecture et les autres arts plastiques sont utilisés en tant qu'"Armes destinées à combattre l'ennemi' (Picasso). Ils ne sont pas utilisés dans le but d'inciter les gens à suivre une tradition, mais à les en libérer*» (82).
Pour qui a lu ses textes précédents, le sens de ces termes est bien clair: Braem croit toujours que l'architecture peut être une sorte de «condensateur» ou de «levier social»; et il espère (comme il le croyait déjà dans sa jeunesse à propos du Kiefhoek de Rotterdam) que par sa rationalité éloquente, elle amènera les habitants à acquérir une pensée libérée, «objective», et un

style de vie socialiste. Dans son esprit, ce style de vie était non seulement important pour les habitants socialistes, mais plus encore pour ceux qui ne l'étaient pas. L'idée que le Kiel fonctionnerait comme une «*machine à socialisme*» pour les habitants introduits par les dirigeants catholiques n'est pas vérifiable dans des écrits; mais d'après les souvenirs de plusieurs contemporains de Braem, on exprimait parfois l'espérance dans les milieux socialistes que ces habitants, une fois intégrés à la structure rationnelle du quartier, seraient automatiquement libérés des liens traditionnels de la structure paroissiale et qu'au fur et à mesure qu'ils échapperaient au contrôle du clergé (déjà dissuadé par les galeries futuristes de poursuivre «tout naturellement» ses visites à domicile), ils en arriveraient progressivement à s'affranchir de la religion pour finalement devenir «socialistes» (et voter comme tels).
Nous n'avons pu examiner jusqu'à quel point cet espoir assez déterministe fut pris au sérieux et s'il existe une réalité qui y correspond, mais le sujet mériterait certainement une enquête. Les réactions de la presse prouvent en tous cas que, de certains côtés, l'architecture du Kiel était considérée comme un élément stratégique de la guerre froide. Le *Bouwbedrijf*, par exemple, affirmait: «*l'homme demande un foyer et non une alvéole dans une ruche*». La *Libre Belgique* critiquait l'entièreté du projet en estimant que le rez-de-chaussée ouvert — donc l'absence de maisons entre les «pilotis» — était un gaspillage intolérable des fonds publics: «*nous demandons le nom des coupables*» (83). Auprès des candidats au logement, le quartier eut cependant un énorme succès qui doit évidemment être attribué en premier lieu à la crise du logement. Toutefois, il était également en faveur auprès des artistes et des intellectuels, qui voyaient en cette forme d'habitat un signe de progressisme. De surcroît, ce succès fut certainement influencé par l'exposition remarquable «Het Nieuwe Wonen» que Braem organisa en juin-juillet 1953 au premier étage des trois grands blocs qu'il venait de finir. Différents auteurs de projets, tels que Jul De Roover, Veranneman, Thys et Bosschaerts, W. Bresse-

leers, W. Vandermeeren..., y exposaient et en deux mois, il n'y eut pas moins de 50.000 visiteurs (84).

Une fois achevé, le quartier attira régulièrement — et ce jusqu'au début des années '60 — des visiteurs étrangers souvent éminents. Braem se souvient d'avoir guidé un délégué officiel soviétique qui refusa de croire que c'étaient des logements sociaux jusqu'à ce qu'il pût s'en assurer lui-même en visitant les appartements de son choix dont il interrogea les habitants. En septembre 1954, le quartier reçut la visite d'une délégation du «Housing Committee of Sheffield City Council» qui faisait une tournée européenne en vue de la réalisation de Park Hill Housing. Vu la réaction positive de la délégation à laquelle appartenait également le City Architect Womersley et le rapport enthousiaste qu'elle fit sur le projet du Kiel («perhaps the most exciting scheme inspected») (85) nous pouvons presque dire avec certitude que le projet de Braem a influencé la réalisation de Park Hill Housing. En fait, Braem avait concrétisé ce que les Smithsons ne mettaient alors que sur papier dans leur Golden Lane Project — y compris les «decks» et le «cluster».

Néanmoins, au congrès des CIAM d'Aix-en-Provence, le Kiel fut accueilli avec des sentiments partagés. Le Corbusier considérait comme une sorte d'hérésie les adaptations hardies de son concept de la Ville Radieuse par Braem (des appartements peu profonds avec de larges façades en lieu et place du duplex long et étroit de Marseille, ainsi que le système du «cluster»). Selon son ancien patron, Braem avait «raté le coche» et manqué l'occasion de réaliser une structure corbusienne orthodoxe. Il persistait cependant dans son opinion qu'une telle structure n'était appropriée qu'à un climat méridional et qu'en la transplantant il fallait nécessairement l'adapter aux circonstances et aux besoins locaux. Malgré les affinités qu'il y avait entre son approche du moment et celle de Team Ten — le groupe contestataire fondé à l'occasion de ce congrès — Braem ne cherchait pas du tout à se rapprocher de ces «angry young men». L'agressivité des Smithson et de van Eyck envers des pionniers comme Gropius et

Sert qu'il continuait à beaucoup admirer ne lui plaisait guère. Il désapprouvait également l'intention de supprimer les CIAM; avec André Lurcat qui devint son ami et qu'il rencontrait régulièrement à Maubeuge, il conçut d'ailleurs pendant un certain temps le plan de fonder des CIAM renouvelés à base socialiste: un plan qui ne fut jamais mis à exécution. De même, ses tentatives répétées d'insuffler une nouvelle vie aux CIAM belges ne menèrent à rien. Car en Belgique aussi, l'analyse des CIAM d'après-guerre faite par Team Ten s'avérait exacte. L'organisation devenait un club de personnages arrivés qui se construisaient une carrière fertile grâce à l'application sans réserve, presque aveugle, de la Charte d'Athènes. Ils obtenaient tous de plus en plus de commandes. Braem aussi d'ailleurs: grâce au succès du Kiel, il s'était fait une réputation durable dans les milieux socio-démocrates qui lui confiaient des commandes de plus en plus importantes. Et il les acceptait comme autant d'occasions de faire des expérimentations de forme expressives, expérimentations dans lesquelles ses intentions idéologiques s'exprimaient de moins en moins en une recherche structurale ou relationnelle, mais en une rhétorique formelle de plus en plus insistante.

CENTRE ADMINISTRATIF

Au cours de l'année 1949, le nouveau bourgmestre d'Anvers, Lode Craeybeckx, conçut un plan triennal. Ce premier plan-programme prévoyait les travaux les plus urgent, avec lesquels il comptait donner un «coup d'envoi» pour la réanimation de la ville. Il prévoyait entre autre la création d'équipements urbains modernes qu'on estimait indispensables à la ville d'Anvers, comme par exemple un Centre Administratif, une Maison des Marins et un Centre Commercial.

Comme les services municipaux compétents étaient occupés par diverses missions, le bourgmestre décida en 1950 de s'adresser à des bureaux privés. Il demanda à ce propos l'avis de Léon Stijnen (alors directeur de l'Académie d'Anvers) qui proposa de partager les tâches entre ses enseignants: c'est ainsi que Smekens et Wittockx furent chargés du projet pour la Maison des Marins et que le Centre Administratif fut confié à Braem, Wijnants et De Roover (le Centre Commercial confié à Cols & De Roeck ne fut jamais réalisé et Braem construira plus tard le Centre du Bâtiment sur ce même terrain). Cette attribution du Centre Administratif ne fut pas sans causer quelques remous. A l'instigation d'«*architectes capables et bons patriotes*», la *Libre Belgique* lança une campagne contre les «*deux communistes notoires*» qui faisaient partie de l'équipe. Craeybeckx se tira du zèle maccarthyste de la «Libre» par l'argument laconique qu'il s'agissait ici de «communistes de salon» (86).

L'idée de la construction d'un Centre Administratif lui avait été dictée par la conviction que la concentration de l'appareil permettrait un fonctionnement plus efficace des services souvent logés dans de vieilles maisons bourgeoises et dispersés dans toute la ville. Une situation qui obligeait le citoyen administré à se déplacer d'un bout à l'autre de la cité pour régler les différents aspects d'une même affaire.

La première mission fut donc de «*définir le but, l'importance et les différentes exigences des services existants*». L'équipe examina l'espace souhaité, l'importance du personnel des différents services et leurs rapports entre eux afin de les intégrer dans un vaste programme. Dans son rapport sur cet examen, Braem dit: «*A leur consternation, ils (les architectes) ont découvert des services municipaux dans de vieux taudis délabrés, où le 'chef de bureau' trônait dans la véranda, tandis que les rédacteurs étaient enfermés dans la pièce de séjour-salle à manger sombre, chauffée par un poêle rond sur lequel, au moment de notre visite inattendue à midi, ils faisaient cuire jusqu'à consistance onctueuse, une omelette au lard. Le logement des services de notre port mondial défie toute imagination*».

Cette intimité quelque peu anarchique offusqua le regard de tout planiste bien pensant, tant celui de la nouvelle génération socio-démocrate que celui des trois jeunes architectes. Braem poursuit: «*Que l'éparpillement des services à travers toute la ville soit désagréable pour le public, celui-ci s'en est rendu compte à son*

corps défendant, mais il est tout aussi évident que cette situation ne peut profiter à l'efficacité de l'administration qui tout de même, vu l'évolution générale, commence à jouer un rôle de plus en plus coordonnateur dans toute l'activité humaine» (87).

Dans le programme on ne faisait donc pas de distinction entre les services qui, par leur relation fonctionnelle, devaient logiquement se trouver réunis et ceux qu'il convenait, par leur caractère local, de laisser sur place (après une éventuelle restructuration). Toute l'administration municipale (sauf les services portuaires, mais y compris les services policiers) fut concentrée dans un programme qui devait se concrétiser en un nouveau et prestigieux complexe. Un premier avant-projet prévoyait la transformation drastique de tout le quartier compris entre le Marché aux Souliers et l'Oudaan. Le tissu existant devait entièrement disparaître pour faire place à une composition axiale Nord-Sud, se branchant sur l'axe de l'ancien Palais Episcopal. Braem voulait prolonger la monumentalité de ce bâtiment qui tiendrait lieu d'axe au nouveau complexe administratif en une sorte de mini-Tuileries anversoises. De cette façon, il comptait rencontrer une certaine «volonté de grandeur» qu'il trouvait si caractéristique de la «mentalité anversoise».

Après de nombreuses discussions avec les services municipaux qui tenaient pour impossibles les expropriations qu'impliquait ce plan, l'aménagement fut limité à l'Oudaan, la rue Everdij, la rue de l'Hôpital et la rue des Peignes. Le projet qui fut accepté prévoyait pour l'administration deux tours respectivement de 10 et 12 étages, reliées par un bâtiment oblong de 4 étages destiné à la police et implanté le long de la rue Everdij. Comme Craeybeckx avait hâte de voir se réaliser le projet, l'équipe acheva les plans d'exécution de la tour la plus haute en 1953, dans un temps record de 6 semaines; mais à cause de la réticence de l'Administration Centrale bruxelloise à accorder les subventions, les travaux ne furent entamés qu'en 1957 et terminés en 1967. Braem conçut le bâtiment comme une sorte de beffroi contemporain, un symbole expressif qui, dans la hiérarchie de la ville, devait signifier «la

1957-67 Centre Administratif d'Anvers (coll. J. De Roover, M. Wijnants).
Antwerp Administrative Centre (coll. J. De Roover, M. Wijnants)

grandeur» de l'autorité municipale. Le bâtiment se présentait comme le pendant contemporain des deux tours qui avaient jusqu'alors dominé le paysage anversois: la tour de la cathédrale et le «Boerentoren» (édifié en 1928-31 par Van Hoenacker et Smolderen pour la Kredietbank). Braem entoura le bâtiment de «piliers» ou colonnes de soutien qui, détachées du volume bâti, permettaient la réalisation d'étages de bureaux ouverts, «flexibles»; il prêta une attention particulière au couronnement. Dans l'avant-projet, les services sociaux (cantine, salle des fêtes, etc.) étaient prévus au-dessus des 12 étages de bureaux, comme des volumes indépendants à la manière de Le Corbusier; mais dans le projet définitif, Braem les intégra à un volume conique, une «couronne» rythmée par des colonnes en forme de V, sortes de ramifications des colonnes porteuses.

Entretemps, l'initiative privée qui, suivant l'exemple des autorités se mettait également à construire des tours, allait profondément changer l'image de la hiérarchie urbaine. Abstraction faite de cela et selon certains points de vue, on pourrait reconnaître dans la silhouette expressive de cette tour une contribution positive au skyline anversois. Mais sans doute vaut-il mieux ne pas en faire abstraction, surtout parce qu'en fin de compte, le bâtiment reçut une autre destination et donc inévitablement une autre signification que celle qui était prévue originellement. Au cours du très long processus de sa réalisation, les services municipaux se rendirent compte que la concentration envisagée en cet endroit en 1950 n'offrait pas uniquement des avantages. Ils décidèrent de ne centraliser qu'une partie de l'administration, en un lieu plus facilement accessible en voiture: la Desguinlei. On abandonna dès lors la réalisation de l'ensemble du projet et les services de police que l'on avait provisoirement installés dans la tour achevée y demeurèrent définitivement (par son plan ouvert à parois mobiles et légères, le bâtiment offre en effet une grande flexibilité fonctionnelle et s'adapte facilement aux besoins d'espace variables de ces services). Evidemment, cette nouvelle destination fait que l'on n'associe plus tellement la tour à la «grandeur»

de l'autorité municipale, mais plutôt à l'exercice coercitif de cette autorité. Cependant, même si cette «tour de la police» comme on l'appelle aujourd'hui avait gardé sa première destination, ou si on la lui rendait, elle ne perdrait guère de sa signification autoritaire dans le contexte où elle s'érige.

Si l'on accepte que le volume de la tour s'accorde bien avec le jeu capricieux des toits de la vieille ville, qu'il constitue donc une réplique acceptable à la tour de la cathédrale, on doit cependant admettre que l'affinité organique et urbaine à laquelle il prétend n'a aucunement été réalisée structuralement. En comparant son implantation à celle de la cathédrale — cet exemple classique de contextualité — on s'aperçoit immédiatement que la tour de l'Oudaan, malgré ses prétentions quasi-gothiques, est tout à fait étrangère, voire même agressive envers son environnement. La conséquence logique de sa présence sur ces lieux serait de faire disparaître ce qui reste du tissu adjacent et chaotique de la rue des Peignes, manifestement épargné parce qu'il contient un monument (l'Eglise des Augustins, édifiée en 1618 par Coebergher). Et comment en serait-il autrement? Braem n'a jamais cherché une telle réconciliation; au contraire. Il a toujours considéré l'ancien tissu urbain comme «de la vieille camelote», un résidu de l'irrationalité féodale qui devait disparaître au plus vite pour faire place aux anticipations claires d'une société plus rationnelle et plus juste. Le Centre Administratif qu'il considérait lui-même comme une préfiguration de la grandeur de l'autorité municipale idéelle, fut en réalité perçu comme un symbole de la percée de la social-démocratie à Anvers. A en juger d'après les signes construits, il s'agit là d'un processus expéditif qui voulut ignorer l'histoire, mais qui fut d'autant plus péniblement confronté à la réalité historique: un processus qui prit beaucoup plus de temps que prévu et qui oublia ses intentions initiales pour se perdre dans un formalisme diffus. La tour fut bâtie là où s'érigeait au XIXe siècle une belle galerie avec un marché — la «Cité», édifiée par Cluysenaar en 1841. A l'achèvement de la tour, on démolit tout le côté Est de l'îlot — y compris la salle d'exposition Van de Ven édifiée en 1946 par L.H. De Koninck — afin de poursuivre la réalisation du complexe. Ce terrain vague ne fut rebâti qu'en 1977; il fut rempli par un ensemble amorphe de volumes hexagonaux sans plus aucun rapport ni avec le tissu urbain, ni avec la tour solitaire.

L'IDEOLOGIE APRES 1948
UN HUMANISME ANTI-BOURGEOIS

Au cours de la période la plus déprimante de la guerre froide, la crise coréenne de 1950-53, Braem consacre donc son temps à la réalisation de ses premiers grands projets, tandis que sa pensée idéologique tend à s'intérioriser. Aussi bien dans sa pratique que dans ses écrits, il s'attache, en fait, à ses implications directes. Les intentions sociales qui se cachent derrière ses conceptions architecturales d'alors ne sont intelligibles qu'à celui qui connaît ses écrits précédents. En lisant entre les lignes, on peut suivre leur développement graduel — et plutôt capricieux — dans la revue *Bouwen en Wonen* qu'il fonde, fin 1953, en collaboration avec Walter Bouchery.

Conformément aux *Dix Commandements,* il se préoccupe avant tout des problèmes formels qu'il explique et justifie désormais par une réflexion fonctionnelle et humaniste. Bien que le fondement idéologique de ses raisonnements demeure caché, il est implicite aux convictions qu'il exprime: en premier lieu sa foi dans le rapport univoque et inébranlable entre forme et contenu, entre architecture et image du monde, une fois que les souvenirs italiens ont laissée intacte: «*Si la forme est l'expression de la façon de penser, de la façon de réagir à la vie, elle conservera ce contenu tout au long de son existence et, seule, la réaction du spectateur peut changer. La forme témoignera toujours*». Avec pour corollaire direct, linéaire: «*l'impraticabilité des anciennes formes de style dans une architecture à tendance humaniste progressiste*» (88). Une formulation qui sous-tend une nouvelle orientation idéologique: en effet, dès le début des années trente, Braem se méfiait de plus en plus du stalinisme.

Selon lui, un régime qui étalait des superstructures si dépassées et qui repoussait toute créativité devait être en proie à une «fixation byzantine», ce qu'Henriette Roland Holst (dont Braem) s'inspirait alors de nouveau) appelait une hypocrisie intérieure. Les révélations faites sur la dictature stalinienne le confirmèrent dans ses soupçons et, peu à peu, il prit ses distances par rapport au Parti Communiste qui, confiné dans un isolement sectaire par la guerre froide, continuait à s'accrocher obstinément à l'orthodoxie stalinienne. Dès lors, Braem ne chercha même plus de contact avec un autre parti (comme le Parti Socialiste par exemple), mais se forgea une conviction socialiste personnelle qu'il orienta, en dehors de toute ligne de parti, dans un sens humaniste.

En fait, ce tournant n'exprime rien de plus qu'un déplacement d'accent dans son programme dialectique de 1934. Déjà en 1948 il écrit: «*Plutôt que de s'attarder à un intellectualisme éthéré, nous constatons que l'on s'oriente de plus en plus vers l'homme total, que l'on cherche du fond du cœur à établir un équilibre entre tous les facteurs architectoniques et que, de cette façon, on jette un pont de compréhension entre l'architecture régionale vraiment populaire et l'architecture des périodes de jeunesse des civilisations passées. En ce moment, se développe une architecture humaniste dont les éléments épars que l'on a découverts jusqu'à présent, pourront se joindre en une harmonie expressive* (89). Cette nouvelle orientation se manifesta par exemple dans l'attention positive qu'il attache toujours — en dehors de la construction d'habitations collectives — à la maison individuelle, «*la coquille unifamiliale, un type de maison qui a été, est et restera le problème le plus important à se poser en architecture*» (90). Bien sûr, son intérêt part d'une tout autre optique que celle de De Taeye par exemple. Braem considère l'homme comme une partie consciente de la nature et la famille comme un organisme naturel qui doit se nicher d'une manière écologique dans le paysage. Ce n'est que plus tard qu'il utilisera le terme «écologique» (au début des années '60, lorsqu'il entre en vogue), mais la notion qu'il recouvre correspond bien à l'idéal que Braem évoque dans ses écrits et que, dans la mesure du possible, il essayera de traduire dans son œuvre. Cette notion se retrouve clairement dans l'aspect biomorphe de la maison de campagne en Brabant dont il a déjà été question (1945) et dans la maison à structure conchoïdale de Brauns, construite à Kraainem en 1948, première réalisation discrète et pondérée des «tournures» expressionnistes de sa jeunesse.

La suite de son évolution formelle est dominée par la dualité classique entre l'abstraction et l'empathie organique. En schématisant, on pourrait dire que pendant la guerre froide, l'abstraction domine — amendée ou enrichie parfois par des détails ou des structures naturalistes —, tandis que, dès le début des années 60, s'affirme une préférence croissante pour les formes organiques. Il en fut détourné, à ses dires, non seulement par une ambivalence intérieure, mais aussi par des motifs très différents, allant de la réticence de ses différents collaborateurs jusqu'au climat oppressif de la guerre froide, en passant par des incompatibilités de terrains ou de budget. Dans le cas de sa propre maison pour laquelle il avait aussi bien dessiné des projets biomorphes que géométriques, ce fut son épouse qui le dissuada.

Au cours des années '50, l'évolution architecturale de Le Corbusier qui lui aussi accentuait de plus en plus les caractères biomorphe de son œuvre, le confirma dans sa préférence. Il va de soi que Braem fut surtout impressionné par Ronchamps qu'il salua d'emblée comme «*l'une des œuvres principales de l'architecture contemporaine où, dans les années à venir, on ira chercher le réconfort que nous allons chercher maintenant à Germiny-des-Prés ou à Conques, dans le primitif, le direct, le vrai, loin de tout 'bon goût', de toute 'décence' et de toute 'convention'*». Il souligne la qualité exceptionnelle de la chapelle de Le Corbusier en la confrontant à celle que construisit Mies au campus du M.I.T., qu'il juge très sévèrement: «*Son but est la forme absolue. Sans doute n'est-il pas tout à fait indifférent au contenu, mais nous pouvons tout de même dire qu'il ne lui donne aucun pouvoir expressif. Le contenu est évincé par la forme. Dans la composition parfaite, la présence de l'homme devient presque indésirable, car celui-ci brise l'harmonie formelle parfaite*». Dans une telle architecture l'homme perd «*le contact constructif avec les particularités de l'esprit humain, comme elles s'expriment par exemple dans les différentes solutions qu'elles apportent à un problème. Il n'entre plus en conflit avec les côtés aigus de la volonté de fortes personnalités et ne rencontre plus que les angles arrondis (sic) d'une neutralité délibérément formelle qui, finalement, porte en elle la fixation et la mort de l'élément créatif*». Et il se demande même «*dans quelle mesure Frank Lloyd Wright se trompe quand, à propos du fond idéologique de cette architecture, il parle de fascisme. Il serait intéressant d'y réfléchir*». Il poursuit: «*Comparons le formalisme figé de Mies van der Rohe à l'exubérance de Le Corbusier. Vous sentirez qu'ils adoptent une attitude différente envers l'homme: chez Mies van der Rohe il y a cette volonté fanatique de forme parfaite mais présomptueuse, sans rapports avec la destination. Chez Le Corbusier: la recherche du contact qui s'exprime sous cent formes différentes, qui à chaque fois s'adresse à vous en ami. D'un côté le triomphe d'une rationalisation des produits industriels qui ne tient pas compte de l'homme. De l'autre, l'homme qui persévère, qui ne voit pas la richesse dans les dollars, mais dans les valeurs intérieures (...) Car ceci est indéniable: l'amour avec lequel il a visiblement réuni les formes en un ensemble émouvant, allant de la conception globale aux vitraux et aux portes d'entrée peintes par Le Corbusier lui-même: un baiser à l'Univers!*» (91).

Hormis l'amour — qu'il pose ici ouvertement en principe comme dans ses premiers écrits pour la Guilde Joe English — il compte encore parmi les «*valeurs intérieures*» dont il est question ici: la faculté créatrice, la vérité, l'audace, le courage etc., qu'il prend pour fondement d'une «nouvelle éthique», un «nouveau modèle à l'action», une «nouvelle image du monde à construire», une «nouvelle foi en l'homme», un «humanisme de type anti-bourgeois». De grands mots qui semblent assez candides et ingénus, mais que nous ne pouvons comprendre, une fois de plus, qu'en les situant dans le contexte dans lequel ils ont été prononcés. Bien sûr, Braem voyait en la nouvelle éthique une alternative à la morale catholique du moment (qu'il estimait schizophrénique) mais il s'exprimait, ici encore, dans une rhétorique analogue à celle de l'adversaire.

Chez la plupart des catholiques, il observait (en 1957) «*un mur d'acier entre l'évangile du dimanche, de 10 à 11 heures, et la vie elle-même*»; mais chez les libres penseurs aussi, il distinguait un mur entre «*le savoir et l'action*». Plus globalement, il voyait la culture actuelle — ou l'absence de culture — stigmatisée par un nombre croissant de contradictions cuisantes, irrésolues: entre l'homme et la nature, la vie et la science, le savoir et le sentiment, la construction et l'habitation, l'architecture et la vie, la forme et la construction etc. Mais — et c'est ici que réapparaît ouvertement l'idéologie, à la base de ces contradictions — il y a des oppositions plus profondes: «*des oppositions entre la démocratie politique et la concentration croissante du pouvoir économique, des oppositions entre l'humanisme et le capitalisme. Toutes ces tensions font subsister une attitude divisée devant la vie, un abîme énorme entre, d'un côté, certaines pratiques et certains idéaux acceptés — notamment la liberté, la démocratie, etc — et de l'autre, la cruelle réalité*» (92).

Ces oppositions se reflètent clairement dans le milieu construit, surtout dans le chaos des villes existantes: «*Tout ce qui a été bâti dans la première moitié de ce siècle ne répond point aux exigences les plus élémentaires que nous pouvons et devons poser maintenant. La ville capitaliste étouffe dans ses propres excréments*».

Comme solution à ces oppositions et comme condition à la réalisation de l'humanisme qu'il envisage, Braem prône à nouveau la socialisation des moyens de production, une économie planifiée socialiste, «*un dirigisme conscient qui assure la liberté de chaque individu*», une véritable démocratie politique et économique. Une prise de position idéologique ne correspondant pas du tout à la «Realpolitik» des sociaux-démocrates au pouvoir en ce moment qui con-

sacraient toute leur attention au réformisme de la prospérité et à la lutte scolaire anti-cléricale, mais rejoignant plutôt l'idéologie radicale de la gauche syndicaliste (93). Et pourtant, Braem ne lisait pas *La Gauche:* c'est simplement son idéal de jeunesse qu'il propose à nouveau comme la condition et l'objectif d'une transformation drastique du milieu construit: «*une énorme accumulation de résidus d'anciennes philosophies, de techniques dépassées qui, comme des escarres sur un organisme vivant, freinent terriblement le déroulement des fonctions vitales les plus élémentaires (...) Nous étouffons littéralement dans les conséquences d'une technique mise uniquement au service du profit. Ni herbes ni pilules ne peuvent plus servir de remède, seule la chirurgie peut sauver la métropole de la mort!*» (94).

Les interventions que Braem propose pour résoudre les problèmes urbanistiques sont radicales, totales et toujours utopiques, même si sa vision CIAM prend, avec le temps, des formes changeantes.

Dans un long exposé pour la Fondation Lodewijk de Raet en 1960, il la décrit comme suit:
«*Où irons-nous habiter? En de beaux endroits, sains, où nous serons à l'abri du danger, bien sûr. C'est-à-dire au milieu de la nature, dans des unités de logement complètement organiques, situées à proximité d'un réseau d'autoroutes destinées uniquement au transport de personnes et à l'alimentation matérielle des unités de logement. Sur ces autoroutes, à la vitesse que l'on veut, on se rend aux différentes subdivisions de l'appareil de production, aux centres administratifs, dans ce que l'on a conservé des vieilles villes. Il faut également réviser la conception et la destination des villages (qui ne sont que des agglomérations de taudis plus ou moins pittoresques), en fonction d'une industrialisation croissante de l'agriculture*».

En ce qui concerne les villes existantes, «*une fois que nous serons convaincus que ces déserts de pierre ne sont plus viables dans leur forme actuelle, nous en arriverons enfin à enfoncer des coins verts jusque dans le centre, à démolir les taudis — les anciens et les moins anciens — et à combiner un équipement cohé-*

1962 Projet pour la cité « Parc », Rive Gauche à Anvers.
Project for the 'Park' estate, Left Bank, Antwerp.

rent à une organisation poussée des quartiers. Il faudra donc découper de larges parties du corps urbain afin de dégager de l'espace pour la verdure d'abord et, en second lieu, pour des routes et des parkings.

S'il semble logique que beaucoup de gens devront continuer à faire fonctionner le cerveau même de la communauté, concentré dans la ville, et s'ils persistent à vouloir habiter tout près, on peut prévoir que les quartiers se construiront presque exclusivement en hauteur — à l'exception de quelques remarquables ensembles de villas à conserver, ou de quartiers de week-end et de vacance implantés en bordure des zones vertes existantes ou futures. Il y aura peu de différence entre les quartiers urbains et ceux qui se situeront plus loin dans la campagne (...) La solution qui s'impose ici, dans un pays où l'on manque d'espace, est la construction en hauteur comme règle générale et la construction de maisons unifamiliales comme

exception. La construction en hauteur offre, dans une enveloppe transparente en plastique, un nombre d'étages libres où chacun peut réaliser le programme de son choix à l'aide d'éléments préfabriqués (...) Les façades sont subdivisées intérieurement selon les différentes possibilités offertes par les éléments préfabriqués. C'est donc l'aspect de l'enveloppe architectonique, transparente et rythmée, qui détermine l'aspect des tours de verre et qui exprime la vie presque spontanée des espaces intérieurs diversement articulés et enveloppés. La vie devient elle-même un élément libre de l'architecture qui s'exprime de manière disciplinée (...) Ainsi l'ordre apporte-t-il la liberté là où la liberté des maisons De Taeye ne peut apporter qu'une uniformité sans espoir, qu'un esclavage effectif ». Cependant, il poursuit: «On peut toutefois imaginer des séries de maisons individuelles très réussies, conçues techniquement de la même façon que les constructions en hauteur

— c'est-à-dire avec un plan libre — et jouissant des mêmes équipements collectifs que ces dernières, que ce soit pour les familles nombreuses ou pour l'exercice de certaines professions, pour poètes pastoraux ou architectes individualistes. La culture psychique et physique trouverait, au pied de ces blocs, la place nécessaire tant aux employés et aux intellectuels qu'aux paysans et aux ouvriers de l'industrie; tandis que l'agriculture s'étendrait jusqu'aux portes de la ville, de sorte que les enfants puissent se rendre compte que le lait ne provient pas des usines mais des vaches. De plus, des formes nouvelles pourraient naître de la conception d'ensembles d'une échelle jusqu'ici inconnue. Sans doute, ces nouvelles dimensions donneront-elles naissance à des concepts monumentaux, dignes d'un nouveau type d'homme qui laissera choir le laissez-faire laissez-aller de l'ère préatomique, pour prendre lui-même en charge son devenir selon un plan précis. L'art moderne des tableaux et des sculptures abstraites pénétrera jusque dans la vie-même. La forme libérée sera enfin la forme de la liberté» (95). Malgré la préférence de Braem pour les formes biomorphes, la vision qu'il donne ici de la Ville Radieuse fait davantage penser à sa Ville Linéaire de 1934 — et en même temps, au formalisme de Mies qu'il frappait d'anathème — qu'à la «richesse» humaniste de Le Corbusier. La même remarque s'applique à la Cité Modèle qui, au même moment, est en cours de réalisation à Bruxelles. Tout comme la distinction qu'il continue à faire dans la société libérée entre les masses logées et l'élite résidente, disons que cette contradiction figure parmi celles qui n'ont pas encore été résolues et qui paraissent inhérentes aux conditions sociales réelles auxquelles Braem, lui non plus, ne semble pas échapper.

Pourtant, malgré ces contradictions — ou d'autres du même genre — les conceptions de Braem ont exercé une influence considérable en Belgique sur les architectes ainsi que sur l'opinion publique. Il a répandu ses visions avec une énergie opiniâtre tant dans des textes que dans des conférences: d'abord dans les cercles socialistes comme l'Université du Peuple Emile Vandervelde (située dans les locaux de l'Athe-née Royal d'Anvers), dans diverses associations culturelles comme le «Cercle des Femmes Prévoyantes Socialistes» et «Tribune». Plus tard, à partir de 1955, il participa — dans l'entièreté du pays flamand — à d'innombrables week-ends d'études sur le concept de l'habitation, et ce, dans le cadre déjà pluraliste de la Fondation Lodewijk de Raet.

Lorsqu'il défendait ses idées dans un contexte professionnel, à l'occasion de colloques ou au sein d'associations d'architectes, ses interventions se distinguaient toujours nettement du vide théorique dans lequel était plongée la majorité inconsciente; mais elles se différenciaient autant du pragmatisme hésitant de la minorité progressiste. Dans la littérature architecturale des années '50 et du début des années '60, Braem apparaît comme le seul architecte belge capable de formuler une doctrine cohérente. Il n'existait pas d'alternative progressiste; et comme l'histoire et la théorie étaient absentes de l'enseignement, il était d'autant moins question d'imaginer pour l'architecture un cadre conceptuel plus global — dans lequel il eût été possible de situer et d'évaluer de manière critique l'apport de Braem (96). Durant cette période, les réactions de la presse aux idées de Braem ne consistent qu'en commentaires admiratifs ou en simples paraphrases.

Aussi Geert Bekaert l'a-t-il qualifié de «théoricien le plus important de cette période» (97). Théoricien dans le sens d'idéologue, car Braem n'avait pas le temps d'approfondir ou d'élargir ses visions en une théorie critique complète: il était absorbé par un nombre croissant d'activités professionnelles.

Après la revue Bouwen en Wonen qu'il rédige en grande partie, il fonde, toujours avec Walter Bouchery, le Centre du Bâtiment anversois dont il est élu président, et pour lequel il dessine (gratuitement) les pavillons et divers prototypes préfabriqués. A partir de 1948, il est nommé Professeur d'atelier d'urbanisme à l'Institut Supérieur d'Anvers et, de 1962 à 1965, il en devient le directeur intérimaire. Depuis la création de l'Ordre des Architectes en 1963, il fait partie du Conseil National, et ce jusqu'en 1975. Il développe une pratique féconde et saisit les petits et les grands projets qu'il réalise comme autant de possibilités de poursuivre des recherches formelles qui ne peuvent être approfondies dans le cadre de cette étude. Il y a cependant un projet qui ne peut être passé sous silence, c'est celui de la Cité Modèle de Bruxelles dans lequel Braem a perpétué l'antagonisme opprimant de la guerre froide en des signes monumentaux durables.

LA CITE MODELE A BRUXELLES

En 1956, ce fut le député Fernand Brunfaut, auteur de la loi du même nom qui, en prévision de l'Expo '58, prit l'initiative d'aménager un grand quartier d'habitation exemplaire dans les environs immédiats de l'Exposition Mondiale. Cette initiative devait témoigner des idées progressistes belges en matière de logement tout en faisant bénéficier la population d'une partie des capitaux royalement dépensés pour cette manifestation; «l'unique initiative intelligente», selon Braem, «à l'occasion de cette Exposition dont l'atomium gigantesque constituait le plus effroyable symbole de l'absence totale d'idées du côté officiel» (98).
Une commission nationale ad hoc formula la mission et en chargea dès lors une équipe composée de membres choisis sur base de leurs réalisations antérieures pour la Société Nationale du Logement mais aussi, pour faire honneur à une tradition belge déjà mentionnée, selon leur appartenance politique et régionale. Deux Flamands: Braem (de gauche, sans parti) et Coolens (social chrétien), deux Bruxellois: Van Dooselaere (libéral) et le groupe Structures (social chrétien), deux Wallons: le groupe l'Equerre (socialiste) et Panis (socialiste); tous bien étonnés de se trouver ensemble, mais selon Braem, constituant un groupe de «gens qui se complétaient mutuellement, avec des idées esthétiques qui étaient semblables ou qui le deviendraient au cours de la collaboration». Il n'est pas douteux que Braem ait profité de la période d'acclimatation nécessaire aux membres du groupe pour mettre en avant, avec sa force de persuasion graphique particulière, un concept global qui a largement déterminé le schéma général du projet.

On se demande d'ailleurs quel autre membre de l'équipe aurait pu imaginer l'idée suivante: «De l'intérieur des habitations, on pourra voir toute la marée résidentielle bruxelloise, entre Laeken et la basilique de Koekelberg. Plus près, l'expansion banale de ce que l'on nomme des cités-jardins et des lotissements en friche, dessine un front de laideur auquel le nouveau quartier devra tenir tête grâce à une composition urbaniste agressive et défensive. Ceci est la base de toute la conception: construire, face au chaos des rues tracées au hasard, remplies à Bruxelles de bâtiments tout particulièrement incohérents, une île d'ordre et de clarté consciemment articulée. Elle ne pourra s'exprimer autrement que dans une composition orthogonale de lignes et de plans, travaillés jusque dans les moindres détails, grâce à laquelle l'ensemble imposera une monumentalité qui semblera peut-être trop expressive à certains, mais avec laquelle, comme nous venons de le dire, nous voulons réagir contre l'inertie urbaniste et architectonique générale du quartier» (99).
Du côté Est, en effet, ce quartier oppose, avec une agressivité évidente, un «rempart» à son environnement. Mais de quel environnement s'agit-il? Les quelques îlots compris entre l'avenue des Citronniers et l'avenue Houba de Strooper méritent-ils une telle violence? En y regardant de plus près, on remarque que c'est évidemment l'Exposition elle-même que vise cette agressivité. Braem en parle d'ailleurs à une autre occasion: «A notre avis, on a parfaitement réussi à donner une idée du chaos qui règne actuellement dans le monde; les pavillons des nations importantes se dressent les uns contre les autres et ceux des petites nations se guettent derrière chaque coin car, ici non plus, on n'a pas dépassé le lotissement «à la clerc de notaire», de sorte qu'il n'est même pas question de groupement géographique: les pavillons s'accordent ou s'affrontent comme dans un nouveau quartier de villas au littoral, au hasard de la disponibilité d'un lot ou d'un panneau «terrain à vendre» (100).
Braem profita donc de ce projet pour concrétiser un conflit, ou plutôt pour mener une lutte idéologique au niveau de l'image. C'est alors

1956-63 La Cité Modèle au Heysel, Bruxelles.
The Model Quarter at the Heysel, Brussels.

que surgit la question de savoir comment faire rimer le caractère polémique manifeste de cette composition avec *«l'art de l'organisation du milieu humain, pour la libération physique et psychique de l'homme».* Le «rempart» d'environ 300 m doit protéger visuellement le quartier contre le chaos extérieur, mais il constitue en lui-même un morceau de «ville linéaire» composé de maisons condamnées à regarder le désordre refoulé. Les habitants de ces cellules alignées sont-ils donc censés être toujours en état d'alerte, prêts à combattre les menaces extérieures et, si l'occasion s'en présente, à tenter eux-mêmes une attaque?

La «mobilisation architecturale» prend ici un sens particulièrement littéral qui, dans le contexte actuel, est parfaitement incompréhensible pour celui qui ne connaît pas les buts «stratégiques» du projet (101) — mais qui doit paraître tout aussi incompréhensible, voire absurde à celui qui les connaîtrait. Ceci concerne, au premier chef, les habitants qui se trouvent contraints à une adhésion continuelle à cette métaphore para-militaire. Que faire, en tant qu'habitant, d'un logement qui n'a pas été conçu à partir d'un schéma de communication interne, ni de relations entre les habitations mais bien à partir d'une agression visuelle, aussi énigmatique qu'inutile, contre un laisser-faire extérieur. L'image qu'offre ce «rempart d'habitation» n'est d'ailleurs intelligible qu'en regard de l'Exposition 58: point de vue doublement imaginaire car l'on sait que cette exposition eut lieu il y a plus de 20 ans, mais qu'en plus de cela, les travaux pour l'édification de la Cité Modèle étaient alors à peine entamés. Le «rempart» se tourne vers l'avenue de l'Impératrice Charlotte qui dessert le site de l'Exposition. Gravissant un énorme plan incliné qui pénètre la «muraille» à travers une porte elle-même accentuée par un bloc d'habitation de 16 étages disposé axialement, le visiteur quittant l'Exposition Mondiale «non-planifiée», devait être ébloui par l'impression purifiante d'une solidarité monumentalisée et aborder, au-delà du «rempart», l'ordre radieux d'un nouvel univers planifié (une situation que Braem se plaît à comparer à Angkor Vat). Des deux côtés se déploie une vaste colonnade, «la rue Haute» donnant accès aux «maisons-remparts». Dans son prolongement, le visiteur peut suivre la «via Sacra» en son axe, le long d'une galerie encore plus monumentale, entre les «pilotis» du bloc d'habitation déjà mentionné, pour aboutir au «forum», une place de 40 mètres sur 50, que le projet voyait bordée de deux côtés par un centre communautaire et un café-restaurant. Puisque ceux-ci n'ont pas été réalisés, *«la composition spatiale équilibrée et rythmée»* des trois grands blocs du forum s'avère finalement plus ouverte que prévu. Le vaste mur de maisons unifamiliales qui devait être édifié derrière un énorme «espace vert» n'a pas été construit, non plus qu'au Sud, les équipements socio-culturels qui devaient border le quartier: une église, des écoles et un centre culturel. Ce dernier bâtiment se voulait couronné d'un *«effet de climat plastique»,* un *«monument à l'angle droit qui doit conférer au lieu un caractère élevé; l'idée qui est à l'origine de cette plastique est le motif de l'angle droit, entouré d'une ellipse et décoré avec les symboles de la terre, de l'air, du feu et de l'eau, pour exprimer que l'homme, au milieu des éléments de la nature qui l'entourent, manifeste sa volonté de domination à travers le signe de l'angle droit, signe de l'ordre humain qui exprime aussi cette idée qui pénètre toute activité humaine progressiste: agir pour changer!»* (102).

Les formes de l'ensemble sont strictement orthogonales. Ce langage dans lequel les membres de l'équipe se retrouvaient et pouvaient «communiquer», ne constitue en fait qu'une déduction, une version plus formalisée du Kiel (par exemple, si la galerie abritant les canalisations n'est pas réalisée en verre, l'idée en est néanmoins reprise du Kiel). Et pourtant, Braem estimait bien plus ce dernier projet que celui du Kiel: *«Sans fausse modestie, nous pouvons dire que ceci sera la première manifestation de l'architecture belge dans laquelle les bâtiments s'appuieront sur un entourage adapté, et où il existera entre eux un rapport organique et esthétique conscient»* (103).

Finalement le projet ne fut réalisé qu'à moitié, et le souvenir de son ensemble ne subsiste que vaguement dans un plan en relief corbusien posé non sans nostalgie près de l'entrée. Les maisons unifamiliales ont été remplacées, après de longues délibérations, par des blocs assez grossiers, éparpillés au hasard; de tous les équipements prévus, seul le centre culturel a finalement été exécuté mais sans «le monument à l'angle droit» si essentiel pour Braem (104).

Pourtant, les parties réalisées démontrent largement comment l'architecture peut succomber non seulement à un manque, mais aussi à un excédent d'idéologie. Plutôt que de rester une condition fondamentale et une force inspiratrice pour le projet, l'idéologie se manifeste ici comme un message monomane qui s'exprime par le biais d'une rhétorique architecturale spectaculaire. Les redoutables métaphores des années '30 resurgissent ici et, bien qu'elles se veulent (ou parce qu'elles se veulent) l'expression de l'état d'alerte d'une masse bien organisée et solidaire, elles restent contaminées par une charge oppressive. Celle-ci n'a bien sûr aucun impact sur l'environnement contre lequel elle était soi-disant dirigée; tandis que les habitants eux-mêmes en deviennent fatalement l'unique objet. Les formes à la Mies van der Rohe n'atténuent certainement pas cette oppression, surtout si on connait l'opinion que Braem avait de ce dernier. Cette oppression est inhérente au concept même du projet qui se fonde sur l'opposition entre l'ordre et le chaos, deux des antonymes que Braem prétend dépasser dans ses écrits. Le résultat est un environnement qui, sans doute, visualise de façon frappante la «coexistence pacifique», mais que l'on pourrait difficilement qualifier de contribution à «*l'organisation dans un esprit d'amour de la totalité du milieu humain*». Il s'agit moins ici de l'anticipation d'une société socialiste que de la visualisation triomphaliste de la stratégie précèdant son avènement. Braem ne fait pas l'examen des implications structurelles potentielles d'une société libérée, recherche qui fut notamment menée à l'époque par les membres de Team Ten (les «*patterns of human association*» des Smithson et leur «*contreforme*» urbaine dans le «*processus configuratif*» de Van Eyck).

Dans cette composition planiste, toute affectation de l'espace reste déterminée de façon strictement fonctionnaliste selon les règles classiques des CIAM. Quoique le projet incorpore quelques concepts plus évolués comme un «forum» et un centre culturel, ces fonctions, implantées en des lieux distincts et bien définis, sont reliées entre elles non pas par un espace urbain ou par des lieux à identité propre, mais par la «circulation». Ainsi, même si les espaces entre les volumes construits gardent une «fonction visuelle et dynamique» dans la composition totale, ils n'ont aucune signification positive dans leur utilisation concrète et restent des espaces résiduels vides, indéfinis, sans offrir le moindre point d'appui à la pratique urbaine courante. La composition plastico-spatiale ne tend pas à la viabilité mais à une rhétorique qui se dérobe au quotidien.

En se voulant l'expression d'un message idéologique exalté, en se dressant comme un instrument de propagande (parfaitement inefficace et inutile d'ailleurs), cette architecture «humaniste militante» a renié sa faculté structurelle spécifique. Elle a totalement viré de bord et a complètement raté l'objectif qu'elle porte en étendard. Que Braem ait été capable de réalisations tout à fait différentes quand il ne se sentait pas trop poussé par la pression de la «représentation» apparaît notamment dans un autre quartier qu'il réalise et construit en même temps que la Cité Modèle: le quartier situé près de l'avenue Jos van Geel à Deurne qui s'insère dans un cadre bâti existant. Bien qu'ici non plus Braem n'ait pu résister à la tentation de cacher une partie du «chaos belge» derrière un bloc d'habitation (de 100 m de long cette fois-ci), le nouveau quartier s'adapte très discrètement au contexte existant. Il ne présente pas de construction en hauteur, mais des maisons groupées autour de quelques «clusters» aux dimensions subtiles.

Dans sa fraîche simplicité et en dépit de son orthogonalité insistante, ce quartier rappelle le Kiel et figure parmi les réalisations les plus remarquables de Braem, nonobstant la maladresse avec laquelle d'autres l'ont achevé.

LES ANNEES 60
LA FORME BIOMORPHE DE L'AMOUR

La contradiction entre le rêve et l'acte, entre la vision d'une architecture biomorphe et la pratique du néo-fonctionnalisme (dont les formes méprisées devaient être compensées par la rhétorique de la composition) atteint son apogée dans la Cité Modèle qui marque une césure dans l'évolution de Braem. Césure qui coïncide avec un tournant du climat social et de l'évolution de l'architecture belge. Avec «l'Expo 58», s'amorce une période de croissance économique. La Belgique fut rapidement recouverte d'une vague d'investissements multi-nationaux qui déferla vers la Flandre, région déjà «déprolétarisée» et «travailleuse». D'une façon plus persuasive encore que les «Gay Twenties», les «Golden Sixties» allaient donner l'impression que la société de prospérité offrait une solution efficace à tous les problèmes sociaux. Le dégel des rapports internationaux mena également à une certaine détente des contradictions nationales. Le Pacte Scolaire réglait la lutte qui s'était polarisée sur ce thème (1954-58), et la prospérité croissante permettait aux progressistes de toutes obédiences de trouver le temps des «rencontres» et du «dialogue».

Au cours de cette période, la production architecturale belge subit une mutation profonde. Au moment où l'avant-garde internationale rompt avec l'architecture des CIAM et supprime ceux-ci en 1959 au congrès d'Otterlo, l'architecture moderne fait sa première percée en Belgique grâce à la promotion de l'Expo 58. Les modernistes belges qui devaient jusqu'alors lutter pour leurs idéaux se retrouvèrent avec le vent en poupe et se laissèrent emporter par un courant grandissant de commandes où la routine et l'inflation des idéaux de jeunesse l'emportaient le plus souvent sur l'imagination.

Ces circonstances incitèrent Braem à se réorienter. L'acclimatation de l'architecture moderne rendait superflue la lutte solidaire pour son langage formel et justifiait désormais une forme d'opposition. Le dégel idéologique mettait graduellement fin à l'ambivalence formelle de Braem et faisait lentement glisser l'accent de «l'abstraction» à l'«Einfühlung», de la «peur psychique de l'espace» à une «relation de confiance panthéiste heureuse entre l'homme et les phénomènes du monde extérieur», pour employer les termes de Worringer (105). Dès la fin des années '50, les éléments organiques et naturalistes qui pendant la guerre froide et après la réalisation de la villa Brauns menaient en lui une existence cachée ou marginale, prennent de plus en plus d'importance pour, en fin de compte, dominer tout son langage formel. Braem ne réagit pas au néo-fonctionnalisme par un approfondissement structurel, mais par un retour à son premier amour: les tournures biomorphes de l'expressionnisme. Non qu'il copie ses rêves de jeunesse, mais comme il le fit jadis et pour la villa Brauns, il veut à nouveau concevoir ses projets «à l'instar de la nature». A partir de 1958, pour se familiariser avec le monde et les formes de la nature vivante, il entreprend des études graphiques d'organismes divers (comme des plantes et des coquillages) qu'il essaie d'appliquer à une forme potentielle d'habitat humain. Il considère l'architecture comme *une partie de la domination écologique du milieu vital: la vie s'intègre avec une fantaisie inépuisable à son biotope et l'architecture toujours nouvelle joue un rôle dans l'autocréation perpétuelle de l'homme*». Cette vision suscite en lui un nouvel intérêt, non seulement pour l'expressionnisme, mais surtout pour l'Art Nouveau. Il redécouvre Horta et van de Velde, se prend d'une véritable vénération pour Gaudí qui lui fournit un nouvel idéal. Il avoue même avoir l'intention de continuer l'évolution interrompue de l'Art Nouveau, *«de reprendre là où Horta et van de Velde s'étaient arrêtés»*. Ambition assez audacieuse que sa virtuosité impétueuse ne manquera pas de décevoir. Car bien que Braem, tout comme les architectes de l'Art Nouveau, veuille préfigurer une forme de vie idéale «naturelle», une distance énorme existe entre la conception restrictive de l'homme telle qu'il l'envisage et la conception complexe de l'homme implicite dans l'Art Nouveau — qu'il s'agisse du symbolisme de Morris, de l'ethos nietzschéen de van de Velde ou encore des obsessions chrétiennes de Gaudí. Si tous trouvent leur force dans l'intention de réconcilier les multiples formes de la dualité entre l'esprit et la matière, Braem, à sa façon, se limite une fois encore à *un seul antonyme*.

Ainsi, comme prémisse à son langage renouvelé, il postule une image de l'homme purement naturaliste, matérialiste: *«Il n'existe pas de différence essentielle entre l'homme et la nature. L'homme est une partie de l'espace, remplie de matière vivante, agissant comme une totalité organisée dans le but de survivre et de procréer. Entre l'homme et son environnement, il n'existe dans le fond qu'une différence en densité d'activités énergétiques».* Ce qui pourrait correspondre à «l'homme tout nu» proposé par Le Corbusier dans les années '20, mais interprété assez littéralement, de manière quasiment moniste: l'homme n'est plus un croisement entre un moine rationaliste et un athlète sensuel, mais une pulsion naturelle incarnée.

Ce qui, par rapport à l'environnement construit, implique que: *«L'architecture est une des formes que la nature crée dans le processus de structuration d'un milieu autour d'une vie organisée. L'homme et la nature sont une unique et même chose: de l'énergie en action. L'architecture est une extension naturelle de l'homme comme une fleur l'est de sa tige et de ses racines»* (106).

«Tout comme la nature crée des fleurs, nous créons des fleurs en pierre. Elles aussi sont des points de repos sur le chemin de l'évolution éternelle. Elles réagissent contre le milieu changeant avec une autre structure, d'autres formes et d'autres couleurs, dans des systèmes écologiques bien plus mêlés à la réalité totale que n'oseraient le présumer les biologistes pour ce qui concerne les fleurs, ou les architectes pour ce qui concerne les bâtiments» (107).

Cette mystique de la nature à laquelle aboutit Braem à un âge avancé ne représente en fait que la réalisation du dernier volet de son programme idéologique de 1934, abordé à l'époque de façon rudimentaire. C'est en même temps sa vision personnelle d'une conception que Le Corbusier avait déjà formulée en 1924: *«Le mystère de la nature, nous l'attaquons scientifiquement et, loin de s'épuiser, il se creusera toujours plus profond alors que nous avancerons. Voilà ce que devient notre folklore. Le symbole ésotérique se retrouve, pour les initiés d'aujourd'hui, dans les courbes qui représentent les forces, dans les formules qui résolvent les phénomènes naturels».* L'évolution de Braem confirme en même temps les paroles de son ancien patron: l'optimisme augmente avec l'âge (108). L'architecture, dit-il aujourd'hui, doit avoir un «effet de printemps» sur l'homme, elle doit «lui donner une conscience heureuse de son existence», le mettre en contact avec la «joie de vivre» et «l'amour»; mais aussi avec «l'essence de la vie», le «mystère», le «sacral». Il veut «chanter le sens de l'existence dans une forme sensuelle». Le dégel idéologique lui ôte manifestement toute peur de se livrer aux sentiments religieux qu'il sent monter en lui.

«L'architecture doit avoir comme raison essentielle de créer un univers à notre mesure, d'ordonner des espaces respirant l'amour, renforçant la conscience d'exister dans le bonheur, l'unité, l'harmonie avec les semblables. L'architecture est chose sacrale. Faire de l'architecture ne peut être qu'un apostolat». (Remarquez le glissement significatif de 'l'action sociale' vers 'l'apostolat'). *«L'architecture sera sacrale, nous permettant d'être intensément, c'est-à-dire de communier en tant qu'élément conscient de la nature avec le reste de cette nature, les hommes, l'univers, la véritable dévotion. L'architecture sera religion, religion dans le sens de relier, s'unir dans une conscience commune de notre rôle envers le mystère primordial»* (109). A cela vient inévitablement s'ajouter un intérêt particulier pour la philosophie orientale, le Zen, le Taoïsme et pour les cultures primitives; généralement des cultures dans lesquelles il découvre une union harmonieuse entre la forme et la vie, l'homme et la nature, l'esprit et la matière; une réconciliation entre l'unité et la pluralité ainsi qu'entre tous les antonymes arbitrairement scindés en Occident. La nouvelle approche de Braem se manifeste déjà dans son grand projet suivant, le quartier d'habitation Sint-Maartensdal à Louvain, non pas encore dans la conception globale, mais dans la structure même des blocs. En construisant les appartements en chevron, il les arti-

huis bij kastanjekers

1967 Projet d'habitation.
Housing project.

cule vers l'extérieur en un volume différencié, à redans, ce qui confère également une certaine intimité aux terrasses privées. Ses idées apparaissent sous une forme plus distincte encore dans un autre projet important (non réalisé) de la même période: la ville satellite Lillo sur la rive gauche de l'Escaut. Sur les bastions de trois vieux forts, Braem dresse quelques tours d'habitation qui se développent comme des structures végétales.

Mais ce n'est que bien plus tard, dans des projets plus modestes, qu'il saisira la chance de réaliser «totalement» et concrètement ses nouvelles visions écologistes: dans les maisons à Ranst (1963), Overijsse (1968), Mortsel (1968), Buggenhout (1969), Hoogstraten (1969), Hemiksen (1969), Elversele (1975) et Schilde (1978), dans le pavillon du parc du Middelheim (1971) et la bibliothèque de Schoten (1976).

Il parvient même à les transposer dans des logements sociaux, moyennant bien sûr quelques restrictions inévitables: à la place Arena de Deurne (1966-71) et dans un bloc longitudinal à Boom (1972). Mais, alors que pour ces derniers il se limite à des plans traditionnels, habillés de formes mouvantes (le plus spectaculairement à Boom, avec les façades «d'eaux mouvementées»), dans les bâtiments précités il essaie d'exprimer avec franchise l'«amour» en un concept total à l'aide de courbes et d'emblèmes quasiment corporels, combinés à un développement spatial «mélodieux». Il en considère aujourd'hui les résultats comme les «seules réalisations qui correspondent à ses vraies aspirations».

Il va sans dire que ce rêve naturaliste, ce matérialisme a-historique devait, par une dialectique inévitable, mener Braem à un refus plus exas-

1968 «Le pays le plus laid du monde», caricature.
'The ugliest country in the world', caricature.

péré de la réalité historique.

Sa critique de l'environnement existant atteint son apogée dans un pamphlet retentissant *Le Pays le plus laid du Monde.*

Le texte débute par une image typiquement corbusienne: revenant en avion d'un pays lointain, Braem contemple des paysages en lisant dans chacun d'eux le caractère des différents pays qu'il survole. Mais en s'approchant de sa patrie, il découvre un paysage qui ressemble à «*une couverture en patchwork, assemblée par un fou, composée de Dieu sait quelles vieilles loques, et parsemée de bazars entiers de cubes hétéroclites, jetés à terre avec mépris par un géant enragé*». Comparé à l'harmonie que respirent les pays voisins, il se passe ici «*quelque chose de louche, il se passe des choses malhonnêtes là en bas, on y désobéit aux lois qui sont inhérentes à la nature des choses, on y viole les principes originels, ceux qui ne sont pas formulés dans la loi constitutionnelle de l'Etat, mais qui*

font partie des lignes directrices de l'existence et du développement de l'univers lui-même».

La description plus détaillée de ce que l'on voit après l'atterrissage ne peut que confirmer ce sombre diagnostic. Braem laisse éclater avec brio toute sa critique de l'urbanisme belge non planifié. Il est pour le moins remarquable qu'il soit parvenu à faire publier par le Davidsfonds catholique cette critique virulente d'une situation qui ne résultait, en fait, que de la politique de «déprolétarisation» du Parti Catholique flamand. D'autant plus que la publication reprenait littéralement les propositions qu'il formulait en 1945 dans le journal communiste *Het vrije Woord*: «*mobiliser le terrain, mobiliser les moyens de production, abolir la dictature des pouvoirs financiers, instaurer une démocratie économique et politique*».

Le temps passe, et on comprend que cette conjonction entre le planisme et le Davidsfonds est caractéristique des événements de 1968. Mais même plus tard, et jusqu'à ce jour, Braem continuera à prôner ces propositions comme des conditions indispensables à la réalisation de son alternative de renouveau total «parce que la ruine elle aussi est totale»: la destruction impitoyable des proliférations immobilières de l'initiative privée, aussi bien dans les villes qu'à la campagne, et la jonction des centres monumentaux par des villes linéaires. La nouvelle Ville Linéaire Belgique qui doit transformer la patrie en «une grande et vaste œuvre d'art» obéit à une structure identique à celle de la Ville Linéaire de 1934. Elle se compose de deux bandes isolées par de la verdure, destinées respectivement à la production et à l'habitation, et s'étend entre Bruges, Gand, Anvers, Liège, le Borinage, Namur, Charleroi, Mons et Bruxelles. Les Ardennes, dans leur entièreté, sont instituées en réserve naturelle, le terrain «libéré» est destiné à l'agriculture et la récréation. Il va de soi que le ruban d'habitations qu'il réalise alors revêt une toute autre forme que celui de 1934: il est essentiellement conçu en hauteur, mais conformément aux visions Archigram et SAR de l'époque, il se compose d'une structure porteuse fixe qui accueille les capsules de logements biomorphes. Cette idée de ville-ruban, reprise déjà en 1964, continue à obséder Braem. Comme Le Corbusier, pendant un certain temps il envisage sérieusement un projet de ville linéaire européenne; puis, avec une énergie iné-puisable, il s'emploie à inventer de nouvelles variantes formelles, plus généreuses, de la Ville Linéaire belge. Variantes qui se détachent de proche en proche de la réalité terrestre et témoignent de son désir de dimension cosmique mais qui prennent parfois des allures de science-fiction. Selon Braem, l'architecture de l'avenir qui s'accorde à la nature ne peut se limiter — dans l'ère de l'astronautique — à la nature végétale et biologique familière.

Dans sa forme elle doit également intégrer le nouveau sens cosmique de l'espace que l'homme est en train de conquérir. Une raison de plus, pour les constructeurs de l'avenir, de faire table rase des «obstacles petit bourgeois» des lotissements individuels habituels qui entravent le regard visionnaire. Par les vastes perspectives qu'elle offre d'un horizon libéré, l'architecture de l'avenir doit mettre «l'homme nouveau» en contact avec la réalité de l'espace cosmique continu, illimité, mais fini et en expansion perpétuelle. Il n'est donc pas étonnant que le fabuleux design des vaisseaux spatiaux du film «Close Encounters of the Third Kind» de Spielberg ait profondément ému Braem — il aurait aimé assumer la paternité de cette «architecture totale» et, à la fin du film, il était prêt à accompagner Richard Dreyfuss et ses compagnons dans l'OVNI afin de transcender la réalité historique pour accéder à la quatrième dimension.

1978
Dessin à la plume.
Pen drawing.

AIMEZ-VOUS BRAEM?

Les déclarations d'amour de Braem, en paroles ou en pierre, reçurent des accueils très différents; souvent chaleureux, mais parfois aussi réservés. On a vu le succès qu'a remporté sa prestigieuse architecture «de gauche» auprès des socio-démocrates, même si Braem ne partageait qu'en partie les objectifs de ces clients. Qu'il les ait envisagés comme expression de combat ou d'«amour», ses projets étaient généralement interprétés comme une transposition de ce progressisme socio-démocrate.

Cependant, surtout pendant les années '50 et '60, il exerça une influence considérable aussi bien sur l'opinion publique que sur les milieux professionnels par ses prises de position idéologiques et en particulier par l'enseignement. Le chaleureux intérêt et l'admiration qu'il suscite chez ses étudiants comme professeur d'urbanisme et directeur intérimaire de l'Institut Supérieur d'Anvers se manifeste, en 1964, par leur tentative — très peu usuelle en Belgique et d'ailleurs vaine — de le faire nommer au poste de Directeur.

Néanmoins, l'influence pédagogique directe de Braem reste limitée. Et l'on pourrait difficilement nommer un «disciple» pour lequel ses idées ou son œuvre demeurèrent aussi exemplaires que Le Corbusier le fut pour lui. En fait, ce sont précisément ses prises de position radicales et ses expressions individuelles qui le détournèrent du rôle de catalyseur ou de coordonnateur que l'on aurait pu attendre de lui. Pour le dire avec les mots de Georges Baines: «*L'œuvre trop personnelle de Braem ne portait pas en elle les ferments qui auraient pu guider les jeunes dans des voies nouvelles*» (110). Ceci s'applique tout spécialement aux explorations néo-expressionnistes dans lesquelles il se retire au début des années 60, c'est-à-dire au moment précis où, idéologiquement, il est accueilli le plus favorablement dans l'enseignement. Malgré l'universalité à laquelle prétend ce langage «naturel», sa pratique s'avère difficilement abordable. Bien plus, sa virtuosité semble avoir parfois étouffé le développement personnel de ses étudiants.

Jusqu'en 1968, l'accueil de son œuvre par la presse et la critique architecturale (dans la mesure où celle-ci existait en Belgique) fut le plus souvent positif, même admiratif: il n'y a de critique négative à mentionner que celle qui se lit entre les lignes. La première de ce genre, très lucide pour son temps, émanait de Jul De Roover. N'étant pas un virtuose comme Braem, il se concentrait moins sur les expériences de formes expressives que sur les qualités intrinsèques au logement. Le malaise qu'il exprime à l'occasion de l'exposition «Het Nieuwe Wonen» au Kiel en 1954 concerne au premier chef quelques autres exposants; mais aussi implicitement Braem. Il se rapporte à l'entêtement avec lequel celui-ci imposait ses concepts formels à ses collaborateurs ou aux futurs habitants:

«*Un instituteur qui considère 'en bloc' ses étudiants comme des idiots est un mauvais pédagogue et, même si nous n'avons pas l'intention de passer à l'autre extrême, il nous semble trop facile de faire passer 'en bloc' le public pour un idiot. Cela ne cacherait-il pas une certaine peur de l'autocritique? Il est beaucoup plus difficile de faire s'élever un ballon à un mètre du sol en gardant tout le lest, que de le faire s'envoler en jetant tout par-dessus bord. Il est beaucoup plus difficile de créer un milieu qui offre toutes les garanties d'habitabilité, dans le sens le plus large du terme, et qui permette à l'habitant de s'y retrouver lui-même, que de produire un assemblage bien précis de volumes, de couleurs et de lignes, accessible à un individu seulement. Si grande que soit notre envie de tempêter contre les opinions de la petite bourgeoisie sur le logement, et si grande que soit l'envie du dessinateur de scandaliser vertement le public, nous perdons le contact, et sommes donc seuls à parler, dans le vide. D'ailleurs, notre hostilité envers les réactions de l'homme de la rue provient d'un sentiment subconscient de solitude et d'isolement*» (111).

Dans le souci de répondre aux souhaits des habitants et par une critique des décisions autonomes de l'auteur de projet, De Roover — qui connaît très bien Braem et qui collabore avec lui en ce moment — formule en fait une critique fondamentale sur la manière utopique et idéaliste dont celui-ci aborde les choses. Une critique fondée au demeurant, car la rare et exemplaire clarté avec laquelle Braem exprimait l'idéologie de l'architecture moderne est directement proportionnelle à la candeur avec laquelle il tombait lui-même dans les nombreuses embuscades tendues sur la voie de la pratique: on l'a très bien vu à propos de la Cité Modèle de

Bruxelles où son discours idéologique l'entraînait à des affirmations extrêmement autoritaires, et bien d'autres projets pourraient illustrer cette remarque. De plus, au fur et à mesure que les années '60 passaient, la critique du caractère autoritaire de la pensée élitaire, telle qu'elle fut développée par l'école de Francfort, devint aussi de plus en plus d'actualité en Belgique. Ce fut Geert Bekaert qui se manifesta alors comme l'un des représentants principaux de cette pensée anti-autoritaire.

L'originalité et l'influence de sa critique architecturale relevaient en grande partie de son point de vue inhabituel. Il traitait moins l'architecture sous l'angle de la pensée architecturale ou de l'histoire de l'art qui était son domaine, que du point de vue du consommateur, «de l'homme concret en tant qu'habitant». Il repoussait les concepts de planning clos de l'architecture moderne, le caractère oppressif des rêves purs du fonctionnalisme et plaidait pour la création d'une architecture «ouverte» qui laisserait de la place au développement dynamique tant de la personne que de la société; «*une société ouverte, dynamique, sécularisée, qui ne connaît plus de structures fixes, mais qui est basée, ou veut l'être, sur une conception libre, démocratique, de l'homme*». Aux plaintes de certains architectes sur le manque de compréhension de la société et des utilisateurs, Bekaert répondait que les maux qui tourmentent l'environnement bâti sont inhérents au raisonnement même de l'architecture moderne — et donc en Belgique (bien qu'il ne l'ait pas explicitement dit) à l'enseignement CIAM de Braem, responsable de la formation de tant d'urbanistes flamands.

«*Les modèles et les représentations que toute notre société véhicule de haut en bas, et dans lesquels elle s'aliène complètement, sont l'œuvre d'architectes. Nous pouvons nous estimer heureux que, grâce à la réaction de l'habitant, les conséquences désastreuses de ces conceptions n'aient pas été pires*» (112).

Cette prise de position qui s'oppose diamétralement à celle de Braem, a inévitablement mené Bekaert à la revalorisation de la pratique constructrice en Belgique si souvent diffamée par les modernistes. Après que Braem eut décrit la

1969-77 Quartier résidentiel Kruiskenlei, Boom.
Kruiskenlei housing, Boom.

Belgique comme le Pays le plus laid du Monde, Bekaert reconnaissait dans le «chaos vital» de la situation belge un sol nourricier pour le développement d'une architecture véritable: «*Dans une sorte de travesti d'un ridicule sans espoir, vivent encore dans la construction belge, les vraies valeurs qui font une architecture authentique*» (113). Bekaert voyait dans la participation des habitants à la production de leur maison — ce qui, malgré la surenchère de représentativité, était encore possible dans le contexte belge — une condition essentielle à la qualité du cadre bâti: une qualité qu'il retrouvait, entre autres, dans la morphologie à croissance empirique de la ville traditionnelle flamande.

Après 1968 les idées de Braem furent directement attaquées, notamment par Jan Tanghe qui, à partir de son analyse des vieux centres urbains, avait troqué la doctrine des CIAM contre une approche urbaine pragmatique d'inspiration anglo-saxonne. Mais Braem ne se laissa jamais intimider par les critiques. Il resta et reste fidèle à sa vision générale, dans une intransigeance presque touchante, insensible au courant d'idées actuel qu'il laisse couler sur lui comme de l'eau. Il s'est «barricadé» dans son programme idéologique qu'il continue à explorer systématiquement et avec persévérance. Malgré ses oscillations d'un antonyme vers l'autre et malgré ses incursions mouvementées dans des voies attrayantes, il retourne toujours vers ce qu'il considère comme le droit chemin: un chemin corbusien, tracé sur le sol flamand, qu'il se fraie à travers tous les chemins établis vers une société «libérée».

Son approche demeure en effet corbusienne, de la manière qu'il avait lui-même tant critiquée chez Le Corbusier pendant sa jeunesse; sa plus grande ambition reste de réaliser des formes expressives, surtout dans ses dernières œuvres qu'il considère lui-même comme les plus réussies. Bien que dans sa jeunesse — tout comme

Le Corbusier — il ait professé à plusieurs reprises que l'organisation est la tâche principale de l'architecture et que la forme qui en résulte n'est qu'accessoire, sa pratique prouve souvent le contraire. Le «hardware» sculptural domine généralement le «software» trop volatile. Une domination qui prend des formes navrantes quand l'«*amour qui s'exprime uniquement dans le contenu extra-utilitaire de l'espace cerné dans une forme expressive*» se limite opiniâtrement et impitoyablement à ces aspects visuels comme c'est le cas dans le quartier de la place Arena à Deurne. Ce que Braem investit ici dans les courbes et dans les sculptures «soleil, fleur, étoile et amour», il dut bien l'économiser dans les dimensions des plans ainsi qu'en isolation thermique et acoustique.

Mais même si l'on fait abstraction de telles erreurs matérielles (en dépit du matérialisme professé par Braem), on demeure confronté à des contradictions irréconciliables au sein de la forme architecturale elle-même. Braem préfère modeler ses projets de logement en des formes rhétoriques par lesquelles il veut communiquer «une bonne nouvelle», alors que le caractère prématuré de cette nouvelle se manifeste silencieusement mais sensiblement dans le volume restreint et le caractère froid, sériel, des logements eux-mêmes.

En fait, c'est l'évolution de l'expression formelle qui conditionne le chemin architectural parcouru par Braem sans qu'il ne soit jamais question d'une évolution structurale. Malgré une transformation graduelle de la typologie des appartements réalisés, il n'y a aucune différence essentielle de structure entre le Kiel et le dernier quartier qu'il édifia à Boom. L'expression oscille entre le triomphalisme et la fête, selon les principes contradictoires qu'il explore mais, jamais en tous cas, elle n'implique un feed-back provenant des réactions d'habitants ou d'une réflexion sur les innovations de l'architecture internationale. Bien qu'il ait affirmé lui-même dans sa jeunesse qu'un milieu libérateur ne pouvait être construit «*qu'à partir d'une connaissance exacte des réactions sur les éléments de son entourage*» (114), Braem ne s'est jamais laissé pénétrer par le fait que les concepts des CIAM aient été refusés tant par l'avant-garde architecturale que par les habitants concernés. Enfermée dans sa dialectique particulière, son architecture fait boule de neige sur elle-même. S'il admet des imperfections dans certaines œuvres, il les attribue uniquement à des circonstances extérieures qui l'ont empêché de réaliser son «architecture totale» conformément à ses projets. Ainsi, il n'est pas satisfait de la tour d'habitation à Boom, non pas parce qu'elle s'érige comme un objet incongru le long de l'autoroute, mais bien parce qu'elle ne fut pas réalisée avec les ornements architecturaux prévus. D'un autre côté, il est satisfait du bloc longitudinal réalisé suivant ses dessins au fond du même quartier. Ces façades traitées comme des «eaux mouvementées» offrent assurément un aspect étonnant, mais cette prétendue dynamique des masses logées n'enlève rien à la désolation de l'implantation CIAM ni au caractère conventionnel des appartements minimums. En fait, ces projets de logement s'en tiennent à un fonctionnalisme corrigé, orné de sculptures.

En revanche, dans son architecture écologiste, la propension sculpturale l'emporte sur la pensée tectonique. Ici encore, Braem continue à raisonner en termes de fonction et de forme — en fait en termes de ses «dix commandements» — sans jamais aboutir au concept de relation. De même, il ne comprit jamais la richesse relationnelle des textures urbaines empiriques que le fonctionnalisme avait ignorées. Sa confrontation permanente avec des concepts contradictoires aurait pu l'y conduire, mais au lieu de les réconcilier en un ordre complexe, il essaya de les cerner par des galbes naturalistes.

Braem cultive une méfiance profonde, voire une incompréhension obstinée pour tout ce qui selon lui est contraire à la direction générale de sa propre voie qu'il continue à suivre malgré sa démarche sinueuse. Aussi se défend-t-il d'une alternative comme celle de Team Ten ou du Forum néerlandais et condamne-t-il surtout la remise en usage de pratiques anciennes qu'il considère comme obsolètes. D'après lui, la critique qui s'oppose aux CIAM ne peut être que réactionnaire et l'action des jeunes en vue de réhabiliter de vieux quartiers dénote une forme de décadence; il voudrait même envoyer dix ans en Sibérie tous ceux qui nourrissent le courage néfaste de mettre en œuvre des éléments formels du passé. Bref, pour lui, tout retour à la tradition est une forme intolérable de barbarie.

Mais l'attitude de Braem envers la tradition n'est pas aussi rigoureuse qu'elle ne se prive de contradictions. Bien qu'il ne laisse passer aucune occasion d'exprimer son dégoût des «styles néo qu'on ne pourra jamais assez maudire», il lutte activement, en tant que membre de la Commission des Monuments, pour la conservation de la gare d'Anvers — son «grand amour» — et du quartier éclectique de Zurenborg qu'il préfère à la vieille ville pour ses flâneries.

Mais si de tels monuments et ensembles doivent être sauvés, «la vieille camelote», le tissu urbain non monumental, ne mérite pas le moindre respect: il est condamné à disparaître dans les plus brefs délais. Malgré la perspicacité avec laquelle, en 1942, il a analysé l'évolution de la ville flamande, il ne s'est jamais intéressé à la valeur structurale des anciens tissus urbains et n'a jamais pu reconnaître la typologie de la ville traditionnelle comme une réalité historique irremplaçable. Au contraire, il veut la rejeter en tant que produit d'un passé oppressif. Cette attitude apparaît comme la conséquence directe du rapport déterministe que Braem établit entre la société et les formes architecturales: un déterminisme qui légitime son désir de renouveau et qui fait de la production du nouveau une sorte d'impératif catégorique. Son culte de la création a-historique est la conséquence inéluctable du devoir socialiste de contredire le mode de vie bourgeois par des anticipations frappantes de formes de vie tout à fait nouvelles.

Nous n'avons aucunement l'intention de suggérer ici que l'architecture digne de ce nom ne se doit pas d'être anticipatrice. L'architecture implique toujours par définition un moment utopique et veut, en d'autres termes, toujours réaliser des situations qui outrepassent la situation existante. Le mérite exceptionnel de Braem est d'avoir ardemment défendu cette idée à travers et malgré toutes les vicissitudes conjoncturelles; mais ce qui aurait dû se limiter à un moment a pris chez lui une signification «absolue», «totale». L'utopie est pour lui beaucoup plus qu'un songe inspirateur.

Il prend son rêve pour une réalité qui doit être conjuguée intégralement au futur antérieur. Mais comme Henriette Roland-Holst l'écrivait déjà en 1912, la coexistence du rêve et de l'acte reste une liaison dangereuse qui produit des fruits amers:

Viendra-t-il le temps où le rêve et l'acte
se mêleront comme le lait et la crème
en une seule blancheur? l'humanité atteindra-t-elle
jamais le lieu où leurs eaux se confondent
dans le même fleuve?

Je l'ignore, mais je sais que celui qui
aujourd'hui les mêle dans sa coupe
se prépare un breuvage âcre de dépit,
amer de regret — breuvage cruel qu'il
se rappellera toujours — je sais que celui qui
veut aujourd'hui apporter des offrandes aux humains
doit choisir entre le rêve et la réalité (115).

Braem croit déjà la voir, cette «paix radieuse» à laquelle la poétesse renoncera par ailleurs (116). Il veut faire plus que «traîner des pierres» et se prend déjà pour l'un des «constructeurs du temple». Malgré l'échec des villes nouvelles et de divers campus, il continue à mettre sur papier ses préfigurations d'un habitat libéré avec une assurance intacte; c'est avec la même certitude qu'il dessine la nébuleuse primitive d'où surgit l'univers. En paraphrasant un propos désenchanté de Adriaan Roland-Holst sur Mondriaan, on pourrait dire que pour se rendre au Pôle Nord, Braem s'installe déjà sur son traîneau dans la Menegemlei. Une analogie qui, malgré l'évidente sincérité de ses intentions, pourrait s'avérer encore plus exacte qu'on ne le souhaiterait. On sait comment les utopies globales qui postulent la libération laissent le champ libre au contrôle total et à l'oppression, précisément à cause de l'ouverture qu'elles veulent anticiper. La vision de la Ville Linéaire de Braem et la «dictature de l'architecture» qu'il désire ne font pas exception à cette règle. Au contraire, elles en sont des exemples classiques. En outre si l'on reprend le propos de A.R. Holst, on peut se demander si le véhicule que Braem se construit, abstraction faite de sa praticabilité au voyage dans notre climat occidental, sera utilisable dans l'univers vers lequel il veut mettre le cap. Car Braem ne s'est jamais demandé quelle place ses propositions «socialistes» pouvaient prendre dans une économie planifiée. Et même si l'on ne croit pas — avec Kaganovitch et Tafuri — que le rôle idéologique anticipatoire de l'architecture devient superflu dans une telle économie (117), si, en d'autres termes, on soutient que la révolution de l'«infrastructure» ne rend pas superflue la transformation de la «superstructure» mais, qu'au contraire, elle en est une condition, cela ne signifie pas forcément qu'il faille extirper la superstructure jusqu'à la racine. Une destruction «totale» pour jouir d'un renouveau «total» cadre plutôt avec la logique de l'économie de guerre qui occupe une place si importante dans l'économie occidentale moderne.

Ce culte que voue Braem à l'innovation cadre mieux avec l'économie occidentale, aussi éloignée qu'elle puisse être de sa bonne foi que nous ne mettons point en cause. Car il est évident que la recherche d'originalité poursuivie par Braem, sa conviction que le bâtiment doit «faire boum» en tant que «contradiction naturelle de l'existant» constitue un excellent stimulant à la production dans une économie de croissance; système en dehors duquel l'activité de Braem est d'ailleurs difficilement concevable. Il en va de l'architecture comme de la mode: les vieilles images sont dévaluées et rejetées sans pitié dès que les nouvelles apparaissent. Le «retour éternel du neuf» constitue en effet l'un des moteurs principaux de notre système économique qui se reproduit aux dépens de — ou grâce à — la destruction de ses propres produits (118). Une fois que l'on reconnaît ce rôle aux expérimentations formelles, l'intention idéologique, voire même révolutionnaire sur laquelle elles sont basées, devient extrêmement douteuse.

Même d'un point de vue idéologique l'œuvre de Braem (ainsi que toutes celles dont elle est exemplaire) est avidement récupérée par la société qu'elle veut rejeter. On peut sérieusement se demander si, même dans le meilleur des cas, ses créations arrivent vraiment à transmettre aux habitants les intentions sociales qu'il y a investies (à moins qu'ils n'aient été initiés par ses écrits). Ceci est vrai tant pour ses grands projets de logement que pour les expérimentations biomorphes qu'il considère comme son travail le plus réussi. Car on peut en convenir, loin de ramener les habitants concernés vers un état a-historique, naturel, cette éco-architecture artificielle est en réalité récupérée comme une forme alternative et originale pour participer à la surenchère sémantique belge, donc comme une forme contemporaine de représentation, un signe incompris de progressivité.

D'autre part, rien ne prouve que les «exigences des consommateurs formulées scientifiquement» sur lesquelles Braem se fonde renferment une demande urgente de renouveau, d'inédit, quel que soit le système économique dans lequel ils se trouvent. Toutes les expériences socialistes concrètes, aussi bien à l'Est qu'à l'Ouest (p. ex. à Varsovie, Bologne, Groningue et l'expérience de l'ARAU à Bruxelles) révèlent l'attachement des usagers en question aux structures et aux formes traditionnelles: un attachement qu'on ne peut renier comme l'expression d'une inertie idéologique, mais qui relève de la puissance communicative, de l'accessibilité linguistique de ces structures. On ne se rapprochera pas de la libération en parlant l'Esperanto, mais peut-être bien grâce à un usage inventif du langage existant.

Ce serait une aberration déterministe que de rejeter la ville historique comme le résultat d'une forme de société révolue. La ville historique a développé à travers les régimes et les idéologies changeantes sa propre typologie, structure invariante qui dans son apparence multiforme constitue la véritable écologie humaine. Tout comme les systèmes écologiques naturels, elle n'a pas été créée en un seul geste englobant, comme une œuvre d'art achevée. Elle est le résultat d'une multitude d'initiatives coordonnées entre elles. La stratification historique et le grand nombre de concepts dont se compose cette utopie pragmatique conquise pièce par pièce ne doivent pas être considérés comme des formes d'hétérogénéité gênante qu'il importe d'aplanir ou d'exterminer, mais constituent précisément leur richesse relationnelle à chaque fois unique. Œuvrer pour la construction d'une écologie humaine ne veut donc pas dire travailler à la façon de la nature, mais travailler à la façon de la ville : élaborer pièce par pièce sa propre ville en se familiarisant avec sa propre logique morphologique et l'enrichir si possible par les acquisitions spatiales de l'architecture moderne. La nouvelle société ne surgit pas soudainement comme un phénomène naturel imprévu mais, comme le disait déjà Marx, elle naît au sein de l'existant. Il ne s'agit pas de croissance ni d'expansion, mais de transformation. «Architecture par la Révolution» comme Braem l'a toujours affirmé avec tant de conviction; mais une révolution entendue non pas dans le sens du «schwung» submergeant — comme la pulsion sociale «totale» que les espaces vides de ses grands projets paraissent convoiter avec tant de nostalgie — mais dans le sens d'un combat patient et quotidien, l'artisanat de l'urbain.

Berchem, 1978.

NOTES

(1) Le terme «idéologie» s'emploie ici dans le sens général d'ensemble cohérent d'idées relatives à l'organisation existante et souhaitée de la société, base de la pratique ou de l'action.

(2) Enfant, il découvrait son talent pour le dessin dans une première série d'esquisses déjà empreintes d'une certaine réalité sociale. Obsédé par la guerre qui venait de se terminer et par les gravures de vieux numéros du «Petit Journal Illustré», il se passionna pendant des années pour le dessin de champs de bataille.

(3) Déjà avant la Première Guerre mondiale, en janvier 1913, Berlage donnait à Bruxelles une série de conférences qui, d'après les réactions de la presse, furent de vraies révélations pour le public. *Cfr. Tekhné*, 1913, p. 89, *La Pointe Sèche*, fév. 1913, n° 2, et *Art et Technique*, 1913, n° 6, 7, 8, 10 et 11.

(4) Dans *Wendingen* 1918, n° 1.

(5) Dans *Wendingen* 1919, n° 6, p. 16.

(6) Leopold Hendrickx fut l'un des premiers camarades de jeu de Braem, leurs pères appartenant tous deux au même club de gymnastique (le Turn- en Wapenclub d'Anvers Sud).

(7) La maison Lenglet de De Koninck fut publiée dans *La Cité*, 1927, n° 6, par E. Henvaux.

(8) Joe English (1882-1918), peintre et dessinateur flamand d'origine irlandaise. Il fit ses études à l'Académie des Beaux-Arts d'Anvers sous la direction de Juliaan De Vriendt et obtint en 1907 le Prix Godecharle. Pendant la Première Guerre mondiale, il peignit des scènes de guerre pour soutenir le moral des soldats flamands du front de l'Yser. Il dessinait des pierres tombales en forme de croix irlandaises. Les vitraux de la chapelle de la Tour de l'Yser telle qu'elle existe aujourd'hui sont inspirés de ses dessins.
«*La Guilde Joe English, affiliée à l'A.V.S., réunit quelques jeunes qui s'intéressent vivement aux mouvements spirituels de leur temps. Ils font des excursions, du camping, organisent des réunions, écrivent des articles, discutent et essaient de mettre en images les résultats spirituels de leur étude: projets architecturaux, plans d'urbanisme, dessins à la plume, linos, peintures, sculptures, dont quelques œuvres font preuve d'un talent véritable. (...) Voilà tout de même un groupe de jeunes qui rêve d'autre chose que de porter des casques d'acier et des chemises noires, une jeunesse qui travaille et qui cherche et qui, en travaillant, se bat pour la richesse de la Flandre*», (rapport de l'exposition de la Guilde dans *De Schelde*, 2 fév. 1932). Les membres de la Guilde étaient: Renaat Braem, Bert Brauns, Jul De Roover, Marc Mendelsohn, Elza et Frieda Severin, Huib van Hellem et Jos Wils (qui évoluèrent à gauche); Leopold Hendrickx, Octaaf de Koninckx, Henk van Landeghem, Georges Sels et Jan Rongé (qui ont préféré une position centriste); Karel Tielemans, Adolphine Proost, Jan De Bie, Rik de Weese et Frans van Immerseel (qui évoluèrent à droite).

(9) Lorsque, le 17 janvier 1929, Auguste Borms qui venait d'être libéré prononça un discours à l'une des fenêtres de «Malpertuus» devant un Parti du Front enthousiaste, Braem alla écouter Jef Van Extergem, autre ancien activiste devenu communiste d'inspiration idéaliste qui, non loin de là, dans la «Geuzenhofke» tenait un discours d'opposition sur un chariot. On trouvera le récit de la vie de Van Extergem dans le livre de E. Laureys «*De witte kaproenen keren terug*» (1950).

(10) Albert De Roover demeura aux Pays-Bas pendant la Première Guerre mondiale; de tradition familiale socialiste, il y fit la connaissance de Herman Gorter et de Henriette Roland Holst qui sera son amie jusqu'à sa mort en 1952. Aux Pays-Bas, il fit de la propagande et se passionna pour les théories socialistes dont il fit part aux élèves de l'Académie d'Anvers intéressés par le sujet. C'est ainsi qu'il donna à Braem: H. Roland Holst, *Kapitaal en Arbeid in Nederland* et *Geschiedenis van de proletarische klassenstrijd* (1909); H. Gorter, *Het Historisch Materialisme voor Arbeiders verklaard* (1907); J. Dietzgen, *Het wezen van de menselijke hoofdarbeid* (1869); et également le *Manifeste du Parti Communiste* de Marx et Engels.

(11) Braem se souvient avoir entendu parler pour la première fois de Schillemans par les frères Ackermans, deux communistes convaincus (tombés plus tard pendant la Guerre Civile d'Espagne) qui s'étaient intéressés à un dessin «aux drapeaux rouges» de Braem lors d'une exposition de la Guilde Joe English ouverte par Borms le 30 janvier 1932.
Dès l'âge de 14 ans, Julien Schillemans suivit des cours de peinture à l'Académie Royale des Beaux-Arts et, plus tard, à l'Institut National Supérieur dans l'atelier d'Opsomer. C'est également dans sa quatorzième année qu'il débuta, grâce à son talent graphique, comme dessinateur au bureau de Cols & De Roeck où, sous la direction du chef de bureau Geo Brosens, il se familiarisa au projet d'architecture. Bientôt, il produisit avec virtuosité, selon les goûts de la clientèle, toutes sortes de maisons de campagne dans les combinaisons de style les plus diverses. Fils d'ouvrier — son père était plafonneur — il se sentait fort concerné par les conditions de vie des ouvriers et, très jeune encore, il adhéra au Parti Communiste où il dirigea plus tard la section locale des jeunes. Ensuite, il abandonna la peinture au fur et à mesure que s'affirmait sa conviction que l'architecture constitue le seul art qui puisse avoir une efficacité sociale. Quelques années avant Braem, il découvrit le constructivisme russe grâce à des revues telles que l'*URSS en construction* et *Monde*, mais également par ses contacts internationaux à Paris et à Berlin où, après avoir remporté quelques prix d'architecture, il poursuivit ses études pendant un certain temps. De ses propres mains il bâtit ses deux maisons, l'une à la rue Van Steenland à Deurne, l'autre à Sint-Antonius Brecht, avec une tour en spirale et un moulin à vent pour produire sa propre électricité. Membre de la résistance armée pendant la

guerre, il fut arrêté par la Gestapo et fusillé en 1943 à Bras-schaet. D'après les témoignages de Germaine Schillemans Hofman (sa veuve), de J. Frickel (un architecte qui collabora avec lui de 1928 à 1934 dans le bureau de Cols & De Roeck) et de F. Mortelmans (sculpteur, peintre, tailleur de pierres, compagnon d'études, compagnon spirituel et assurément son meilleur ami), c'est en 1930 déjà qu'il traça les plans définitifs de sa Ville Mondiale, projet étonnamment précoce si l'on sait que Milioutine ne publia qu'en 1930 ses études linéaires de 1928 dans *Le problème de la construction des Villes Socialistes,* un livre dont Das Neue Frankfurt ne parlera qu'en 1931.

Nous ignorons s'il y a un rapport entre la ville linéaire de Schillemans et le plan de Georges Benoît-Lévy publié en 1927 pour l'expansion de Paris en des agglomérations linéaires radio-concentriques. Cette idée se trouve-t-elle à l'origine de la structure radiale du projet de Schillemans qui fait disparaître le centre historique au profit d'un parc avec un centre médical, ou de sa maison à Brecht qui possède elle aussi une structure radiale? Ces deux projets sont en tous cas très nettement inspirés des «Dom Kommuna's» réalisées en 1928-29 par Ginsburg et Milinis. Pour être complet, il faut ajouter que dans les années 30, la réalisation du plan de Schillemans sera l'objectif principal du programme des «technocrates anversois», fraction dissidente du Parti Communiste local dirigée par Leo Frenssen, sorte de visionnaire populaire qui, grâce à ce programme, obtint 6 sièges aux élections de 1936.

G. Schmook trace un portrait captivant de Frenssen aux pages 181-3 de ses mémoires «*Stap voor stap langs Kronkelwegen*» (Anvers 1976) et dit notamment que celui-ci avait annoncé que la construction de la Ville Mondiale commencerait au Kiel.

(12) *Monde,* l'hebdomadaire politique et culturel de Barbusse qui, de socialiste humanitaire qu'il était, s'était radicalisé en Marxiste-Leniniste, ne se bornait pas seulement à critiquer le fascisme (qui se manifestait déjà au sein du Parti du Front), mais donnait aussi des informations à propos du développement des événements en URSS, notamment en matière d'architecture. Dans le n° 46 (6 avril 1929), Barbusse lui-même réalise un reportage sur la «Maison Montagne» de Serafimov à Kharkov; dans le n° 77, D. Aranovitch donne un aperçu schématique des tendances architecturales soviétiques: le suprématisme de Malévitch, le constructivisme de l'ASNOVA et de l'OSA; le n° 161 (4 juillet 1931) publie un rapport sur les plans de E. May pour la construction de nouvelles villes russes. *Monde* garde un silence curieux et total sur le revirement des conceptions artistiques: la condamnation du constructivisme à partir de 1931 et l'application du réalisme socialiste l'année suivante. Bien qu'en décembre 1932, l'hebdomadaire ait publié un compte rendu du livre de Kaganovitch «*L'Urbanisme soviétique*», la revue ne mentionne nulle part une prise de position contre les «désurbanistes». Dans son numéro 205 du 7 mai 1932, *Monde* illustre curieusement (sans doute par manque de documents sur le réalisme socialiste officiel) un article de P. Charny sur l'industrialisation en URSS par le projet (non réalisé) d'un immeuble à appartements à Bruxelles dessiné par L.-H. De Koninck et L. François en 1924. Barbusse continuera

jusqu'à sa mort survenue en 1934, à défendre avec conviction l'idéologie «évoluante» de l'URSS, y compris le stalinisme.

(13) A ce sujet, voir M. Scolari e.a., *Architettura Razionale,* Franco Angeli, Milan 1973.

(14) Louis Stijnen remporta plus tard le Prix de Rome et resta un architecte conservateur. Après la Seconde Guerre mondiale, Léopold Hendrickx fut nommé directeur-général de l'Urbanisme. Kaplanski réalisa avant la Deuxième Guerre mondiale une série d'immeubles à appartements remarquables dans la région anversoise; il fuit les Nazis et s'installa en Israël où il mourut peu de temps après. Jules Wellner fut assassiné par les Nazis.

(15) Voir A. Kopp, *Ville et Révolution,* Anthropos, Paris 1967. Idem, *Changer la vie, changer la ville,* Paris 1975.
V. Quilici, *L'architettura del construttivismo,* Laterz, Bari 1969.
A. Asor Rosa e.a., *Socialismo, città architettura URSS 1917-1937,* Officina, Roma 1971.
L'architecture et l'avant-garde artistique en URSS de 1917 à 1934 dans: VH 101, 1972, n° 7-8.

(16) Dans sa préface à la deuxième partie de *Kapitaal en Arbeid in Nederland,* H. Roland Holst rejette le déterminisme du modèle d'infrastructure-superstructure. Au lieu de voir dans l'économie la dernière instance qui produit ou qui neutralise toutes les autres, elle y voit un ensemble dynamique de phénomènes évoluant en interdépendance fonctionnelle et qui, ensemble, déterminent l'évolution sociale.

(17) Telle était notamment la conviction de l'aile gauche du Parti Ouvrier Belge, groupée autour de la revue *l'Action socialiste,* sous la direction du jeune P.H. Spaak. E. Vandervelde adoptait une attitude «réaliste» dans son livre: *L'alternative: Capitalisme d'Etat ou Socialisme Démocratique* (1933).

(18) Bien qu'il soit difficile de comparer la vie mouvementée de Henri de Man à la carrière de Braem, et bien que Braem crut devoir condamner résolument, en tant que jeune communiste, le «révisionnisme» de de Man, ils révèlent différents points de tangence, mais à des moments divers dans le temps. Issu d'un milieu bourgeois anversois, et né 25 ans avant Braem, Henri de Man adhéra, déjà en 1902, au mouvement socialiste. Après s'être plongé théoriquement dans le Marxisme, en tant qu'étudiant en histoire et en tant que journaliste, il devient réformiste. Après la première guerre mondiale, alors que se justifiait l'espoir que le socialisme deviendrait très vite réalité, il joua un rôle important dans la création et la direction d'une Ecole Supérieure Ouvrière, qui visait à préparer les travailleurs à leurs futures tâches administratives et à promouvoir un «style de vie socialiste».

C'est surtout au cours de la période pendant laquelle il s'opposa au déterminisme social du Marxisme dans *Zur Psychologie des Sozialismus* (1926) qu'il attacha de plus en plus d'importance à ce style de vie. Il craignait surtout l'embourgeoisement des ouvriers qui se manifestait dans leur tendance à adopter les «valeurs fausses» et la culture de la petite bourgeoisie, notamment dans l'aménagement intérieur de leur maison. Afin d'éviter ce danger et en vue de

créer un type sain, moderne, d'homme socialiste, il plaida pour la création d'une culture socialiste, pour la construction anticipatrice d'une superstructure inspirante qui, cependant, devait être l'œuvre d'une élite, socialement consciente, solidaire des ouvriers, mais inévitablement bourgeoise.
Voir: M. Claeys-Van Haegendoren, *Hendrik de Man*, Anvers 1972.
H. de Man, *Au-delà du Marxisme*, Paris 1974 (1928).
H. de Man, *Het Socialisme als Cultuurbeweging*, Amsterdam 1928.

(19) Cfr. H. De Man, *Het Plan van de Arbeid*, Bruxelles 1933.
P. Otlet, *Plan Belgique*, Bruxelles 1935.
Le plan imaginaire que le projet «désurbaniste» suppose et qui exige notamment la collectivisation du sol ne ressemble guère au plan de H. de Man qui prévoyait «uniquement» la nationalisation du crédit, des industries de base et du transport, mais qui laissait les autres secteurs à l'initiative privée. H. de Man ne sut d'ailleurs pas réaliser ces objectifs en tant que Ministre des Travaux Publics dans le gouvernement Van Zeeland. La dévaluation drastique, et non les réformes structurelles, mit fin à la crise. Pourtant, H. de Man, se fondant sur son idéologie (décrite dans la note n° 18), était très favorable à l'architecture moderne. Ceci apparaît entre autres dans une lettre qu'il adressa en tant que Ministre des Travaux Publics sous Van Zeeland au groupe l'Equerre de Liège en 1935: «Messieurs, votre lettre m'a touché. C'est un appel auquel je réponds, mais cet appel est aussi une réponse à celui que, de mon côté, j'ai lancé depuis longtemps. Votre programme est le mien. De l'air, de la lumière, de la verdure et des fleurs! Profusion d'eau, dans les piscines et surtout dans les maisons. Faire des habitations et non des façades! Bâtir des cités et non des maisons. Le confort pour les masses avant le luxe pour une minorité! Une humanité nouvelle dans un milieu nouveau, consacré aux valeurs véritables: la santé, la propreté, la sincérité, la communion avec la nature, la vie simple mais intense et libre! Mais assez d'appels maintenant, il faut répondre. Assez parlé, il faut agir, il faut construire. Je suis devenu Ministre parce que le plan ne m'intéresse qu'en fonction de la bâtisse — et je voudrais bâtir. Nous allons, si vous le voulez, bâtir ensemble. De nouveaux quartiers pour commencer, un pays pour finir, un pays où l'on n'étouffera plus, comme aujourd'hui, dans la laideur, dans la peur devant l'espace qui humilie la petitesse, devant la lumière qui dévoile les mensonges, devant la simplicité qui effraie les hypocrisies. Sans doute nous n'achèverons pas plus notre œuvre que les bâtisseurs des cathédrales n'ont pu finir la leur. La révolution dans laquelle nous nous sommes engagés sera l'œuvre de plusieurs générations peut-être. Mais cette œuvre ne commencera à être durable que quand elle sera faite par les bâtisseurs. Pour penser autrement, un peuple doit vivre autrement: pour vivre autrement, il doit habiter autrement. Faisons nos cités à l'image de ce que nous voudrions que soit l'humanité de demain».
Braem cite cette lettre dans son rapport de 1936 pour le Prix Godecharle en guise de défense contre les examinateurs qui lui avaient reproché, dans son rapport précédent, d'adhérer à une «avant-garde extrémiste».

(20) Braem fait référence aujourd'hui à A. Soria y Mata qui, à partir de 1882, développait son idée de Ciudad Lineal réalisée partiellement autour de Madrid en 1894. Mais la ville de Soria était une sorte de cité-jardin linéaire basée, il est vrai, sur la circulation, et non sur l'organisation productiviste de Milioutine.
Braem n'avait pas connaissance de la Roadtown de E. Chambless (1910), ni du plan de H. Ford pour Muscle Shoals dans le Tennessee (1921), ni du plan pour Paris de G. Benoit-Lévy (1927), ni des premières esquisses de la ville linéaire de Le Corbusier en Argentine (1929) et à Alger (1931). Le Corbusier s'est sans doute inspiré pour ces projets des mêmes sources que Braem, mais directement à Moscou, en 1928, où il était allé discuter son projet de Centrosoyus. Ce n'est qu'en 1942 qu'il dessina une «Cité linéaire industrielle» entière qui, comme chez Soria et Braem, s'étend entre deux villes existantes, à une échelle européenne. Pour l'histoire concise de la ville linéaire, voir: G.R. Collins, *Linear Planning* dans (Dutch) Forum XX-5. Collins ne cite pas le nom de Braem, mais mentionne un projet avec une structure analogue que Renaat Soetewey présenta en 1935 à Londres au cours de l'International Housing and Town Planning Conference.

(21) Voir: *KMBA,* juillet 1931, n° 7, p. 178.

(22) Dans *La Métropole,* 14 juin 1934, p. 7.

(23) Dans *KMBA* 1934, n° 7, 8, 10 et 11.

(24) Dans l'article suivant s'ajoutent à ces «hérauts du nouvel art collectif, les vrais grands de notre temps»: Diego Rivera, Hilde Krop, Masereel, Léger, Lurçat et Eisenstein.

(25) Voir: H. Hoste, *Stand der Architectuur II.* Dans *Opbouwen* 1933, n° 2, p. 19.

(26) Voir note n° 9.

(27) Ce fut à cette ambition de créer un nouvel homme que s'opposa, dix ans plus tard, le roman satirique *Le Super-Homme, ou l'homme de demain* (1945, inédit) de A. Pompe que les fonctionnalistes traitaient de réactionnaire. Sur les conseils d'un architecte, mort d'un accident dans sa maison fonctionnaliste et arrivé au ciel, Dieu-le-Père crée un homme nouveau, plus fonctionnel, dépouillé de tout superflu ornemental et muni de toutes sortes d'organes et de membres utiles, empruntés à différentes espèces animales.

(28) Voir: F. Strauven, *Louis Herman De Koninck,* dans *A +* 1974, n° 5.

(29) Voir: M. Smets, *Huib Hoste, pionnier d'une architecture renouvelée,* Bruxelles, 1972. A la page 55 de ce livre, Smets attribue à Hoste une citation trop idéologique pour être de lui. Il s'agit, en fait, d'une citation d'Adolf Behne.

(30) Dans *De 8 en de Opbouw* 1932, p. 43-51, cité partiellement par Hoste dans *Opbouwen* 2933, n° 2, p. 21.

(31) Kaganovitch déclara sans équivoque à cette occasion: «De nos jours, d'aucuns déclinent, dans toutes ses formes, la formule: nous devons bâtir la ville socialiste. Ceux qui le font oublient une chose très importante: que, d'un point de vue social et politique, les villes russes sont déjà socialis-

tes. Nos villes sont devenues socialistes avec la Révolution d'Octobre, quand nous avons exproprié la bourgeoisie et collectivisé les moyens de production. Celui qui méconnaît le caractère socialiste de nos villes part d'un point de vue tout à fait erroné. Voir: *V.O.K.S.*, 1932, n° 5-6, p. 133-147; et M. De Michelis, *La Città industriale nel Primo Piano Quinquennale* dans *Socialismo, Città, Architettura URSS 1917-1937*, Officina, Roma 1971, p. 153.

(32) Voir G. Giucci, *Concours pour le Palais des Soviets*, dans *VH101*, 1972, n° 7-8, p. 113 et A. Samona, *Il Palazzo dei Soviet. Officina Roma 1976*.

(33) Voir J.L. Cohen, *Lurçat au Pays des Soviets*. Dans *AMC* sept. 1976, n° 40.

(34) Le Prix Rubens (25.000 frs.) devait permettre à des artistes belges d'aller se perfectionner en France. Braem fut le premier Anversois à obtenir le prix, sur l'initiative de A. De Mol et E. Van Averbeke entre autres. Le Prix Godecharle (36.000 frs.) imposait au lauréat de passer, deux années de suite, 4 mois à l'étranger pour y étudier. L'unique obligation du lauréat était de signaler sa présence à l'Ambassade Belge du pays en question et de faire des rapports.

(35) Voir Le Corbusier & P. Jeanneret, *Œuvre Complète 1934-38*. Zurich 1958, p. 82. Le crayon délicat de Braem contraste quelque peu avec le graphisme net et tranchant (constructiviste) qui se pratiquait rue de Sèvres à cette époque. Ce furent sans doute les cimes nues et les branches sinueuses qui incitèrent Le Corbusier à dire, «On voit bien que vous êtes un Flamand!» Quand Braem montra plus tard quelques autres dessins pessimistes à son patron, celui-ci déclara prophétiquement: «Oui, les jeunes sont tristes, surtout s'ils habitent de grands ports comme Anvers. Mais, mon ami, rassurez-vous, plus on devient vieux, plus on devient joyeux. C'est l'expérience que je fais maintenant».

(36) Dans son *In Memoriam*, à la mort de Le Corbusier en 1956, Braem écrit par exemple: «*Dans le chaos où l'humanité fiévreuse, grisée par la mutation, cherchait une étoile pour la guider, Le Corbusier était une de ces lumières qui maintenaient en vie l'espoir d'un monde plus beau et qui, par la force de son exemple, soutenait ses frères plus faibles dans leur action dispersée. (...) Le Corbusier était plus qu'un architecte génial, il était l'un de ces hommes qui, à travers la grandeur de leur raisonnement et de leur lutte, nous permettent malgré tout d'être fiers de vivre dans cette époque misérable à tant d'égards. (...) Qu'il nous inspire donc pour que nous puissions, avec des forces plus faibles, mais avec la même volonté tenace, réaliser ses aspirations; ainsi il nous aidera à continuer à vivre avec dignité!*» Ailleurs, dans une note inédite pour la Fondation Le Corbusier, il déclare: «*J'ai parfois le sentiment que c'est Le Corbu qui me mène par la main dans le dédale chaotique des problèmes dans lesquels on nous égare*».

(37) Voir *L'Architecture d'Aujourd'hui*, avril 1936, p. 78. Le Corbusier inclut une autre perspective de la Ville Linéaire de Braem dans son Pavillon des Temps Nouveaux à l'Exposition Mondiale de 1937. Voir: L.C., *Des Canons, des Munitions? Merci! Des logis s.v.p.* Paris 1937, p. 91. Son commentaire est le suivant: «Les nouvelles générations devant

l'urbanisme. Toutes ces choses font hocher la tête aux «plus de 60 ans». Mais nous devons penser aux «moins de 20 ans», prévoir leur avenir et créer le milieu dans lequel, à leur tour, ils deviendront des «plus de 60 ans». (...)
L'image ci-dessous, œuvre d'un jeune architecte flamand (un «moins de 30 ans») montre avec quelle liberté d'esprit les thèses de leurs aînés (thèses de la «Ville Radieuse») peuvent être conduites vers la réalisation d'un monde tout neuf, miraculeusement neuf et dégagé des préjugés. Cette image est d'une éloquence admirable».

(38) Elza Severin (1913), fille de l'artiste-peintre Juliaan Severin, suivit des cours de peinture à l'Académie Royale des Beaux-Arts et des cours de gravure sur bois dans l'atelier de Pellens à l'Institut Supérieur d'Anvers. Elle dessina des affiches, des ex-libris et des illustrations pour les livres d'enfants. Elle réalisa des peintures murales en collaboration avec son mari, notamment pour l'Auberge de la jeunesse de Nijlen et pour la V.U.B. à Bruxelles.

(39) Voir *KMBA* 1938, n° 9, p. 227.

(40) Dans *Quadrante*, oct. 1936, n° 35-36.
Voir également: S. Danesi & L. Patenta, *Il Razionalismo e l'Architettura in Italia durante il Fascismo*. Venise 1976; et le compte rendu de ce livre dans *Wonen-TABK* 1977, n° 8.

(41) A la page 132 de son apologie du fascisme «*La Révolution du 20e Siècle*» (1941), J. Streel fait une description du style fasciste, une description qui correspond étroitement au style de vie socialiste dont il est question dans la note n° 17: «L'anarchie ne pouvait être surmontée que par l'ordre, l'individualisme par le sens communautaire, la décomposition de la personne par l'unité de l'action, l'intellectualisme critique par l'enthousiasme créateur, la vulgarité et le laisser-aller par la dignité et la sévérité de l'attitude. En réaction contre la primauté de l'argent, le style nouveau s'inspire d'une certaine sobriété et impose de façon concrète (par des institutions comme le Service du Travail) une conception où le travail est une contribution au bien de la communauté. Il est sportif, viril, audacieux, ami du risque et de la responsabilité. Dans tous les domaines, il s'efforce de promouvoir des élites et de dégager des chefs».
Braem déclare inversement qu'au cours de son voyage en Italie il s'était senti attiré par la rhétorique combative des manifestations paramilitaires. Ce n'était pas sans émotion qu'il remplaçait, dans son imagination, les symboles fascistes autour desquels se réunissait la fière jeunesse italienne par des symboles socialistes.

(42) Henri de Man écrivait encore en 1928 dans une lettre confidentielle à Emile Vandervelde: «*Au fond — mais ne le dites à personne — je suis anarchiste, c'est-à-dire, féru de liberté et de self détermination, comme vous aussi, mon cher patron, et comme tous les vrais socialistes, je pense*». Cité par M. Claeys-Van Haegendoren, *Hendrik de Man*, Anvers 1972, p. 403, n° 15.

(43) Voir E. Bloch, *Erbschaft dieser Zeit* (1935), Suhrkamp 1977, p. 219.

(44) Le Corbusier, Léger, Aragon, entre autres, prenaient une position semblable dans le débat sur le réalisme, à la

Maison de la Culture en 1936. A leurs yeux, l'art moderne depuis le cubisme et l'architecture fonctionnaliste constituait le «réalisme» contemporain. Voir: *La Querelle du Réalisme*. ESI, Paris 1936. Braem, qui se trouvait alors à Anvers, n'assista pas à ce débat.

(45) «En face du pavillon s'élève celui de l'URSS qui a au moins le mérite d'être réalisé avec conviction. En présence du pavillon russe, on peut mettre en avant le problème de l'expression idéologique car, dans cette construction, cette expression a été poursuivie avec un certain succès et de façon consciente. Ce qu'on doit reconnaître à cette construction, c'est qu'elle donne une forte expression d'élan, de marche en avant. Mettant de côté toutes les considérations politiques, on peut sentir, sous le groupement des volumes, une force inouïe qui doit naître indéniablement d'un enthousiasme collectif pour un idéal commun. L'artiste a été l'instrument par lequel la collectivité s'est exprimée dans une forme qui, créée par un individu, peut remporter l'adhésion de tous. La création subjective acquiert une valeur objective. On peut critiquer à juste titre les dimensions de la grande sculpture en métal surplombant l'entrée qui est hors de proportion avec l'édifice; on peut critiquer les couleurs du marbre employé et maintes autres fautes de goût, surtout à l'intérieur, mais on se sent en présence d'une culture jeune qui s'exprime de façon naïve et non en présence de la sénilité gâteuse d'un raffinement décadent. C'est la raison pour laquelle, malgré de graves faiblesses, cette architecture est sympathique». Ainsi s'exprime Braem dans le dernier rapport pour le Prix Godecharle (1937). La grande structure de métal qui ne lui plaît pas et qui représente un couple d'ouvriers combatifs, croisant la faucille et le marteau, fut réalisé par le sculpteur Moukhina d'après un des derniers photomontages de El Lissitsky (1937).

(45 bis) Cette version des faits qui est celle que relate Braem, n'est confirmée qu'en partie dans le rapport du congrès en question. Voir *Logis et Loisirs. 5ᵉ Congrès CIAM.* Paris 1937, p. 115-117. Selon ce rapport, Braem faisait partie d'une commission qui examina trois cas d'application des principes CIAM à une ville existante, parmi lesquels on retrouve le plan d'Anvers qu'il conçut en 1935 avec Hoste.
J.L. Sert qui fut le rapporteur de cette commission paraît avoir relativisé considérablement la proposition de Braem dans le texte finalement publié (p. 117):
«D) La libération du sol, où l'application du droit de superficie peut simplifier d'une part le financement préalable de l'opération et son exécution d'autre part. Il y a toutefois intérêt à commencer la transformation de quartiers par les emplacements où le sol appartient à la communauté.
A ce sujet, si les cas étudiés prouvent que la libération du sol est nécessaire à l'urbanisme, la commission estime que les réalisations à intervenir ne doivent pas attendre que cette libération soit effectuée, ni que l'habitation soit devenue un service public».

(46) Voir: L.H. De Koninck, *Prix Van de Ven d'Architecture 1938* dans *l'Emulation,* 1938, n° 3, p. 47-52.

(47) Voir: *l'Emulation,* 1938, n° 4-5 et 6, 1939, n° 5, 6 et 7. Et *KMBA,* 1937, n° 11.
Les projets couronnés, respectivement «Sérénité Ordre

Expression» pour le Mont des Arts de Jules Ghobert et «Mesure pour Mesure» pour le Jardin Botanique de Maurice Houyoux, valaient parfaitement les réalisations de Jofan et de Speer. Les lauréats furent chargés plus tard d'élaborer une synthèse de leurs deux projets qui fut réalisée encore en 1949-64 au Mont des Arts.

(48) Voir: J. Gerard-Libois, J. Gotovitch, *L'an 40. La Belgique occupée.* CRISP, Bruxelles 1971, p. 342 et suivantes, et T. Luyckx, *Politieke Geschiedenis van België.* Elsevier, Bruxelles 1973, p. 388-390.

(49) Au sujet des intentions complexes et de la situation de H. de Man, voir J. Gerard-Libois, J. Gotovitch, *op. cit.,* p. 216-30.

(50) Cité de T. Luyckx, *op. cit.,* p. 384.

(51) Voir J. Gerard-Libois, J. Gotovitch, *op. cit.,* p. 343-4.

(52) *Het Vrije Woord* fut l'un des premiers à défendre, déjà dans son premier numéro (oct. 1940) l'espoir peu ordinaire que «La résistance anglaise nous donne toutes les raisons de croire que ce n'est pas Hitler mais les peuples libres et que ce n'est pas le Troisième Reich mais l'Angleterre, la France, les Etats-Unis et peut-être aussi l'union Soviétique qui auront le dernier mot dans cette guerre (Cité par J. Gérard-Libois et J. Gotovitch, *op. cit.,* p. 362).

(53) Voir: J. Gerard-Libois, J. Gotovitch, *op. cit.,* p. 157.

(54) Voir: E. Henvaux, *L'aménagement et la reconstruction de l'agglomération enghiennoise,* dans *Reconstruction,* mai 1941, n° 6, p. 8.

(55) Plusieurs personnalités ainsi que des gens qui voulaient se faire un nom dans le monde architectural belge participèrent régulièrement ou occasionnellement à *Bouwkunst en Wederopbouw* ou à son pendant francophone *Reconstruction:* aux côtés de Verwilghen et van de Velde, il y avait L. Stijnen, L. Hoste, E. Leonard, F. De Groodt, J. Ritzen, J. Schellekens, R. Soetewey, S. Leurs, R. Lemaire, E. Henvaux, P.L. Flouquet, L.H. De Koninck, F. Bodson, G. Bardet, R. Bastin, e.a.

(56) Voir: J. Schellekens, *Nationalisme in de Bouwkunst,* dans *Bouwkunst en Wederopbouw,* 1941, n° 8, p. 189; H. Hoste, *Zwicht u van leuzen en slagwoorden* ibid., 1942, n° 1, p. 9; et débat: *ibidem,* 1942, n° 3.

(57) Voir *Bouwkunst en Wederopbouw,* 1942, n° 9.

(58) E. Leonard estime utile d'assumer dans *Bouwkunst en Wederopbouw* (1942, n° 8, p. 182) la défense de Braem: «Nous avons entendu parler de plusieurs côtés d'art communiste, de représentations communistes. A tort et sans fondement! Nous ne voulons pas défendre la conception elle-même, nous aurions préféré une méthode plus stricte, disons quelque peu dogmatico-pédagogique et, d'un autre côté, nous aurions aimé voir réaliser une représentation du thème plus vivace, qui s'adresse au peuple. Nous tenons uniquement à souligner que si l'on peut identifier cette représentation un peu fantaisiste au surréalisme et à l'art publicitaire qui a sans doute le plus de succès en Italie — donc à des courants spirituels et artistiques —, on ne sau-

rait l'identifier au communisme qui est un mouvement politique. Ceci entre parenthèses, car ce qui compte pour nous c'est le programme, le but; le reste est chose de moindre importance.

(59) Le chef de la Gestapo Von Hören qui fit capturer le groupe de résistants en question, fut arrêté lui-même par la police allemande pour avoir fait assassiner sa maîtresse anversoise. Ainsi, la plus grande partie des dossiers qu'il avait instruits furent annulés. Braem passa 100 jours en prison, la plupart du temps dans la prison de la rue des Béguines et les derniers jours dans la cave du Quartier Général de la Gestapo à l'avenue Della Faille, dans une villa qu'il transformerait cinq ans plus tard pour le compte de Corijn. Braem fut un membre du Front d'Indépendance du 1 mars 1941 jusqu'au 29 septembre 1944, sous le numéro IV 18985. En tant que prisonnier politique, il portait le numéro 111884.

(60) Voir *Het Vrije Woord,* 22 et 29 déc. 1944 et 5 janv. 1945.

(61) Voir M. Smets, *L'avènement de la Cité-Jardin en Belgique,* Mardaga, Liège 1977, p. 24 et p. 46.

(62) Voir V. Fallon, *Principes d'économie sociale* (1921) et E. Van Broekhoven, *Politieke Economie, Zekerheid en Inkomen,* Mariënborg Anvers 1978, p. 106-8.

(63) Voir E. Van Broekhoven, *op. cit.,* p. 108-110 et : « België moet verder opgebouwd worden, wie zal de bouwmeester zijn? CVP, Christelijke Volkspartij (La Belgique doit être construite. Qui en sera l'architecte ? PSC, le Parti Social Chrétien). Le programme de Noël du CVP, Bruxelles 1945. Sous le titre « L'urbanisme et la question du Logement », on lit dans ce document remarquable : « Il faut mener une politique de logement décente afin de favoriser l'acquisition de propriétés par les particuliers, ce qui constitue un facteur d'équilibre social. (...) L'élaboration d'un large programme de constructions familiales qui répondent, non seulement aux besoins mais encore aux désirs de la population. Le CVP veut assurer à chaque famille une maison particulière. Il ne veut pas de cantonnements en casernes ».

(64) Voir V. Fallon, *Le Problème du Logement,* dans *XXᵉ Siècle,* 18 janv. 1930.

(65) Au cours des années 1922-24, la loi Moyersoen constituait déjà une première mais courte expérience de ce qui deviendrait plus tard la loi De Taeye. En trois ans, on distribua 18.596.013 frs. de primes, de 10.000 frs. en moyenne. La crise économique fit très vite abandonner le système.
Voir: M. Smets, *L'avènement de la Cité-Jardin en Belgique,* Mardaga, Liège, 1977, p. 155.
Voir: A. De Taeye, discours au congrès de la Petite Propriété Terrienne à Bruxelles, le 13 septembre 1948, dans *Landeigendom,* 1948, p. 292; le texte du discours de De Taeye est suivi d'une dissertation du Dr. P. Joannon, président du Centre Interprofessionnel d'Etudes Rurales à Paris qui est peut-être encore plus explicite: «Certes, c'est de la campagne que provient l'alimentation des villes. Mais il faut approvisionner ces villes d'autre chose que de produits comestibles, il leur faut aussi — et surtout — des hommes, de nouvelles forces vitales. Les villes «consomment» beaucoup d'hommes; que deviendraient-elles sans cette alimentation

permanente? Que cet approvisionnement soit donc de bonne qualité, physique et morale! De là, le rôle éminent que joue le réservoir rural».

(66) Quelques autres citations remarquables:
«Nous avons entendu avouer plus d'un patron avant la guerre qu'il regrettait avoir logé des familles rurales dans des buildings où, en cas de chômage, elles se sentaient opprimées par l'inactivité. (...) Si nous voulons un avenir avec des familles nombreuses, il nous faut bâtir des «nids» intimes pour ces jeunes ménages, si possible dans la nature, en d'autres termes à la source même de la vie». Dans *Landeigendom* 1947, n° 2, p. 4-5.
«Formation morale des habitants. L'isolement relatif crée une atmosphère d'indépendance et de liberté sur lesquelles se fonde la formation des fortes personnalités dont notre société a tant besoin. Ce n'est pas dans les immeubles à appartements où les familles sont en quelque sorte entassées qu'elles trouveront l'intimité et le recueillement profond qui les aideront à former leur personnalité. Jusqu'à présent, c'est toujours de la campagne que sont venues les forces physiques et morales dont nos villes ont tant besoin, il est donc de notre devoir de faire tout notre possible pour maintenir ce réservoir». Dans *Landeigendom,* 1948, n° 7, p. 3.
«Une personne qui devient propriétaire n'est plus un prolétaire et l'idéologie collectiviste n'a plus aucune prise sur elle. Car l'acquisition de propriété est un des facteurs de la déprolétarisation et du progrès social». Dans *De Standaard,* 3 oct. 1949.

(67) Voir: A. De Taeye, *Notre Politique de Logement,* dans *L'Habitation,* 1950, n° 9, p. 5.

(68) Propos tenu par le sénateur du CVP Vergels, cités par la *Gazet van Antwerpen,* le 16 janv. 1948.

(69) Voir à ce sujet: C. Conrad, A. Arvois, *Vienne, Höfe, ville et modernité,* dans *AMC,* mars 1977, n° 41.

(70) Voir: *Mogen wij in de hoogte bouwen? Kristallisatiepunt van een fanatiek debat,* dans *De Vlaamse Linie,* 27 nov. 1953; cité dans Bekaert, Strauven, *La construction en Belgique,* Bruxelles 1971, p. 111-12; et E.J. Bastiaenen, *Sociale verantwoording van de hoogbouw,* dans *Bouwen en Wonen,* 1954, n° 2, p. 45.

(71) Lors d'une conférence à l'Institut Supérieur Saint-Luc à Gand en 1943, R. Verwilghen déclarait: «Quand la guerre sera finie, si l'activité économique se ranime sans que le contrôle ne couvre toutes nos provinces, une nouvelle vague de «construction» qui fera probablement un mal énorme, irréparable, submergera nos villes et nos communes rurales».
Cité dans: Bekaert et Strauven, *La construction en Belgique,* 1945-70, Bruxelles 1971, p. 30.

(72) Alors que cette loi que De Taeye propose en 1950 comme un complément adéquat à la loi qui porte son nom était encore en préparation, elle trouva une certaine résistance de la part du CVP qui employait parfois des arguments curieux. *De Gazet van Antwerpen* publia le 3 août 1948 la villa personnelle de Brunfaut à Meise par opposition

à une maison-caserne, forme de logement qu'il essayait de stimuler par sa proposition de loi.

(73) R. Braem, *In het land van de Grimlach,* dans *Architectura,* 1948, n° 4-5, p. 53.

(74) F. Baudhuin, *Aspects financiers du problème de l'habitation,* dans *l'Habitation,* 1950, n° 7, p. 5. L'auteur qui, deux ans plus tôt, s'était opposé au dirigisme et à l'intervention de l'Etat (*Le Problème de l'Habitation,* in *Revue Générale Belge,* mai 1948, p. 129) plaida à cette occasion pour «sinon de l'économie dirigée, du moins une économie de prévision». De Taeye défend sa politique dans un article, *Notre Politique de Logement,* dans la même revue (1950, n° 9, p. 5).

(75) Voir *Gazet van Antwerpen,* 8 mars 1954.

(76) Voir J. Gaack, *De huisvestingspolitiek te Antwerpen,* dans *Wonen,* oct. 1960, n° 13-14.

(77) Données empruntées à des articles dans *Wonen,* oct. 1960, n° 13-14; et *Antwerpen,* juillet 1967, n° 32, et déc. 1967, n° 4.

(78) La signification de la réalisation de Braem, dans le contexte belge, ne devient tout à fait claire qu'après comparaison avec le stade d'évolution de ses contemporains. Au moment où l'héritage de Le Corbusier est un acquis pour Braem — qu'il traduit consciemment dans son langage personnel — l'Institut Saint-Luc à Gand «découvre» l'importance potentielle de Le Corbusier. Voir la revue *Schets,* 1950-51, n° 2, p. 47-58: Après avoir fait la critique de l'Unité de Marseille, le Fr. ing. Urbain lance un appel à la «chère guilde Saint-Luc et Saint-Joseph» pour un réveil artistique, pour «*servir ainsi le peuple, le pays, l'Eglise et Dieu. Ne devons-nous pas constater aujourd'hui, une fois de plus, que les enfants de ce monde, dans l'offensive de l'architecture moderne, gèrent avec plus de méthode et plus de dynamisme leurs intérêts que les enfants de la lumière? Fab est ab hoste doceri! Oui, il est permis de faire son apprentissage chez l'ennemi, qu'il soit un ennemi réel ou supposé. Que nous, enfants de la lumière, puissions donc, dans ces moments d'obscurité, ranimer nos lampes à la chaleur éclatante d'un enfant de ce monde: Le Corbusier!*»
Un appel auquel il ne fut répondu que 10 ans plus tard, par le Fr. ing. Véron qui, au début des années 60, s'efforça de développer une vraie monomanie corbusienne à Schaerbeek.

(79) A. & P. Smithson développèrent leur concept de «cluster» dans leur Golden Lane Project (1952) et dans leur projet de concours pour l'Université de Sheffield (1953). Voir par exemple: A. Smithson, *Team 10 Primer,* Londres 1965.

(80) Voir *Bouwen en Wonen,* 1953, n° 1, p. 4; et *Architecture,* 1952, n° 1.

(81) Voir R. Braem, *Over de Wooneenheid Kiel-Antwerpen,* dans *Bouwen en Wonen,* 1954, n° 2, p. 57-59.

(82) *Unité d'Habitation Anvers-Kiel.* Stencil distribué au congrès des CIAM à Aix-en-Provence, 21 juillet 1953.

(83) Cité dans *Bouwen en Wonen,* 1954, n° 2, p.; 60.

(84) Voir J. De Roover, *De tentoonstelling het Nieuwe Wonen,* dans *Bouwen en Wonen,* n° 2, p. 66.

(85) Voir *Multi-Storey Housing in Europe,* Housing Committee of Sheffield City, 1955, p. 6. «*The project which perhaps most impressed the deputation — that at Kiel, Antwerp — worked out at £3200 per flat. It would be classed here as a luxury-type scheme of apartments, its quality being much superior to many pre-war private development schemes of luxury class in London*» (p. 29). Au sujet de la filiation «brutaliste» de Park Hill, voir R. Middleton, *The new Brutalism or a clean well-lighted place,* dans *Architectural Design,* 1967, n° 1, p. 7.

(86) Voir *La Libre Belgique,* 1er fév. 1952: «(...) *Sait-on cependant que les plans du futur édifice ont été confiés à deux communistes notoires. Comment est-il possible d'agir avec une telle légèreté? Ces deux architectes ne dissimulent pas leurs opinions communistes. C'est une chose qu'on n'ignore pas dans la Métropole, hormis peut-être, nos édiles communaux... Et ce sont de pareils personnages qui sont chargés de la mission d'élever un immense immeuble, non seulement officiel, mais encore et surtout destiné à abriter TOUS les services de la police anversoise... Peut-on s'imaginer chose plus ahurissante? Ces communistes ne seront pas seulement en possession des plans détaillés de cet important centre policier mais, bien plus fort encore, ces derniers seront même de leur propre conception et élaborés suivant les conseils ou directives qui, le cas échéant, pourraient leur être donnés par leur parti. Ils auraient même la faculté si l'ordre devait leur en être enjoint de prévoir sciemment un 'point sensible' dans la construction de ce gigantesque building. Au moment opportun ou en cas de conflit, une charge explosive placée à cet endroit vulnérable pourrait provoquer l'effondrement de tout cet édifice de 14 étages en entraînant la mort d'une bonne part des 1800 agents chargés d'assurer l'ordre et la sécurité dans la ville et en détruisant, du même coup, toute la direction, l'administration et la documentation des différents services de la police anversoise. Nous ne voulons nullement affirmer qu'ils agiront ainsi mais, vu les circonstances actuelles, mieux vaut — nous semble-t-il — prévoir cette éventualité. Il y a cependant suffisamment d'architectes capables et bons patriotes à Anvers. Pourquoi alors vouloir ainsi aveuglément confier la construction de ce vaste édifice — en quelque sorte d'importance stratégique — à des architectes ouvertement au service d'un parti dévoué à l'étranger?*»
Le journal catholique bruxellois revient à l'affaire dans ses éditions du 5 et du 15 février:
«*Certains estiment qu'il n'y a là rien d'anormal et que dans une démocratie, on ne saurait exclure les communistes de certains secteurs d'activité, même officiels. A ces derniers — qui pratiquent si étourdiment la politique de l'autruche —, nous pourrions peut-être demander ce que nos volontaires sont allés faire en Corée ou quel est exactement le but assigné au plan Marshall ou celui poursuivi par le programme de réarmement. Seraient-ils donc les seuls à ne pas encore avoir entendu les nombreuses déclarations émises ces derniers temps et réclamant avec insistance l'abandon de toute faiblesse? Ceci vaut, à notre avis, pour tous les échelons*». La campagne de la *Libre* trouva des échos dans *Pourquoi pas?* (15 février 1952), *Le Soir* (2 février 1952) et *Europe Amérique* (23 octobre 1952).

(87) Voir R. Braem, *Het Administratief Centrum in wording*, dans *Antwerpen*, déc. 1960, n° 4.

(88) Voir *Tegen Formalisme*, dans *Bouwen en Wonen*, 1954, n° 11, p. 376.

(89) Voir 1948: *Balans en vooruitzichten*, dans *Bouw*, 16 nov. 1948, p. 12.

(90) Voir *Over Landhuizen*, dans *Bouwen en Wonen*, 1954, n° 4, p. 142.

(91) Voir *Ronchamp*, dans *Bouwen en Wonen*, 1956, n° 5, p. 207.

(92) Voir *Kleine Filosofie voor Architekten*, dans *Bouwen en Wonen*, 1957, n° 7, p. 236.

(93) La prise de position de Braem semble correspondre aux idées principales du rapport de l'ABVV «*Holdings en economische democratie*» de 1956.

(94) Dans *Bouwen en Wonen*, 1957, n° 7, p. 236.

(95) Dans *Bouwen en Wonen*, 1961, n° 3, p. 23-25.

(96) La revue *Architecture*, par exemple, souligne dans son premier éditorial, en 1952, l'absence d'une telle doctrine dans le monde architectural du moment et se propose d'y remédier; un vœu pieux que cet organe lui-même ne put jamais réaliser au cours des 18 années de son existence. On peut consulter à ce propos p.ex. la bibliographie et l'anthologie de la littérature architecturale dans *La construction en Belgique 1945-70*, p. 93-147.

(97) Dans *La construction en Belgique 1945-70*, p. 61. Dans le rapport de G. Bekaert du congrès d'Avionpuits en 1966, l'une des premières tentatives importantes de réflexion de la nouvelle génération sur sa situation (une initiative de L. Kroll et de A. Constant), Braem semble toujours être le théoricien principal qui dictait les thèmes de la discussion et qui «*animait le dialogue*»: «*Sous cette réserve (par rapport aux côtés positifs de la situation belge), j'approuve entièrement que Braem veuille élargir le concept d'architecture en un mode de vie expressif, direct et nécessaire, incarnation d'une nouvelle religion pour qui chaque existence est un privilège et qui a pour dogme la solidarité entre tous les hommes. L'architecture implique donc une conception de vie nettement définie. Elle est une option éthique qui influence l'existence de l'homme de demain. L'architecture pour et par la révolution, comme disait Braem en conclusion à son discours*».
Voir G. Bekaert, *Avionpuits voor architekten voortaan een begrip*, dans *De Standaard*, 15-26 juin 1966; et *Architectuur in België anno 1966*, dans TABK, n° 11, p. 241.

(98) Voir *Modern Wonen in België*, dans *Kompas*, 1960, n° 1, p. 16.

(99) Ibidem.

(100) Dans *Bouwen en Wonen*, 1959, n° 2, p. 60.

(101) L'agressivité voulue de l'ensemble n'échappa pas à quelqu'un comme G.E. Kidder Smith qui décrivait dans son «*The New Architecture of Europe*» (1961) les blocs du Heysel comme «*absolutely frightening - a gigantic fortress of appartments*»; mais qui n'a sans doute jamais soupçonné que cette agressivité visait l'économie de marché libre. Le malentendu autour des formes de ce quartier s'exprima le plus nettement à l'occasion d'un reportage enjoué du «TABK-team».
Voir *TABK*, 1971, n° 3, p. 62, et la discussion dans *TABK*, 1971, n° 10.

(102) Dans *Bouwen en Wonen*, 1958, n° 10, p. 288.

(103) Dans *Kompas*, 1960, n° 1, p. 16.

(104) Le centre culturel fut réalisé contre la volonté de Brunfaut qui le considérait comme un luxe superflu. Braem sut en forcer la réalisation avec la complicité de l'ingénieur conseil et l'argument que, pour la stabilité du garage adjacent, il fallait un «contrepoids» constructif. La bâtiment resta vide pendant des années, servit pendant quelque temps de magasin de décors au théâtre de la Monnaie et ne fut employé, comme centre culturel, qu'en septembre 1973 quand les centres culturels étaient devenus chose courante.

(105) Voir W. Worringer, *Abstraktion und Einfühlung* (1908).

(106) Citations de *Petites suggestions pour le grand chambardement*. Conférence tenue à l'ENSAAV à Bruxelles le 12 nov. 1975.
Pour «l'homme tout nu», voir: Le Corbusier, *L'Art Décoratif d'Aujourd'hui*, Paris 1925, p. 22.

(107) Dans *10 jaar architectuur*, dans *De Vlaamse Gids*, aug.-sept., 1974, n° 8-9, p. 32.
Voir: Le Corbusier, *L'Art Décoratif d'Aujourd'hui*, Paris 1925, p. 128.

(108) Voir note 35.

(109) Dans: *Où allons-nous?*, conférence tenue à l'ENSAAV à Bruxelles le 28 nov. 1966.

(110) Voir *La Construction en Belgique 1945-70*, p. 256.

(111) Voir J. De Roover, *De tentoonstelling het Nieuwe Bouwen*, dans *Bouwen en Wonen*, janv. 1954, n° 2, p. 68.

(112) Voir G. Bekaert, *Het Einde van de Architectuur*, Hasselt 1967.

(113) Dans *La Construction en Belgique 1945-70*, p. 23.

(114) Dans le dernier rapport de Braem pour le Prix Godecharle (1937), p. 12.

(115) Dans H. Roland Holst, *Droom en Daad*, dans *De Vrouw in het Woud*, 1912.

(116) Voir H. Roland Holst, *Wij zullen u niet zien, lichtende vrede*, dans *Tussen Twee Werelden*, 1923.

(117) Voir la note 31, et M. Tafuri, *Progetto e Utopia*, Laterza, Bari 1973.

(118) Voir G. Bekaert, *Slagvaardigheid*, conférence tenue à l'occasion des dix ans du département d'Architecture à l'Ecole Polytechnique d'Eindhoven (1977). Il est à noter que le plaidoyer optimiste pour la rénovation: *Naar een Nieuwe Synthese* (Vers une nouvelle synthèse) que Braem prononça à cette même occasion, eut un succès considérable parmi les ingénieurs d'Eindhoven.

1927
Croquis.
Sketch.

INTRODUCTION

In Belgian tradition, architecture has always been regarded as an artistic reality in its own right. Both conservatives and progressives from 1830 onwards, spoke and wrote about architecture in the traditional terms of aesthetics, construction and function.

The three Vitruvian categories changed form and meaning over the years but continued to provide the framework for architectural thought, while at the same time fixing its limits (1).

The idea that architecture is correlative with the structure of society is present, latently, in the tradition of Belgian modernism, surfacing at times of 'open' ideological conditions (2).

Renaat Braem occupies a special position within this tradition. He has long been regarded as the leading exponent of modern architecture in Flanders (and in Belgium), not only because of the many buildings he designed, but also because of the explicit ideology which accompanied his creative activities. In his teaching practice and in his countless lectures and publications, he pitted himself against established building practices with unflagging energy. He spared no effort to obtain a 'total architecture', a total organization of the human environment which, he felt, would act as a 'lever' to create a 'liberated' socialist society. The more his opinions conflicted with the prevaling ideological background (in his youth during the rise of Fascism and especially after World War Two during the Cold War period), the greater became the conviction with which he took up their defence. In the Belgian architectural world, which thought it was inventing modern architecture in the ideological vacuum of the 1950s, Braem's lectures and publications were the only substancial reference, both for his advocates and his opponents. For this reason Geert Bekaert described him as the most important Belgian theorist of his period (3).

In the course of the Sixties, other ideas came to the fore and Braem, who continued to defend his views, most strikingly in his virulent pamphlet *The Ugliest Country in the World,* gradually had to face growing reserve and criticism. Some of this criticism was justified by the contradictions in his reasoning and actions, but it was also shortsighted, based on the slogans which Braem used to summarize his ideas.

The present essay will make a historical analysis of his development, in order to shed some light on the achievements of the man who put his stamp on post-war Belgian architecture.

It will trace the origins and evolution of Braem's ideas and work and will point out how the open-minded idealism of his youth was still present later, despite a number of transformations. This could be called a private history, but it is more than just that. For although Braem's theory and work may seem highly idiosyncratic, their meaning can be grasped only when situated in a social and cultural context.

If the prevailing ideology did not have a direct influence on Braem, it certainly conditioned the problems against which he reacted. For this reason, the essay includes a selective cross-section of the cultural and social life of his period. The perspectives he opened may provide references for a study in depth of modern Belgian architecture.

Special attention has been paid to the period of Braem's training, because it was then that he established the foundation for the ideas he was later to teach and would try to apply. The origins of Braem's ideology can be traced back to the Thirties, when the contrasts with which he is still confronted today were already visible. Braem's ideology will then be summarized and checked against his practice, with reference to a number of exemplary post-war achievements. Finally, the comparison between his ideology and the architectural metaphors he used will be confronted with prevalent ideas and current developments in Belgium. This will enable the authors to outline the significance of an oeuvre and professional attitude which are a paradigm for the controversial optimism of an entire generation.

(1) This tradition runs from the 19th century Eclectics, via progressives such as Jobard and Guillery, the writings of van de Velde, Pompe and De Koninck, to the avant-garde journal 7 Arts, not taking into account the socialism of the Bourgeois brothers.

(2) The most striking moments are the period of 1886-1896 when L'Art Moderne was publishing ideological articles by Kropotkin, the young van de Velde and E. Picard; the period of 1919-1921, the reforming optimism of which is reflected in the Rollandism of L'Art Libre; and the period of 1966-1970, a frustrated revolutionary urge which still echoes on nostalgically today.

(3) Cf. Bouwen in België 1945-1970, Brussels 1971, p. 61.

1928
Dessin.
Drawing.

1929
Dessin, pastel et gouache.
Drawing, pastel and gouache.

YOUTH AND EDUCATION 1910-1935

YOUTH 1910-1926

From childhood onwards, Renaat Braem was guided by two ruling passions: drawing and ideology. He drew 'from the cradle', a spontaneous means of expression which gradually developed into a second language, a visual form of reasoning. On the other hand, when still at school Braem felt an impulse to create his own 'world system': an embryonic form of ideological thought, the basis for his future political views (1).

The two interests acted on each other. In time, his artistic gifts enabled him to cast his ideology into graphic terms, while the subjects of his drawings often had an ideological tinge (2). The strands were to unite later in architecture.

This impulse was not unconnected with the modest surroundings into which he was born and grew up. His mother, Catherine van den Oever, was related to the humanitarian expressionist poet Karel van den Oever. His father, Antoon Braem, was a Flemish liberal who had inherited an active anticlericalism from his upbringing in a Catholic boarding school. Having abandoned an adventurous plan to settle in Brazil as a coffee planter, he qualified as a self-

taught pharmacist's assistant. He remained an unconventional positivist, a 'practical idealist with long hair and sandals', who fulfilled his urge for action by becoming a leading gymnast at the South Antwerp Gymnasts' and Markmen's Club. He also showed an interest in the visual arts and was a friend of Kurt Preiser, a realist artist who painted scenes of Antwerp popular life. This helped him appreciate his son's graphic talent and made him take up the habit of visiting all the Antwerp art galleries with him on Sundays. He nevertheless advised his son not to become a painter but an architect, a profession which would enable him both to make a living and go on drawing, he said (his stepfather and stepbrothers were building contractors).

Quite naturally, in view of his atheistic and positivistic convictions, Antoon Braem gave his son a secular education, continued afterwards at the municipal school in the Van Maerlantstraat and then at the Koninklijk Atheneum (secondary school). For this reason, despite a trend in Catholic Flanders and in Flemish nationalist circles, Renaat Braem was not given religious instruction in his youth.

The fact that he escaped being inoculated with a denominational image of the world contribu-

1927 R. Braem, étude de façade.
R. Braem, housing project.

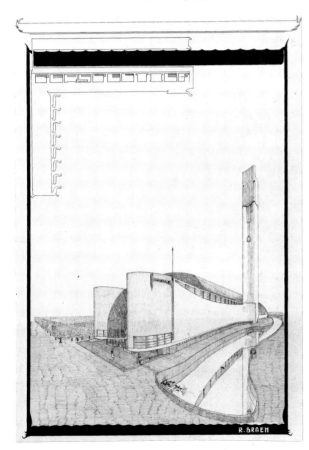

1928 R. Braem, esquisse de bâtiment public.
R. Braem, sketch for a public building.

ted to the urge he felt to find his own answers to existential questions. Because he was not content with an all-embracing system that claimed to have all the answers, he asked his own questions and tried to picture the structure of a world without centre. However innocent and sketchy this youthful free-thinking may have been, it provided the impetus for a personal and unconventional way of thinking which led him to conscious social reflections in adolescence and later to the adoption of radical political stands. Braem adopted his first political convictions from his father, a member of the Flemish Nationalist Party. Founded in 1919 by ex-servicemen from the Yser front, this party aimed at equal rights and self-determination for the Flemish and in the 1920s defended a humanitarian, antimilitaristic and pacifist ideology in the newspaper *De Schelde,* read in the Braem household.

Flemish humanitarianism and expressionism

At the age of 16, having completed his third year of science studies in secondary school, Braem enthusiastically started architectural studies at the Royal Academy of Fine Arts in Antwerp. During the previous summer holidays, he had already prepared himself for them by making his own design exercices: a house in Sezession style, inspired by illustrations in popular interior design magazines, and a number of monumental buildings in the same style as the end-of-studies projects he had seen at the Academy's annual exhibition. During his first two years in Pol Berger's studio, he applied himself to the study and reproduction of various techniques of the classic orders. As was the custom ever since Perrault's time, Berger introduced classic formal language to his students as a conventional system without any specific content. Furthermore, in a remarkable course, the art history teacher Ary Delen treated architecture as a subdivision of a subject which stopped with the 19th century. Braem was not satisfied and, stim-

1928-30 W.H. Dudok, Hôtel de Ville d'Hilversum.
W.H. Dudok, Hilversum Town Hall.

1928 R. Braem, projet d'Hôtel de Ville.
R. Braem, project for a Town Hall.

ulated by E. Gugel's *'De Geschiedenis van de Bouwstijlen'* (a book he had been given by his father), he went in search of reading matter and pictures in the Academy's library and in the nearby city library, where he read the Antwerp newspaper *De Bouwgids,* Berlage's *Schoonheid in Samenleving* and van de Velde's *Formules de la beauté architectonique moderne.* Berlage revealed the historical links between ideology and architecture. With regards to the present and the immediate future, he linked a humanitarian socialism with modern architecture, the 'new community art', according to him (3). In van de Velde's work, he was particularly struck by the author's exciting analysis of the 'spatio-dynamic' and organic character of the new architecture, and more specifically by van de Velde's 'AMO', a penetrating association between the new beauty and the vital forms of nature. In both authors, he found annihilating criticism of 19th century eclecticism and a passion for the development of a new contemporary architecture.

He later discovered the magazine *Wendingen,* which struck him for Wijdeveld's exalted romantic writing style (which fitted well with the romantic humanism of the Nationalist Party), but mainly for the virtuoso expressionism of the Amsterdam School associated with the magazine.

Wijdeveld considered the *Wendingen* (phrasings), the multiform visual expressions he published in his magazine, as *'premonitions of a period in which we will see clearly again and in which an agreement will be found', 'tidings from the world of seekers, brief reports from those who, with quiet gaze and regular pulse, like guiding forces lead the investigations and steer the currents', 'phrasing (...), full of powerful impetus, opening the way to the coming harmony'* (4). Braem placed himself among the 'seekers' and, with an almost insatiable urge to draw, explored — on top of the academic tasks he conscientiously fulfilled — the *Wendingen* described by Wijdeveld. He did not publish examples, but assimilated their organic or geometric language. He moulded, transformed and produced a remarkable series of architectural capriccios: dwellings, country houses, churches, exhibition and festival halls, Palaces of Justice and a number of other nondescript buildings, both large and small. In doing so during the first two years of his studies, he assimilated and adapted the organic language of De Klerk, Kramer and Wijdeveld, Poelzig and Scharoun, the geometric language of Art Déco (in a few carefully composed façades), Frank Lloyd Wright (in heavy and compact as well as light and open compositions), of Wright interpreted by Dudok (the most mature drawings of the series) or: the 'Radio Telefonis Uitzend Stasion' by Wils, a radio-telephone station where, in accordance with the connection established by Wils between Wright and futurism (5), the Wrightian projections visualize the dynamics of airwaves. In some of these fantasies, formal exploration coincides with a search for meaning. The pencil sketch of 'Man and Nature' shows a Hildo Krop-style figure, rising like a demiurge from the anonymous mass. This is accompanied by a pathetic discharge: culture is produced when a form of awareness springs from the quasi-natural, still vegetal substratum of the mass. This 'élan vital', the upsurge emerging from this drawing which gives it its meaning, not only characterizes many of Braem's architectural *Wendingen* of the period, but frequently reappears later as a leitmotiv in his architectural work. A few associations in his Dudok-like studies show his plan to develop an architecture that tries to convey its message through a monumental transposition of 'mankind' (a man with a high forehead which implies a big brain, according to Braem).

Nevertheless, Braem's studies of architectural form during that period include only outside volumes — a procedure characteristic of the Amsterdam school for which the outside form was meant to be an expression of the dynamics attributed to the united functions, rather than an expression of the functions themselves. For his expressionist exercices, Braem saved himself the trouble of working out plans or cross-sections. What really mattered to him was to find a contemporary formal language, an alternative to academic language.

In this sense, the academic programme does seem to have had an influence on his explorings. When the latter took on a more factual direction, this was undoubtedly connected with the third-year studio programme under Antoon de Mol: the solving and development of details of design. Another motive lies in the fact that he became acquainted, via Belgian papers such as *De Bouwgids* and *La Cité,* with concrete and more prosaic modern achievements in his own country, which he regularly went to discover on cycling tours with his classmate Leopold Hendrickx (6): the expressionism toned down to Art Deco of Eduard Van Steenbergen (urban and rural dwellings, and the Unitas estate at Deurne (1923-27)), and the more functionalist residential building complexes by Alfons Francken (1921-31). In 1927, *La Cité* published (7) a view of the Lenglet residence by Louis-Herman de Koninck, and in the same year Le Corbusier's Guiette residence was built (under the supervision of Paul Smekens) at the Populierenlaan. Soon after, he came into direct contact with everyday architectural practice. From his third year onwards he worked as a trainee with architect Arthur Smet. It was not only formal and technical motives that made Braem turn away from Wijdeveld's impetuous optimism. His change of course was also connected with a complete change of views. The years during which he assimilated the vitalistic *Wendingen* coincided with the period during which the ideas of the nationalist movement left a visible mark on the political climate in Flanders, particularly in Antwerp. The most striking sign of this were the so-called Borms elections in December 1928. These years also coincided with the economic boom of the Twenties which came to an abrupt end with the Wall Street crash in October 1929. In May of the same year, the nationalist party won an impressive election victory, but in the subsequent years community problems (although closely interwoven with social problems) were relegated to the background by the growing economic crisis which gradually acted as a catalyst for a radicalization of ideas. This also applied to Braem. In 1928, he still took part in Flemish humanistic aspirations and founded with Karel Tielemans (one of Stan Leurs's draughtsmen), the Joe English Guild, an association of Academy students who wanted to form a contemporary Flemish culture in their work and activities. But as time went on a polarization also occurred in this guild. While some members (including Tielemans) moved from humanitarianism to authoritarianism, another group (including Braem) chose the opposite ideological direction. This group grew increasingly convinced that the Flemish struggle was first and foremost a social one (8).

Socialism and constructivism

Braem says that the catalyst for his new orientation was a talk by Jef Van Exterghem (9) and his contacts with Albert De Roover, the perspective teacher at the Academy, who also gave a course, *Decorative Arts on a Geometric Basis,* inspired by the Dutch symbolist painter W.A. Van Konijnenburg. As a free apprentice in De Roover's studio, Braem produced a number of concentrated, expressive works. De Roover, a convinced socialist, spotted the ideological interest of the young architecture student and gave him books by Herman Gorter, Henriette Roland-Holst and Jozef Dietzgen (10). These works were a stirring experience for Braem although, according to him, they merely confirmed what he had felt long before but had been unable to express.
It was not until four years later, in the spring of 1932, that he met Julien Schillemans in the Architecture Club (the KVB, the youth division of the KMBA), a convinced communist who had just put the finishing touch to his de-urbanising vision of a communist world complex, a chain of concentric linear towns, each meant for 35 million inhabitants (11).
Braem's new ideological stand changed his views on architecture. He discovered new magazines which tried to cope in a more practical way with the problems of the time: *Die Form* (1925-34) and *Das Neue Frankfurt* (1928-31). He also acquired the habit of reading *Monde* (1928-35), Henri Barbusse's politico-cultural weekly, which showed pronounced and partisan sympathies for the social development in the USSR and provided information on Soviet architecture and town planning (12). He found similar infor-

mation in the magazine *L'URSS en construction,* distributed by the Soviet Information Service.

Meanwhile, his formal development proceeded gradually. In April 1929, he came to the International Style, via some inverted Dudok interpretations. In a project for two small houses reminiscent of De Koninck's houses in the Avenue Fond'Roy in Uccle he united the idiom of De Koninck and Van Steenbergen. In complement to this and in view of international developments — the second CIAM congress held in Frankfurt in October 1929 on the theme *'die Wohnung für das Existenzminimum'* — he designed two 'minimal' dwellings in August 1929. They are not formally inspired by the examples from *Das Neue Frankfurt,* but once again by De Koninck (perspective with unfilled corner lines included) and Hoste (the general articulation of his housing estates at Zelzate and Kapelleveld). From his fourth year onwards, the first year to include composition tasks, Braem gave up extra curricular design, and got his formal explorings to coincide with the solution and development of studio tasks. Partly to win the favours of Evrard, the conservative studio supervisor, he handed in his first composition exercises in an 'expensive', extremely careful presentation: a garden bench with pergola in which he combined Corbusian form and Wrightian dynamics, an unreal pavilion by a pond in a park, and a dynamically articulated hunting lodge with a smooth tiled façade. With his virtuoso drawing technique (he was equally skilled with his left and right hands) and his restless originality, Braem quickly gained a leading position in the studio, a somewhat emancipated position in which he was able to break with composition and presentation conventions. He seemed to draw his energy from an inclination to stem the tide. His first desire was to free his own medium from rules. Despite this reverse reasoning, his convincing graphic gifts helped him obtain the highest marks. Later on, he revealed his personal, more objective idiom in a number of projects. Although even here we can spot visible influences, from constructivism to the Bauhaus, the projects mark the beginning of what was to become a personal style in his post-war realiza-

tions. In his projects for a school and a hotel where the functions dissolve into tiled and vitrified geometric volumes, strictly and obstinately rhythmed, he created a Flemish 'Tendenza' before the date (13). He presented these primary volumes as though they were autonomous machines against a dark and disquieting sky, which makes them appear to be a strong affirmation of an invariable geometric 'truth', in contrast to the increasingly less comprehensible and reliable environment.

In a more important project for a 'Sailors' home', he assimilated the primary volumes to a somewhat heavy constructivist composition, otherwise based on a simple functionalist plan.

On the other hand, there are a series of refreshing abstract gouache compositions, pictural exercises with geometric elements, at first loosely juxtaposed, then growing increasingly intricate. These studies could be compared to the purist experiments carried out by Le Corbusier ten years earlier to build his own purely formal system. Braem left out the organic elements, thus provoking 'secondary sensations'. (Braem had had enough of them, for the time being, after his expressionistic exercises). Later on he tried, unsuccessfully, to combine this ideal formal world with the human figure.

In the course of the same year, 1930, a World Exhibition was held in Antwerp to celebrate the centennial anniversary of Belgium. The building land at the east of the city centre, in the Van Rijswijcklaan, was planted by J. Smolderen; the buildings were designed by different architects. Smolderen himself built the Christus Koningkerk, in Byzantine Art Déco style. The pavilions designed by Van Averbeke were slightly more modern — one for the city of Antwerp, the other for Flemish Art (situated in the Pestalozzistraat, it was later transformed into a school). The most up to date were the pavilions by Leon Stijnen, one for the Decorative Arts and one for the De Beuckelaer Company. After the exhibition, the pavilions, which were mostly in plaster, were pulled down, but the street structure designed by Smolderen remained; the land was cut into plots and soon covered with houses. Some of these complexes are still the best examples of

1929 Couverture du journal Monde, 9 février. Cover of the newspaper, Monde, February 9.

1932 R. Braem. Affiche pour une exposition de la guilde Joe English. R. Braem. Poster for an exhibition of the Joe English Guild.

1931 De gauche à droite: Bogaert, Louis Stijnen, N. Kaplanski, R. Braem, J. Frickel, L. Hendrickx (debout à droite) et un soldat inconnu.
Left to right: Bogaert, Louis Stijnen, N. Kaplanski, R. Braem, J. Frickel, L. Hendrickx (standing right) and unidentified soldier.

modern architecture ever to be produced in Antwerp: the dwellings by Van Steenbergen in the Volhardingsstraat (1932), the apartments by Brosens in the Kolonielaan (1932) and by Hoste in the Tentoonstellingslaan (1934).

But at the time, Braem was mainly interested in the exhibition because his art history teacher, Ary Delen, obtained generous subsidies from a number of patrons for study tours at home and abroad. He took his students to Brussels, Ghent, Bruges, Paris and London where they completed the round of visits to museums. By chance during their stay in Paris, an exhibition organized by Gropius about the Werkbund was being held at the Salon des Artistes Décorateurs (the first German exhibition to be held in Paris after World War One). This 'shimmer of metal and glass' was a revelation to Braem. For the first time in his life he saw what he called the 'materialization of the great revolutionary schwung' of Russian constructivism, a convincing experience which strengthened and confirmed his enthusiasm for the direction he had chosen. He therefore participated with particular enthusiasm in the third CIAM congress in Brussels on the theme of 'high-rise and low-rise construction'. For the first time in his life, he saw and heard some of the 'pioneers' he admired: Gropius, Le Corbusier, May, and came into contact with the Belgian CIAM members Hoste and Bourgeois.

The influence of these contacts can be felt in the projects he studied during his fifth year in Jef Huygh's studio.

Under this modern expressionist, Braem developed an uncompromising international style, a cross between constructivism and the Bauhaus which appeared even more incisive because of its 'Russian' technique of representation: in drawings without any graphic fantasy but brightened with pictures of 'modern men', cut out from the German socialist magazine AIZ (*Arbeiter Illustrierte Zeitschrift*), he planned a 'rest home' and an 'urban block of houses in a part of town which is to be demolished' (in high-rise buildings to fit with the conclusions of the CIAM Brussels congress). From then on, as did the Bauhaus, he wrote all his texts in small let-

tering. He also started adding ideological comments to his projects. The 'total perspective' of the 'rest home', a linear construction on the edge of a forest by a lake, contains an encircled text which reveals his naive functionalist reasoning: *'we should appreciate architecture not only with the eye but also with the mind, through the abstract experience of the function of the volumes among themselves. Beauty? It will be present from the moment the problem has been biologically and statically solved'.* This text also hints at some of the heated discussions which enlivened the fifth year. The finalists, whom the generous Huygh thought were 'all geniuses', were divided among themselves into 'conservatives' like Louis Stijnen, 'moderate modernists' like Leopold Hendrickx, and 'obstinate modernists' like N. Kaplanski, J. Wellner and Braem himself (14).

The opinions Braem held at this time can be found in a number of texts he wrote for a stenciled journal of the Joe English Guild which appeared for only a year (1931). He adopted a tone which was completely different from Flemish romanticism or reports of excursions to the Kalmthout moors. In *Twee minuten architektuur* (two minutes of architecture), he rejected the romantic disorder of the existing old towns which many an artist seemed to like, but which were, in fact, unworthy environments for men. *'The most pressing task awaiting modern humanity is to fight the microbes by pulling down the old rubbish. Let the sun shine on men. Phtisis festers in the most picturesque alley-ways. The most unhealthy towns are the ones where the largest number of people worry about the preservation of urban aesthetics'.* He added: *'a sound architecture should be free of art, even though it may impose itself in classic or cubist forms. Architects should join those people who thrust aside art and exaggerated 'prestige' values in their attempt to build a sound culture'.* In the article *bouwen, woonmachines, liefde, enz.* (construction, residential machines, love, etc) he went further and described architecture as an organizational medium that can be used operatively in the construction of a new future society, *'after the revolution in economic rela-*

1929 Maison de campagne en béton.
Country house in concrete.

tions between the different classes which, in the not so far future, will have eshewed all class distinctions.' The new social life 'based on the collectivity' will require new types of housing: instead of separate houses, people will build 'residential blocks with centralized domestic services'. Architecture should reject all formal artistic theory and strive to achieve this aim. Modern techniques permit the realization of 'purely biological space-organisms', based on a scientific examination of the 'psychological and physiological functions'. In this respect, the specific task of the architect is to give construction a 'mental quality' he will later define as 'love of harmony' and 'love of man', a quality which exercises a 'purifying influence' on the users.

In a last article, Ideologische bovenbouw en economische onderbouw (Ideological superstructure and economic infrastructure), he calls art (in the for-mentioned sense) 'our weapon to activate the appearance of a new and more just economy from which a new culture can emerge. (...) the sharpness of this weapon will depend entirely upon our will. The most powerful weapon is personality and to develop this, each of us must develop his own five-year plan'. These ideas were clearly inspired by Russian constructivism. As early as 1921, in their Productivist Manifesto, Rodchenko and Stepanowa condemned art in favour of technical science. The idea that architecture, grounded in science, should contribute, through its organizational structure, to the construction of a new society is also present in the ideology of the OSA (the Society of Contemporary Architects) (15).

As far as we went back and as far as Braem himself can remember he was never given access to these sources and was inspired by what he had read in Gorter and Roland Holst (16).

But the revolutionary hope reflected in these writings was not based on Braem's intuition only. At the time, it was the hope of several leftist movements that this economic crisis was the

115

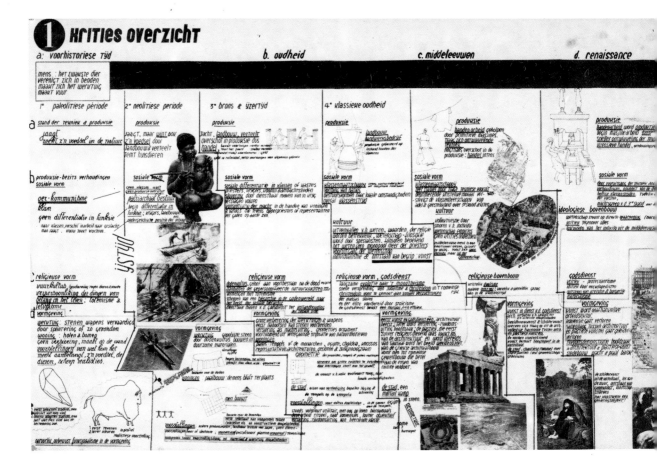

1933 Aperçu matérialiste historique de la culture occidentale.
Historical materialist view of Western culture.

last, the one predicted by Marx which would generate the total collapse of the capitalist system, at the same time as the fullfilment of socialism (17). As has already been pointed out in respect to the Joe English Guild, the crisis also led to a radicalization towards the right. The middle-classes, feeling threatened by proletarization, were inclined to cling to politicians who supported the 'new order'. In October 1931, when Braem published his first three articles, Joris van Severen founded the VERDINASO, a party which wanted to fulfill the concept of a corporate society and create an autonomous 'Dutch' state.

This climate also affected the cultural life. The stress shifted increasingly towards traditional, supposedly stable values. Braem, too, had to give in to the growing need for monumentality in his last project for the Academy. In his project for a 'central station' he made a compromise between constructivist language and academic, axial composition. He was awarded the 'Grote Prijs voor Architecture' (the Grand Prix for architecture).

NATIONAL HIGHER INSTITUTE
OF FINE ARTS 1931-35
PLAN IDEOLOGY AND 'DESURBANIZATION'

Having finished his studies at the Academy, Braem enrolled as a student at the National Higher Institute of Fine Arts where he worked

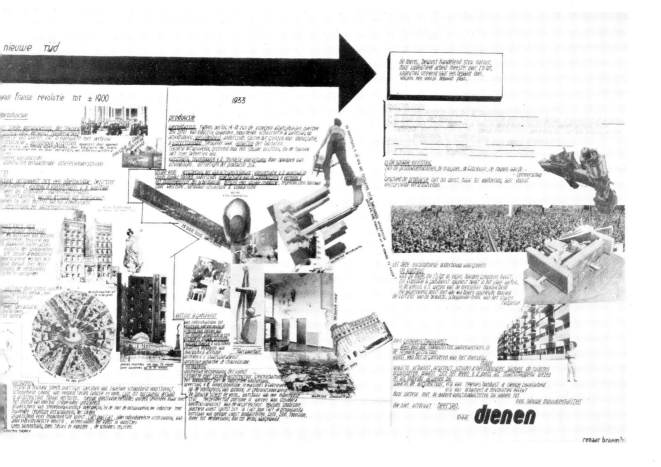

for three years in Jozef Smolderen's studio, with an interruption from July 1932 to September 1933 during which time he served in the army. At the beginning of this period, he was given his first real assignment, or at least what seemed to be one. An Antwerp opera singer asked him to build a hotel in Laroche-en-Ardennes. He worked on the project with M. Segers, a young architect he met working as an apprentice in the studio of architect Smet. The construction of the building was started some years later, until it was found that the building ground has not been paid for. The building contractors and architects were never paid either, and the concrete substructure remained on the site like a constructivist ruin. Stories of this sort were merely symptomatic of the spreading economic chaos of the 1930s. The economic crisis really made itself felt in Belgium after the 'Jubilee' of 1930 when it led to devaluation, social disorder and polarization to the right and to the left.

In this climate, many Eastern and Western governments grew convinced that an orthodox liberal economy was no longer effective and that production needed to be organized. After the relative liberalism of the NEP (New Economic Politics), called into existence by Lenin in 1921, Stalin's USSR began to organize its production and economic development according to five year plans, from 1928 onwards. At the same time in England, Keynes worked out his *General Theory,* published in 1936. In the United

States, Roosevelt launched his *New Deal* in 1933, the year in which Hitler came to power in Germany and set up a new economic order. In Belgium it was Hendrik de Man who evolved from Marxism to reformism and took the lead as the theorist of planned socialism (18).

This climate affected Braem. After his military service, a period during which he produced a number of splenetic Surrealistic architectural perspectives, he felt the urge for a fundamental reorientation. He drew up a detailed historical and materialistic survey of the development of 'produksie-kultuur-kunst' (production, culture, art) from prehistoric days until 1933. He made a schematic analysis of 'production, social structure, religious superstructure and form' for each period, illustrated with reproductions or drawings. The pamphlet ends with the same views Braem expressed in his articles for the Joe English Guild. By 1933, man would be *a consciously acting element of nature who, because of collective activities, can keep entire control over his fate and work communally towards a specific aim, following a previously established plan*. In a complementary scheme, *'doelstelling'* (target 1934), he described its consequences on architecture: architecture would become the *'art of the organization of the human environment'*, a *'total architecture'*, resulting from a synthesis of the arts which are made entirely subservient to an objective aim, dictated by reason. What exactly this target consisted of, he revealed extensively a few months later. In the meantime, he also attempted to visualize this aim in a 'plan'. It was obviously not an economic plan like Hendrik de Man's, or a general plan like Paul Otlet's, but an urban architectural plan, operational and representative within the context of an imaginary, communist five-year plan, made to Belgian measurements (19).

In line with a respectable tradition in socialist aesthetics (Ruskin, Morris, van de Velde, Berlage) he saw a clear link, an interaction between economic and spatial, formal chaos, and considered it his task to solve this chaos in a total, all-embracing plan. It consisted of a 'linear town', 100 kms long, stretching between Antwerp and Liege. The 'town' was made up of six parallel belts: a transport belt (the Albert Canal, possibly with a parallel railway track), an industrial belt, a motorway, a residential area, nature and 'small-scale farming'.

The project is slightly less utopic than Schillemans's 'world town' because it is located in a defined area (along the Albert Canal) and because it is meant as a residence for families, not communes. It is directly inspired by the original Soviet model, such as the project for the reconstruction of Stalingrad, developed in 1928 by Milyutin: a linear town, 80 kms long, comprising a railway track, industry, green zones, roads, dwellings, a park and the Volga. This also appears in Braem's comments in which he based his project on Milyutin's idea of the production chain: *'housing should be organized in relation to production, industry can develop along the lines which offer easy traffic between the 'natural' production areas, mines, etc. and the export places, ports, road junctions etc. the residential areas must follow these lines. The inhabitants should have the same central institutions at their disposal as the inhabitants of the concentrated town'* (20).

The 'total architecture' under which Braem placed his production-related housing scheme appears naively technocratic. The residential zone consists of an endless series of parallel residential surfaces, 300 metres long and 16 metres wide, 10 to 20 double stories high (or 60 to 120 m) and 300 metres away from each other. The pure, entirely vitrified volumes, rhythmed by the pavements only, stretch out like immaterial formations into the moors — probably the Kalmthout moors, the favourite excursion area of the Joe English Guild. In the open spaces between the glass walls that face each other, healthy and cheerful young people relax and play, enjoying their liberation from middle-class society.

As a part of his linear town, Braem also conceived an 'absolute theatre', one of the best examples of his 'reverse' reasoning. From a scheme on the evolution of theatre from the prehistoric period to Piscator, he concluded that Gropius and Lissitsky's architecture did not draw the right consequences from the reality of contemporary theatre. *'They both imagine an arena-shaped stage in the middle of the public. the play is a performance around which the public gathers and sits... watching. the public should be involved in the action, should enter the game. the absolute consequence of this would be: to build the stage around the public'.* Braem designed a round auditorium, with a ring-shaped stage around it. The 2,400 seats all turn on their axes, even the auditorium revolves around its axis. Braem was convinced that such structures were exactly what the 'collective theatre of the future' would need. They could even be used for productions of the classics, as the public could watch the part of the stage where the action was taking place, thus rendering superfluous all scene changes.

Braem occupied a special position at the annual exhibition of the Higher Institute in the Town Festival Hall on the Meir. It was the first overall town planning project in the history of the Higher Institute (and probably of Belgian architectural education in general); the unusual and bold originality of his architecture contrasted sharply with the conformist, heavy Art Déco of his fellow students (a town hall by F. Laporta, a tower by V. Blommaert and a basilica by J. Schellekens). This is probably why his project did not escape the attention of the press. E. van der Praal wrote in *KMBA: 'As a student, Renaat Braem could almost be called an outsider. He tries to represent the influence architecture has had on humanity throughout history by criticizing its present-day form by means of visualized, well-balanced examples, unfolding like films before our eyes. Eloquent criticism! (...) Through all-embracing ideas for a new universal architecture, Braem tries to build a better future in a better world, probably for a new mankind? Those who would like to share his ideas may understand what he means'* (21).

Sympathetic, and sometimes more lucid than Braem felt, were the comments Hubert Colleye the art critic wrote in *La Métropole: 'Le jeune homme (Renaat Braem) qui, dans l'exposition de la classe du maître Smolderen, fait, à l'ahurissement de beaucoup, du bolchevisme en* *plans synoptiques sur les cloisons de la Salle des Fêtes, n'est, au fond qu'un traditionaliste renforcé. On ne peut même pas dire qu'il s'ignore. Ne s'autorise-t-il pas expressément de la tradition pour émettre une vérité générale qui sera la base de sa vie? (...) Il y a, évidemment, beaucoup de raideur dans ces démonstrations de jeunes gens, parce qu'elles se veulent absolues. C'est pourquoi on les peut dire utopiques. Mais il ne peut s'agir de les rejeter. Eux seuls, après tout, ont raison; mais, presque toujours, ils ont trop raison. La vie se chargera de le leur montrer; ils entreront dans le domaine de la contingence. Ils auraient tort de le redouter; ne proclament-ils pas eux-mêmes que l'art doit 'servir'? Or, les hommes ne sont pas des anges; et la terre n'est pas le paradis'* (22).

FORMULATION OF A PERSONAL IDEOLOGY 1934

'A general truth on which his life would be based' preoccupied Braem at the time. He continued the search he had begun with a series of ideological schemes in a number of remarkable articles, published in the monthly magazine of the *'Koninklijke Maatschappij der Bouwmeesters van Antwerpen'* (The Royal Society of Antwerp Architects) (23), in which he examined critically and rejected most of the elements of the dominant architectural trends of the moment (Le Corbusier and Functionalism), (*'starting from scratch again'*). He rejected many of the values he had once worshipped and made up his own conception of architecture, *'towards an architecture'.* These writings can be ranked among his most important in the abundant literature with which he came up in his ever-increasing urge to write. It seems worthwhile to take a closer look at them.

In *'waarheen? proeve van oriënting'* (whereto? an attempt at orientation) he begins by saying that the aim of the real pioneers of modern architecture, van de Velde, Berlage, Loos and Gropius (24), was to come to a *'community art, rooted in sounder social structures; which would be the most noble expression of a new culture impregnated with a new religiosity, a* hopeful new dawn after a long night of individualism and fake civilization'. He then makes a sharp analysis, a frontal attack on the work of the 'comet le corbusier', 'a publicity genius', 'the rubens of 1934': 'the complete absence of a clearly defined or deductible social basis is striking in Le Corbusier. when considered more closely, Le Corbusier's entire town planning system becomes untenable and completely senseless because of the lack of such a basis. his town planning schemes are organized in a collectivist way, no class distinctions as to housing can be found. we are confronted with a classless society. yet his town is planned in function of our present-day economy! in the centre we find the 'business centre', the trusts, banks, big halls, gathered together in glass skyscrapers with exactly the same dimensions and standardized interior design — a threefold utopia!:

1° the fact that he proposes this 'business centre' proves that our society is based on capitalism. therefore equal housing for everyone, as it is represented in the 'rendents' becomes impossible.

2° Concerning the 'business centre' itself, the concentration of funds is not yet so high that trusts and banks, while seriously competing with one another, will like the idea of being housed under the same roof. power and display of power are inseparable. the most important bank will want the richest building, etc., etc.;

3° the very idea of town planning and functional plans for entire towns is nonsense. isn't this system based precisely on disorder? therefore Le Corbusier's town planning schemes, however attractive they are, can hardly be called realistic. one could reply that he creates utopianism consciously. indeed! but why does he involve business, the stock market, etc. in his utopic dreams? Le Corbusier's hymn to the industrialist, the chapter 'architecture or révolution' in 'towards an architecture' gives us the key. (...) with his plans, he wants to create the illusion that in the horrible chaos in which we live — with some willingness — light, air and sunshine, the basic joys, can be brought to everyone. we know that this is impossible without the inevitable social changes Le Corbusier so willingly overlooks, and the study of which should be at the basis of a new conception of architecture'.

He then describes Le Corbusier's architecture, starting with his famous definition 'L'architecture est le jeu savant, correct et magnifique des volumes assemblés sous la lumière', as a kind of sculpture in which plastic effect dominates, 'abstract statuary art, where one can go and take a quiet walk and let oneself be impregnated with plastic impressions'. 'the last trump in the hands of bourgeois art for art's sake, hidden behind an avant-garde mask'. In short, 'far from being the best representative of functionalist architecture, Le Corbusier is its greatest enemy'.

In a second article, he wrote a criticism of functionalist architecture (the Dutch 'Nieuwe Zakelijkheid'). After having rejected a definition by Huib Hoste (25) for being too general, he distinguishes two leanings within the movement: first the negative, machinist aesthetics of turbines and dynamos which 'smell of petrol', an anti-movement 'necessary for the cleaning up of the Augean stables of architecture, but devoid of any positive, constructive meaning'. In other words, he rejects the 'shabby formalism' of the Russian constructivists 'which in spirit and form is related to the boastful language of the Italian futurists', and gladly notices that even the Russians have abandoned 'fiddling around' as well as 'formalism à la Le Corbusier'.

To this he opposed the 'really healthy movement which has gone beyond the limits of objectivity and contains the roots from which the sap necessary to the blooming of a total architecture will flow whenever the social substructure is ready'. With reference to this matter he quoted Van Loghem: 'the architect must contribute to the formation of the new human being', and added that this opinion corresponded to the ethics of the fourth class, tomorrow's ruling class. The aim of the movement, he says, is not, like Le Corbusier, to create form, but to put itself at the service of life — objectively and with no individual pretentions.

The title of his following article, however, was

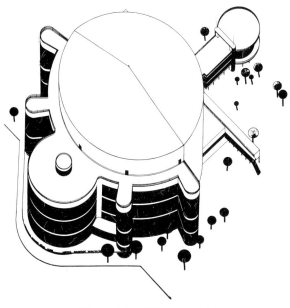

1934 Projet de théâtre populaire.
Project for a public theatre.

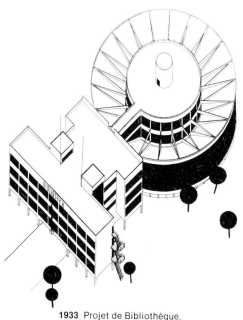

1933 Projet de Bibliothèque.
Project for a library.

'herbeginnen van 0' ('starting from scratch again'), in which he discovered the failure of the *'neue sachlichkeit'* in Germany, which he called the failure of the ideals of an entire generation, the fatal fiasco of 50 years of action, and which he blamed on *'too great a willingness to make compromises and far too vague objectives'.* To stay out of this he wanted to *'define once and for all his attitude towards the burning problems which mobilize our attention'. 'We must define our position, work out routes, bar the misleading paths'.* He then described the main problem as follows: *'how and to what extent can architecture, THE ART OF THE ORGANIZATION OF THE HUMAN ENVIRONMENT, make people happier, under what conditions can this happiness be shared by the largest possible number of people?'*

In answer to this question he developed a *'concise sociology for architects'* in twelve points. Perhaps a better definition would be: *'historical materialism. an explanation for architects'* (26). After a brief explanation in eight points of the 'substructure', he moves on to the superstructure. According to him, in times of social harmony, art is the harmonious expression of the ideals of the community, whereas in times of sharp class distinctions this unity can no longer exist. In situations of this kind, art becomes a weapon in the social struggle. Referring to architecture, he then asks the 'critical question': *'should the architect simply adapt to the changing circumstances of life, or should he actively act upon life, by creating new volumes and by guiding the people in their way of living; consequently, should he fight to obtain the social conditions necessary for this change? (...) What should the attitude of the architect be in the struggle of the different classes for the means of production?'* The answer he then develops is the following: *'to us, the struggle for a new architecture irrefutably implies the struggle for a new, better life style. there is no way out of these iron dialectics: we need a new architecture to make a new mankind, and a new mankind to build a new architecture.'* (27).

He continues his exposé with an economic analysis, in Marxist terms, of the existing crisis, and comes up against the paradox that in uneven production relations, the over-development of the means of production (technical science) causes misery instead of bringing prosperity. The only way for us to understand this process objectively and to interfere with it is through *'the new objective science'* (Marxism), a science which *'brings us the certainty that mankind, once it will have given up present-day class distinctions, will develop according to a certain plan in a previously determined direction; the material conditions for this are the following: production, not for the sake of profit but to cope with the statistically calculated consumer demands, utmost perfection of technical sciences, total use of the productive energy for greater general prosperity. this social and economic substructure will be covered by a cultural superstructure, bringing us inner certainty, a sense of the utility of labour, new ethics, making us aware once again of human dignity, and bringing us a new belief from which will spring a community art, the noblest and most beautiful art mankind will ever have seen'.*

In a fourth article, *'Towards an architecture'*, he goes on to say that the condition for such a future lies in the *'temporary rule of the fourth class, which has the historical task of abolishing all class distinctions and therefore of destroying itself as a social class, thus creating a social order in which class interests make place for general human interest, a social order in which, on the cultural level, we can at long last disregard the narrow class-bound point of view and come to a purely human reasoning'.* From then on, the ideology, culture and values of the ideal worker will establish the standards; and the architecture Braem has in mind should be conceived according to these standards. Seen from this angle, *'the new architectonic creation is a conscious form of social action, with the aim of creating a happy humanity'.*

Its only possible bases are the *'underlying opinions shared by large groups of people'.* It must be a community art of which painting and sculpture are an integral part. *'the architect creates a functional ensemble of volumes, made according to physical and psychological demands, in other words, some sort of an objective framework for the accomplishment of certain vital functions. the volumes are built, linked together and related to their environment in such a way that they act on the lives of their users, not seen according to the personal opinion of the architect, but based on general objectives, aiming at a higher humanity, thus excluding all ostentation and representation, all play and deliberate luxury.* As an artist, the architect *'with the aim to serve, and without going beyond the limits of a rational frame, inspired by the ideals of the masses',* must materialise those ideals in a penetrating active form. the architect has to give shape, individually and subjectively, to the objective problem of organizing the human environment. and not to give shape in individual forms, which is entirely different!'*

Artistic value, the quality of architecture, not only depend on the architect's skill and intuition, but also on the enthusiasm and love he puts into his work. The new architect must refuse all academic legacies and consciously feel part of nature, inspire his methods from the creative principles of nature itself: the principle of minimal effort for maximal result, borrowed from Leibniz's physics and materialized in the 'intelligible' paradigms of harmony between function and form, in examples such as honeycombs and cobwebs. If some of the reasoning in Braem's extensively quoted writings may sound familiar today, or even look cliched, one should bear in mind that the ideological foundations for the architecture he was developing here, at that time, were unique in the history of Belgian architecture. De Koninck and Bourgeois, despite their socialist inspirations, took a completely neutral, apolitical, technico-aesthetic stand in their writings (28). Hoste occasionally made an ideological comment but generally thought in functionalist terms in which 'function', while determining the spiritual content, refers to construction material, usage, as well as organization and psychological experience (29). If Braem's ideas have become public property today, this is in great deal due to the fact that ever since 1934, he kept spreading them around in different forms and with ever-increasing zeal. Even outside Belgium, apart from the USSR, an explicit architectural ideology was rare. Not only was it absent in apolitical classics such as Le Corbusier, Gropius and Mies, but also in a socialist such as H. Meyer. J.B. van Loghem was one of the few Western architects to situate architecture explicitly within the production relations and their possible transformation. Braem indeed used his book *Bouwen, nieuwe zakelijkheid* (1932) to write his articles and frequently quoted passages from it. This book and a cycling tour through Holland with Jul De Roover (Albert's son) some time before, were probably the reasons why he admired Dutch functionalism at the time. Jul De Roover can still recall how, surrounded by the perfect and fresh volumes of Oud's Kiefhoek at Rotterdam, they were both overwhelmed by the idea that people just had to become socialists in such an environment. Their visit to Van Nelle probably also made Braem opt for continuous glass walls in his linear towns. It is surprising, though, that he rejected Russian constructivism so soon after the machinist concept and aesthetics of his linear town. When asked the question today, Braem declares that the theory had got one step ahead of the practice. Maybe this sudden change of attitude was due to the evolution in the USSR (about which he had been informed, as appears in his writings) and to his admiration for Berlage, who expressed his criticism of the functionalists in a surprising interview (30). Together with the Russian realists of the moment, the elderly pioneer, shortly before his death, accused the movement of being *'a symptom of the degeneration of bourgeois society; leaving out all sentimental elements and accepting only technical motives, functionalist architecture has perfectly adapted itself to our era of rationalization. The functionalist movement, with its capitalist tendencies is, like rationalized production, possessed by only one thought: quicker and cheaper.* (In his personal copy of *Opbouwen,* in the margin of this passage, Braem refers to the 'technical and snobbish' opinions of functionalism or, in other words, constructivism. The linear town cannot therefore, or can only partly, be considered an

illustration of his four articles for *KMBA*. He considered the architectural ideology explained here as the basis for a richer, more generous idiom. It can be summarized as follows: architecture is not the creation of separate buildings, but the organization of the entire human environment. It has to be a community art, a 'total architecture', the result of an integration of plastic arts, corresponding to tomorrow's socialist society and culture. The 'new science' tells us that this society will inevitably and quite imminently come into existence via a dialectical process. It is the task of the (left wing) intellectuals to become integrated into this process, to make and spread 'objectively' the values of this new culture, which are already visible in today's working class. Seen from this angle, architecture not only gives an eloquent image of the new society, but also makes the concrete possibilities of another social life visible, inviting us to experience them. At the same time, it can be used as a 'lever' in the for-mentioned dialectical process, by confronting its users with each other in liberated, open relationships.

Such an architecture cannot, or should not, be formalistic (academic, cubist or constructivist), but must be characterized by a 'monumentality for general use', devoid of representation or oppressive symbolism, which announces the liberated society. It should rise as nature does, a *'loving continuation of Creation'* which puts itself at the service of its function with spiritual economy. To make room for the new formal universe, the entire existing constructed environment, haunting us like the permanent curse of previous oppressive societies, will have to be completely eradicated, with the exception of monuments, exceptional old buildings which already reflect the hope of imminent liberation.

Despite the fact that history took a completely different turn from the one Braem and his advocates had expected, despite repeated disappointments about the dialectics of history both in the East and the West, and despite continuous confrontations with the proverbial difference between dream and reality, Braem stuck to the vision he formulated at the age of 24 for the rest of his life.

The conceptual framework from which he went on judging and designing architecture has always been defined by this ideology, or at least by one of its components. And this despite, or perhaps because of the antonyms of which it is made up: collective order and individual freedom, personal form and integration of the arts, intellectual anticipation and existing relational structures, an ideal concept of society and demands of the users, utopic socialism and planned socialism, labour values and the urge to consume, plastic expression and effective social structures, outside forms and interior organization, natural 'authenticity' and representation, 'love' and spiritual economy, preservation of the monuments and production dynamics, rhetoric and functional servitude, regionalism and internationalism — all these antonyms in the 'dialectical process' into which Braem wanted to be integrated are considered 'antitheses' which must be reconciled in practice into gradually more elevated syntheses. It goes without saying that he failed to integrate the irreconcilable into an all-embracing concept. His impatient virtuosity could hardly find pleasure in such tiresome work. As Braem's earlier evolution indicated, and as it was later to prove, he showed less interest in the confrontation and reconciliation of antitheses within each project, than in the exploration of separate antonyms in between which, from project to project or from period to period, he developed an oscillatory movement. In other words, his dialectics express themselves more freely in the general evolution of his production than in the products themselves which are characterized, in most cases, by the domination of a single antonym. Naturally, this always implies an unresolved conflict between the elaborated antonym and its counterpart, suppressed for the occasion.

As Braem saw his illusions disappear, his ideology reduced itself to a dialectical programme which remained an inexhaustible source of inspiration because of its antithetic wealth.

MONUMENTALITY

In accordance with the spirit of the time, the first concept Braem tackled after his theoretical reflection was monumentality.

As a part of his linear town, he designed a mortuary city accessible from a motorway exit: a crematorium consisting of a giant, desolate dome from which ramify different columbaria. The exaggerated funeral monumentality in which the 'objective formulation' of the cosmic conscience loses itself offered a sinister image of the 'new religiosity'. The sadness it radiates is by no means alien to the pessimistic climate of the moment.

In the spring of 1935, when Braem was working on this project, the Belgian economic crisis reached its climax and monumentality had become a European phenomenon.

In the USSR, a change was already noticeable by 1931. At the very moment when Braem formulated his labourist constructivist credo for the first time at the Joe English Guild, the constructivist movement and the 'de-urbanistic' town planning connected with it, were disavowed for the first time in the USSR. In June of the same year, L. Kaganovich explained to the Central Party Committee that there was no room for 'leftist' experiments in the fulfillment of five-year plans, but that 'competent technicians' should devote themselves loyally to the realization of certain tasks defined by the Central Committee (31). A year later, after long discussions, the same committee gave their verdict on the contest for the Soviet Palace and crowned the unlikely monumental project of Jofan. In so doing, Stalin's Russia sanctioned neo-academic architecture as 'socio-realistic', and stood aloof from the modernists — both from the local constructivists and the foreign participants such as Le Corbusier, Gropius, Van Loghem, etc. This change is usually attributed exclusively to the will of the Stalinist dictatorial government to express itself in authoritarian symbols. According to recent research, this seems to be only partly true. An extremely complex history, which cannot be traced here, preceded this decision, but one of the motives given was the preference of the people for classical architecture. This preference appeared, for example, in projects designed by workers and amateur architects in the same competition. Ac-

1935 Projet pour la Bibliothèque Royale Albertine.
Royal Albertine Library project.

cording to witnesses, the 'proletariat' barely understood constructivist aesthetics, but was increasingly eager to regain the values which had been the privilege of the *bourgeoisie* before the revolution. They claimed, as Lunacharski put it, 'their own right to columns'. This situation fitted perfectly with the theory of socialist realism, developped by G. Lukàcs ten years before, in which he gave an entirely different status to the arts in pre- and post-revolutionary periods. In the revolutionary struggle, the aggressive character of the avant-garde may have been very useful, but once the revolution is accomplished anticipatory aesthetics become superfluous. In the construction of socialism, more room has to be made for 'constructive' elements and techniques of well-proven quality. This regained monumentality had to give the impression to the population, as well as to the outside world, that the USSR was not involved in a terrifying adventure but was resolutely devoting itself to the elaboration of stable values which would become accessible to everyone, once loosened from their oppressive past (32). As an indirect consequence, naked modern Western architecture was stigmatized as the intolerable result of 'late-capitalist production methods'. This swing-over did not fail to worry the socialist-orientated Western architects. But even if this change partly affected Braem's attitude towards constructivism, there was no meek obedience on his side. Braem had always felt an almost physical disgust for neo-practices, and therefore also for socialist realism. Today he declares that this switch in Soviet architecture caused him to develop an increasing distrust for the evolution of Soviet ideology. Architecture cannot 'lie', in his opinion. He admits having had lively talks on the subject with Schillemans, who was still expressing his solidarity with Soviet politics at the time, and no longer saw a link between ideology and form. He thought that socialism at the time needed more quantity than quality. Braem's attitude and evolution can be compared only to André Lurçat's, the French Communist who was invited to the USSR in the spring of 1934, immediately after the completion of his most successful functionalist work, the Ecole Karl Marx in Villejuif. In a speech given in Moscow, he pronounced himself against the poverty of both functionalism and constructivism, and against Le Corbusier's apolitical stand. He also criticized the neo-practices which had become quite current in the USSR, and pleaded for a modern monumentality which, beyond old speech formulas, would carry on the constants of tradition. In the projects he presented during the same year in Moscow, his contest project for the Science Academy, for instance, different from Braem's in intention, made him produce axial compositions, consisting of modern academic elements, a style Perret had already anticipated and which was sometimes called the French version of socialist realism (33). Not only in Stalin's USSR, but also in Western countries, in dictatorships as well as democracies, this increasing need for monumentality was being felt. The Fascist régimes of Germany and Italy attempted to show their power and their alleged stability in lasting signs, in order to perpetuate them symbolically. The democracies showed similar authoritarian trends which tried to establish a new order as a remedy to the increasing disintegration of the parliamentary system. The 'democratic' institutions were reacting against this threat by adopting an authoritarian façade to hide their powerlessness. The whole of Europe in the Thirties, dominated by this distressing urge for self-affirmation, for imposing representativity which, both to the left and the right, lead to almost the same oppressive monumentality. Only experts can appreciate the difference between the Palais de la Société des Nations in Geneva and the Chancellery of Speer, or between the Mount of Arts, built as late as 1949-64 in Brussels, and Pianentini's rectorial offices in the University of Rome.

In the project with which Braem ended his studies at the Higher Institute, he paid a finer tribute to the spirit of the time than in his final project for the Academy, four years earlier. He participated in the Godecharle Award with a project for the Albertina, the Royal Library in Brussels. He described the project as opportunistic. It exhibited a monumentality which in no way yielded to Third Reich architecture, conceived later by Houyoux and Ghobert as a solution to the same task. This was an oppressive environment in which the AIZ figures wander about in some consternation, this time. If Braem's project served something here, it was first of all his desire to win the award (which he did), satisfying the official need for images feigning unshakable stability of the institutions, at a time when the Belgian constitution was more shaky than ever.

Yet the same authoritarian spirit emanates from a project which doesn't seem formally affected by the prevailing monumentality. In the course of that same year, 1935, Braem collaborated with Hoste on a clearing project for the Antwerp inner city. This very drastic plan called for a number of linear breakthroughs in the urban fabric, in order to draw an equal number of recti-

linear boulevards, bordered by oblong blocs. It was a straightforward application of the linear city concept to the urban soil, which was to be liberated of all 'old rubbish'. The plan preserved only monumental ensembles, such as the Grand'Place, the Butchers' House, the Brialmont ramparts and the eclectic Zurenborg; and besides these, a number of areas considered technically and hygienically healthy. The project almost presupposed a military intervention, a couple of linear bombardments, which indeed occurred some years later, but as part of another plan with a completely different aim. Today Braem feels relieved by the fact that the project was not built and he gives it a merely 'historical' value. Not because of the drastic character of the intervention he still fully advocates, but because of the mechanical and 'organic' implantation of the blocks.

1937
Projet de maison de la culture.
Project for a cultural centre.

APPRENTICESHIP AND BEGINNING
OF PRIVATE PRACTICE 1935-1940

PARIS 1935-1937
APPRENTICESHIP TO LE CORBUSIER

The Godecharle Award and the Rubens Award which Braem received in the same year for his projects at the Academy and at the Higher Institute gave him the possibility to explore the museums and architecture of Paris and... to work as a trainee under Le Corbusier. Despite his valid criticism of Le Corbusier's 'Contemporary City' and the arbitrary refusal of his idiom, Braem felt attracted to this 'contemporary Rubens'. With a credential from Hoste, the projects for his linear town and not without diffidence, Braem reported rue de Sèvres. Le Corbusier let him pin his plans to the wall and inspected them attentively but impassively. Having reached his 'mortuary city', he refused to look at it and said: 'How can a young man preoccupy himself with death!'

He did, however, take Braem on as a trainee and, during three periods in 1936 and 1937, Braem took part in the elaboration of a number of projects. He collaborated on the project for the BATA shops and made two perspective drawings for the competition project for the Musées de la Ville et de l'Etat at the Quai de Tokyo (35). He also remembers suggesting the

construction of a mushroom-shaped roof for the *'Musée à croissance illimitée',* a Wrightian idea of which Le Corbusier, who was sceptical about the concept of 'total architecture' did not approve: *'Dear Braem, remember this: architecture can express everything alone by its own means. We don't need painting or sculpture'.*

He was equally sceptical about Blum's Popular Front (June 36-June 37) which had filled Braem with such enthusiasm. Nevertheless, contact with the 'overwhelming personality' of the fifty-year-old pioneer left a deep impression on the young man from Antwerp, who completely revised his opinion about the Corbusian idiom. Le Corbusier became an ideal image, an illuminated reference point who was going to leave an undeniable mark on Braem's reasoning and actions (36).

Not that he ever copied Le Corbusier. He assimilated his way of thinking and working and interpreted them personally. The concrete way in which Le Corbusier combined his architectural activity with painting and sculpture, confirmed him in a work method he had developed since his youth. At the town planning level, the CIAM doctrine as formulated by Le Corbusier in the Charter of Athens became a lasting thought framework for Braem in which he structured the concepts he had developed until then and summarized them into a new synthesis of 'total architecture'. He didn't change anything of his 1934 'dialectical programme' or his criticism of the 'Ville Contemporaine', from which he never removed a single word but the existence of which he never dared mention to Le Corbusier. He interpreted and corrected the Charter from a socialist point of view wherever it seemed necessary, and showed alternating preferences for the Ville Radieuse and the Linear Town.

Le Corbusier, from time to time expressed his appreciation of Braem's work, in whom he saw a promising disciple. He proposed him as a member of the CIAM and sent his linear town for publication to *l'Architecture d'Aujourd'hui.* Not knowing about Braem's brutal criticism of his speech in *KMBA,* and without mentioning the concept of his linear town, Le Corbusier praised the imagination with which this Fleming had put the principles of the Ville Radieuse into practice:

'C'est avec plaisir que je vous ai signalé l'étude faite par M. Braem à Anvers, sur l'urbanisation d'un quartier d'habitation. Lorsque vous avez vu ces planches, vous avez compris comme moi quelle sorte de satisfaction intime j'ai pu ressentir en voyant que les nouvelles générations comprennent la voie que nous nous efforçons d'ouvrir depuis tant d'années et s'élancent sur des terrains libres avec un enthousiasme et une force d'imagination qui nous donnent la certitude que nos travaux ne sont pas faits dans le vide et celle surtout que des réalités urbanistiques apparaîtront à bref délai en divers points de la terre. Cet urbanisme n'est, en effet, pas limité à des questions de clocher ou de régionalisme; c'est un urbanisme purement humain, capable de s'adapter aux diverses topographies, aux divers climats, aux diverses coutumes. Voyez ici, par exemple, combien les landes plates et balayées de vent de mer des rives de l'Escaut se trouvent exprimées avec talent et exploitées avec tout le lyrisme que nous souhaitons de voir introduire dans leurs travaux par les édiles chargés de nous apporter autre chose que des villes mortes ou inhumaines'.

André Bloc published one of his perspective drawings and he added, under the title *'Application des Thèses de 'Ville Radieuse'':*

'Dans ces dessins si expressifs, on se rend compte que les esprits pessimistes ont certainement tort lorsqu'ils s'imaginent que de telles propositions ne seront mûres que dans cinq cents ans! Les nouvelles générations n'en demandent pas tant et sont décidées à vivre une vie plus riche dans un milieu urbain capable de leur apporter ce que Le Corbusier appelait les 'joies essentielles'.

'Les planches de M. Braem se passent de commentaires. Elles sont éloquentes par elles-mêmes. Nous tenons bien à l'affirmer! Elles valent non pas par les solutions architecturales qui sont encore indigeantes mais purement et simplement par la figuration d'une vie nouvelle exprimée si brillament sur un sol urbain désormais transformé' (37).

The Godecharle Award did not permit Braem to spend all of his time in Paris, and he therefore divided it between Paris and Antwerp, where he was working on his first projects.

In the course of 1936, Julien Schillemans managed to convince him to join the Communist Party. In October of the same year, he married Elza Severin whom he had met in the Joe English Guild (38). They spent the autumn and winter of that year together in Paris where a lively atmosphere reigned after Blum's recent reforms. They were carried away by the revolutionary *élan* that animated the crowds and felt its salutary influence.

They took enthusiastic part in the activities of the Maison de la Culture, founded by left-wing intellectuals and artists. Inspired by this institution, Braem drew his own plans for a Cultural Centre, a remarkable project in which he tried to transpose the possibilities he had seen in Paris to a Flemish, almost idyllic atmosphere. It is a radiant project in which the happy atmosphere of his honeymoon and his optimism over a piece of concretized socialism, remain tangible. Although it was a self-imposed imaginary task, the project differed considerably from his school projects. It is still placed in an imaginary environment, but its concept and scale are far more realistic. It is composed of two main build-

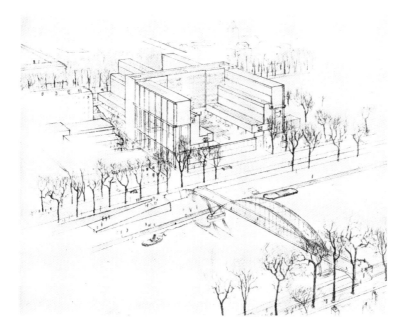

1936 Le Corbusier, projet de Musées de la Ville et de l'Etat au quai de Tokyo, Paris. Perspective réalisée par R. Braem.
Le Corbusier, project for the Musées de la Ville et de l'Etat at the quai de Tokyo, Paris. Perspective by R. Braem.

ings: a triangular hall, suggestively penetrating into a round room which slightly folds open. In the continuation of this triangular hall is a trapezoidal, smooth area from which a speaker can address the crowds from a platform, and where a bonfire may be lit. The whole is situated in elegantly layed out nature, with a lake in which the architecture is reflected and around which the AIZ figures once again enjoy a relaxed holiday atmosphere. The project is hardly connected with Le Corbusier. It is the best expression of Braem's architectural ideal of the moment: a fragment of 'natural' culture, part of nature made cultural, a relaxed, non-oppressive and monumental shape composed of contemporary elements (39). But at the same time the project also shows, in its urge to become reality, how utopia is confined to a cultural function which reduces its socio-democratic dimensions. With its almost Scandinavian appearance, the Cultural Centre anticipated the prosperity architecture of 20 to 30 years later.

FIRST ENCOUNTER WITH ITALIAN 'RAZIONALISMO' A DISTURBING EXPERIENCE

In the spring of 1937, Mr and Mrs Braem toured Italy. They visited the classical monumental towns, but also saw some modern Italian architecture. Braem particularly liked Terragni's work in Como, Michelucci's recently finished station in Florence and E. Del Debbio's Foro Italico in Rome. But L. Moretti's Fencing Academy made the greatest impression on him: a pure and modern white marble building in which he discovered a convincing contemporary monumentality.
As it is generally known, modern Italian architecture was in a peculiar position at the time. In contrast with the German Nazis, who condemned the Bauhaus as *'Kulturbolchevismus'*, the Italian Fascist movement developed a sort of cultural pluralism in which there was room for neo-academism à la Piacentini, similar to

Speer's, and for the 'razionalismo', modern Italian architecture. Both movements consequently claimed official recognition as the only true expression of Fascist ideology. In 1936, G. Terragni, speaking about his Casa del Fascio (the purest example of 'razionalismo') declared': *Thus, an architectural order has been established on a political basis, coinciding with the new order conquered by corporatist Fascist Italy'* (40). The Fascist leaders gladly identified with this 'razionalismo'. But Braem also felt he recognized his architecture as a realization of his aspirations. He felt spontaneous admiration for 'razionalismo' but, as he established a link between architecture and ideology with equal spontaneity, this confrontation was a disturbing experience. Didn't this new monumentality eloquently announce that the new order it anticipated coincided with the one the socialist movement wanted? Or was it a mere secretion of socialist ingredients, absorbed in the spongy ideology of Fascism? Was this architecture only a mask, a purely representative façade behind which an entirely different reality was hidden? Could architecture tell 'lies'?

To understand these questions one has to know that this ambiguity expressed itself not only in Italy, but in almost every European country (apart from Germany). Despite the fact that socialism and Fascism aspired to totally different social forms, respectively a classless and a corporatist society, both movements showed some superstructural similarities in the Thirties. They both put forward a new order. Fascism unscrupulously presented its propaganda in a style borrowed from the previously discussed socialist life style: the ethic of order, communality sense, creative enthusiasm, common sense and human dignity had a quite noteable appeal on potential socialists or ex-socialists. On the other hand, both movements made every effort to represent the new order symbolically, to exorcize the chaos and to put their potential power on display, via well organized mass demonstrations. The style images, the superstructural 'weapons' and tactics they borrowed from each other, often appeared to reflect one another (41).

This conflict inevitably led to shifts within the socialist ideal. Ideology used as a weapon in political struggle moved away from its original utopic objectives to take on tactical, combative forms. Thus the classic conflict between objectives and means arose. If the final objective of socialism remains the creation of an anarchic society (42), the way leading to this society must be cleared by disciplined strategy, by solidarity, which should not be impaired by individual differences.

Architecture as an ideological 'weapon' then becomes less the prefiguration of a 'liberated' socialist society, than a constructed metaphor for discipline and socialist power. Architecture becomes a form of representation in which the inner structural invention has to yield to exterior rhetoric.

Conversely, the order, sobriety and homogeneity of modern architecture, regarded by socialists such as Braem as the anticipation of class abolition, helps to hide the class distinctions within the corporatist ideology. As E. Bloch perspicaciously pointed out in 1934 (43), functionalist aesthetics met the aspirations of the lower middle classes in a Fascist situation. Could one imagine greater polyvalence? In Italy, the contamination of these meanings within 'razionalismo' led to frustrations that still persist today. It is this contamination which incited E. Persico to radically separate architecture from ideology. If architecture could perish because of a fatal association with a disastrous ideology, the only way to 'save' it was to proclaim its autonomy.

Although as a Communist Braem was perfectly aware of the difference between Fascism and socialism, he soon seemed to have forgotten the formal contamination of the two movements, an omission which would play him more than one nastry trick later on. He gives us no reason to believe that he had given the problem any critical thought; on the contrary, his spontaneous admiration for 'razionalismo' and for the energy with which it was fulfilled seduced him temporarily away from the 'total architecture' he had developed the previous winter in his Cultur-

1937 R. Braem et J. Schillemans, dans le bureau Cols et De Roeck, travaillant au concours pour la Bibliothèque Royale Albertine à Bruxelles. La devise du projet était « Pegasus ».
R. Braem and J. Schillemans in the office of Cols and De Roeck, working on the contest for the Royal Albertine Library in Brussels. The project was called 'Pegasus'.

1937 Maison à Wilrijk.
House in Wilrijk.

al Centre to concentrate on the new Italian monumentality.

The new is (and remains) a decisive criterion of progressiveness for Braem (44), a criterion which allows him, in the stormy Thirties, to distinguish between different kinds of new orders, at least beyond the Italian border. Back in Paris, he expressed criticism of 'poor Germany's pretentious and meaningless' pavilion at the World Exhibition of 1937 while on the other hand, he showed great sympathy for the Russian pavilion. The two pavilions stood menacingly facing each other: one decorated with an eagle, the other with two workers ready for combat, prefiguring the inevitable confrontation between the two countries. But, whereas Speer's pavilion imposed itself with a static, dull classicism, Johan's pavilion was striking for its dynamic play of volumes. It was a monumental suprematist composition with hardly any classical decoration. Because the pavilion still contained this remainder of avant-garde — however transformed — despite its plastic violence, Braem felt its appeal (45). Confusion over the 'superstructure' did not prevent him, however, from taking a very clear stand on 'substructure'. At the fifth CIAM congress in Paris, where Le Corbusier proposed him as a member, he suggested including a clause in the final resolution into which he would put the socialization of the building-land as a primary condition to a valid urban policy. A proposal which certainly embarrassed his Italian colleagues, but was nevertheless accepted by the majority of the participants.

STARTING HIS OWN PRACTICE

The work Braem started producing with Segers from 1936 onwards considerably differed from the dreams he had put on paper during his training: five small individual terraced houses, the dimensions and small budget of which were a real challenge to his inventiveness. For the first time he designed carefully balanced ground-plans, measured with precision.

The houses are clearly inspired by the work of Louis Herman De Koninck, in their spirit and idiom. With the dwelling built in 1936 in the Van Erstenstraat, he entered the Van de Ven prize in 1938. That one of the jury members happened to be De Koninck, certainly influenced the fact that he was awarded the prize. In his report for the jury, De Koninck showed his estime for the functionalism of an approach in which he manifestly recognised something of his own.

'L'œuvre des confrères Braem et Segers, titulaires du prix Van de Ven 1938, doit son mérite essentiel aux modestes programmes et moyens dont durent s'accommoder les créateurs. Une maison confortablement ordonnée n'ayant que 5,50 m de façade et une superficie totale de 40,25 m² est une gageure qui démontre un savoir-faire estimable chez les auteurs. (...) La franche sincérité des façades dans lesquelles les différents locaux se marquent résolument avec des caractères adéquats à leurs destinations fit décerner à cet œuvre l'ensemble de cotes favorables' (46).

But these modest realizations could only partly meet Braem's ambitions. He satisfied his fondness for monumentality and big-scale interventions in the competitions for the Albertina in Brussels and a town planning project in Antwerp. At the time, the government was launching two competitions on two different project areas, the Mount of the Arts and the Botanical Garden, for the construction of the Royal Library, to get a better idea of the possibilities offered by locations. Braem, who had already studied the problem for the Godecharle Award, but only abstractly and without a set location, took part in the two competitions: first with Schillemans, for the Cols & De Roeck drawing office, next with Smet. Among the diversity of monumental violences resulting from this competition (47), Braem's projects distinguished themselves by their relatively modest monumentality: a 'contemporary' monumentality, inspired by the Italian model, but at the same time a modern form of representation, already leaving far behind the new optimism of the 'Cultural Centre'. Though he wanted his architecture to be integrated into a fictional area in his last imaginary project, the volumes of the Albertina show a total disregard for its Brussels context. These Albertina projects were not intended as a contribution to the existing Brussels, but as part of a transformation as drastic as the one he had imagined a few years earlier with Hoste for the Antwerp inner city.

1945
Caricature pour *Het Vrije Woord*.
Caricature for *Het Vrije Woord*.

WORLD WAR II
1940-1944

In September 1935, like all the men elegible for military service, Braem was mobilized. After the campaign of 18 days, he was taken prisoner in Tielt and deported, via Walsoorden, Altengrabow and Fallingbostel to Bokeloh in Lower Saxony, where he was given 6 months of *Landwirtschaft*. In mid-January 1941, he was sent back home. Belgium opted for an ambiguous wait-and-see policy during the first six months of the Occupation (48). At several levels of society, in the late Thirties, people were so fed up with the powerless bragging of politicians, the economic chaos, the corruption scandals pilloried by Degrelle, that they felt sympathy for the 'new order' of the occupying forces who first made a favourable impression with their discipline. And as Germany seemed to have the upper hand militarily when the war first started, new perspectives of a long coexistence with or within the Third Reich opened up. Symptomatic of this way of thinking was the stand taken by Hendrik de Man, leader of the BWP, who broke up the party in 1940 with a public manifesto and who interpreted this 'new order' as the revolution: *'La guerre a amené la débacle du régime parlementaire et de la ploutocratie capitaliste dans les soi-disant démocraties. Pour les classes laborieuses et pour le socialisme, cet effondrement d'un monde décrépit, loin d'être un désastre, est une délivrance'* (49).

The Pierlot government fled to France. Later, the British government in exile decided to continue the war. The Belgian administration remained active under the leadership of the most high-ranking civil servants, the 'Secretary-Generals' who took over governing the country during the imprisonment of the King and his government. On this basis, article nr. 5 of the law of May 10th 1940, says that in the absence of the hierarchical authorities, a subordinate civil servant had to take over responsibility for this higher office (50).

After consulting the industrial and ecclesiastical authorities, the Secretary-Generals opted for 'the lesser evil' and tried to reduce the hold of the German administration by taking the organization of the country into their own hands. But the occupants wanted to leave the country enough autonomy to make it accept the new order more readily. This situation was clear already in the autumn, when the German authorities put increasing pressure on the Secretary

Generals to force them into taking more and more repressive measures. Nevertheless, the aim the *Militärverwaltungschef,* E. Reeder, initially pursued was 'the return to a state of order and calm, not through police terror but through positive measures, thus putting the forces of economy and labour of the occupied territory, even against its own interests, to the strategic profit of the Reich. The participation of the working classes is necessary to achieve this (51). This explains why the Belgian prisoners of war were sent home soon after the occupation of France (the Flemish first, because of the Racial Theory).

As a member of the Communist Party, Braem did not escape from the general distress. On the contrary, at the time of the German invasion, the party felt theoretically bound by the pact of non-aggression between the USSR and Germany. It was therefore tolerated by the occupants and given every opportunity to organize itself for the Resistance, a movement in which it was going to take an important part after Germany's attack on the USSR in June 1941. But a few months earlier Braem had already made his own decision by joining the 'Front of Independence', a master-Resistance organization bringing together groups of all leanings, the centre of which was formed by the Communist Party. Braem was not involved in armed activities but, together with Jul De Roover, their wives Elza and Frieda Severin, Marc Macken and Remy Cornelissen, formed a cell of the department of propaganda. The artists put their graphic talent to the service of anti-German propaganda, made drawings for pamphlets printed and distributed illegally by Remy Cornelissen, and even illustrated a mocking edition of *Mein Kampf.* A dangerous and useless undertaking, Braem admits today. Immediately after the Liberation, Elza Severin and Braem made illustrations for 'Het Vrije Woord' which had become legal again (52). Braem was also offered a number of jobs. He built a liqueur distillery in South Antwerp (the Antwerp municipality connives) and entered a town planning competition. Already in 1940, Reeder had founded a 'General Commissionership for the Reconstruction of the Country', within the framework of the above-mentioned programme. The reconstruction of the disaster-stricken territories was necessary to appease the population, according to him (53).

Charles Verwilghen, who was appointed Head Commissioner, put the Department of Architecture and Town Planning under the care of his brother, engineer Raphaël Verwilghen, one of the founders of urban theory in Belgium, who had been working at the realization of modern town planning in Belgium already before World War I, as a civil servant with the Ministry of Public Works and later as editor of *La Cité.* He seized this new job as an opportunity to put into practice the planning ideals which had always met with heavy opposition in liberal Belgium (which, by this very fact, would meet an even stronger opposition after the war). He therefore gathered a number of prominent figures from the Belgian architectural world with the aged Henry van de Velde, who thus concluded his eventful 'apostolate' for the new style as head of the 'aesthetic control', a service which submitted each project to aesthetic examination and 'rectified' it where necessary.

The commissionership engaged in a great many activities: on September 12th 1940, it proclaimed a decree ordering the stricken municipalities to make their own town planning programme. To stimulate the execution of this decree, in early 1941 it launched a number of competitions to establish master plans for the reconstruction of the worst stricken municipalities. Braem entered and won the town planning competition for the reconstruction of Edingen (54). On the old market square destroyed by a bombardment, his project forsaw a new, more spacious square, surrounded with shops. On the open spaces, he planned a sports and an administration centre. When he developed these programmes, later on, into architectural form and showed them to Verwilghen, the latter did not seem to appreciate them at all. Braem's market square was lined with a repetitive series of façades, in ignorance of the regionalist, 'nationalist' trends which found defendors in people like Schellekens, Henvaux, De Ligne, when the war first started. Verwilghen accused Braem's project of 'bolshe-

1941 Projet de reconstruction d'Enghien. Vue de la nouvelle place du marché et un nouveau complexe scolaire.
Reconstruction project of Enghien. View of the new market square and school building complex.

vism'. Henry van de Velde was more positive and praised the typological quality of the project. In *Bouwkunst en wederopbouw,* the unofficial Dutch-language magazine of the Commissionership, he wrote an article about 'Monumentality' in his own defense. In this very ambiguous piece of writing, he leniently analysed the growing need for 'monumentality': *'expressing the collective ideal, the search for a higher union of man with his fellow men in which the concept of religion is also rooted'.* He noted that people *'needed a convention of forms formally putting together the oeuvre of totally different personalities in a style expressing the ideology of the state'.* But, he said, a fundamental error is to try to solve the problem through the revival of neo-styles (such as Speer's Chancellery and a Military Academy in Moscow, shown in the illustrations). The new monumentality should be built with contemporary means, with *'modern technical science which was also part of the new social concept':* an example of this can be found in the Scandinavian countries and in Italy (Asplund's extension to the town hall in Göteburg and Moretti's Fencing Academy in Rome). Braem backed up this reasoning with a quotation from Mussolini: *'We have no right to plunder the heritage of the past. We must create a new art'.* Today, he declares having wanted to play off Italian Fascism against German Fascism. A 'kind of camouflage' of which, under the circumstances, he probably did not conceive the implications. The state of mind in which he was made him share the 'lesser evil' principle (55) and expressed itself in his perspective for the school of Edingen, an oppressive complex of 'modern Bauformen' from which a naked figure suddenly appears, raising its arms helplessly towards a dark sky.

Another article, *Against an ostrich attitude to architecture,* published a year later in the same magazine, is much clearer. He wrote it as a complement to a discussion between the uncompromising Hoste, who still defended the functionalist movement, and J. Schellekens who pleaded for a nationalistic, regionalist architecture, respecting the laws of the existing hierarchy (56). Braem agreed implicitly with Hoste; his optimistic call to 'accept life and create with enthusiasm' seemed strange under the circumstances. The exhibition, *Town Planning in Towns and Villages,* organised by Braem in the summer of 1942 at the request of the Antwerp Provincial Authorities, showed the same optimism. The intentions of the provincial authorities were very similar to those of the General Commissionership. As Permanent Deputy F. Wildiers said at the opening, the province wanted to use the 'new situation' to start an effective town planning policy. The exhibition was to be a first, propagandistic step in this direction (57). Anyway, it was an unlikely event, organised under the auspices of the General Commissionership for the Reconstruction of the Country, and executed not only by Braem but by the entire Communist propaganda cell of the Front of Independence.

Judging from the photographs, the spectacle in the marble room of the zoo must have been quite a sight. Through different techniques — photographs, illustrations, symbolic representations, sculptures by Macken and Cornelissen and ordinary plans — the exhibition demonstrated what bad and good meant in architecture and town planning. It goes without saying that the regionalists who were present at the preview accused the exhibition of being 'Bolshevik' (58). But Braem, who had obviously foreseen this reaction, had included a series of drawings for the attention of his adversaries. With these drawings, which are his most captivating, he was contributing to the for-mentioned debate on regionalism. They were an argument against Schellekens's static and closed conception of the classic town and village scene. On seven panels, he developed the seven phases in the evolution of a typically Flemish town, 'from prehistoric times to 1999'. It is an imaginary town called 'Turnhals', a compound of Turnhout and Herentals in which, at the appropriate time, several paradigmatic buildings appear such as the townhall, the station of Lier and the Church of Diest.

The idea reminds us of Pugin's *Contrasts,* made 100 years earlier, but Braem's series depicts a more captivating and complete image, not only because he considered 'Turnhals' from the same bird's-eye point of view in each drawing but because, without adding any ideological comments this time and with the help of his graphic perspicacity, he presented the town as the result of a dialectical process. He shows that a town is not a static fact but that, at each historical moment, it is the result and the condition of social relations. The lake village has hardly any influence on its context, it is still dominated by the marshes. The landscape of the Roman era shows obvious signs of culture:

a stretch of high-road runs across the drawing and crosses the river with a bridge which is more clearly delimited now with the draining of the marshes. Along the road stands a villa with annex huts for the serfs and in the distance, at the edge of the forest, a castrum. By the early Middle Ages, the Roman elements have nearly all disappeared. Only the geometric lay-out of the villa remains, a vague memory in the groundplan of the monastery which has appeared instead. It is surrounded by a stone wall next to the wooden ramparts of the annexed *portus,* in which a hierarchical difference is already visible between the producers' wooden houses and the merchants' stone houses. The wooden ramparts are not strong enough to resist the Norsemen from whose attacks the inhabitants try to escape by taking refuge in the monastery. The Medieval town is the most splendid: a topological, empirically developed order, an autonomous organism surrounded by a robust wall, a piece of immured utopia pushing back the outside world: the countryside and the feudal lord. By the early 19th century, the ramparts, except for the gates, have disappeared. Several houses bear the marks of neo-classical influences. A railway track divides the landscape in two, the forests are being cleared and the first industries have appeared. The 20th century phase paints a speaking picture of what Braem was later to call 'The Ugliest Country in the World'. Industry has invaded the entire urban agglomeration and the inner parts of nearly all the islands. The new construction techniques dislocate the original typology. In the side zones we find the poor working-class neighbourhoods. The town has degenerated into a chaotic, self-polluting magma. The river has become pitch black.

The final phase, the futuristic image of 1999, is the most dismaying and paradoxically, the most nostalgic. It traces the limits of what the average town planner of today would call the 'ideal solution', but to which none of the earlier Belgian realizations corresponded. The industries (Fruttaria, Crott & Co), slums, flat-buildings, the complete chaos has disappeared after big clearings, the islands have been 'emptied' and transformed into inner semi-public 'green' zones. The urban tissue has been brutally repaired with a rigid quasi-Scandinavian infill architecture. The remaining urban tissue has been cleared of unfamiliar elements, tidied up and 'restored' to a form which was totally absent in the preceding phases. The neo-gothic station has been replaced by a modern one, raised one level above the ground, thus giving free rein to traffic in town. But the streets are quite empty. Braem had not foreseen the speed with which the car industry would develop after the war. In the background, outside the old city centre, unfolds a modern ensemble with a totally different, geometric arrangement of parallel blocks, covered for the occasion with sloping roofs and complete with sports facilities. The river has become clear again and has been given a recreational function. Instead of the slums, a somewhat bombastic cultural centre has appeared.

Despite the perspicacity with which he foresaw the evolution of urban morphology, and despite his early reflections on a contemporary approach to this evolution, Braem had never put this reasoning into practice. His many post-war urban creations show hardly any contextual preoccupations. Instead of clinging to what had previously existed, they seem to be fragments of another reality, patchy omens of a utopia to be realized.

But the war was far from being over. On December 6th, together with 70 other real or supposed Resistants, Braem was given away to the Gestapo and arrested. In mid-March, thanks to a fortuitous combination of circumstances and after 100 days of detention, most of the prisoners were set free, Braem among them (59).

Braem could breathe more freely then although shortly after, his friend Julien Schillemans was arrested by the police and executed at Brasschaat. Marc Macken, head of the local division of the Secret Army for the province of Brabant, was interned at Breendonk and suffered atrocities, including the hunger marches. Braem stayed in the background, carrying out discrete alterations and repair work and thinking out a number of projects. That he reflected on the problems shows in his project for a country house in the province of Brabant, an imaginary self-imposed task which goes back to his Cultural Centre and to the expressionism of the Twenties. The ground-plan shows a shell-shaped organism, tucked away in the Brabant landscape. The house is conceived in a personal idiom. Apart from Corbusian reminiscences, such as the rubble stone of the country house in Mathes (1936) and the purist, organic sculptures, it refers to no model at all and could pass for an anticipation of Bruce Goff. Braem seemed to be in search of a contemporary architecture, adverse to all 'regionalism', 'nationalism' and 'razionalismo', and attached to the soil.

michel '44

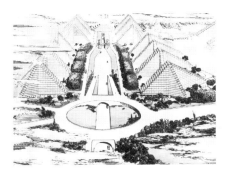

1961
Cité « Parc ».
'Park' estate.

THE DEVELOPMENT OF DIALECTICAL
PRACTICE BETWEEN FORM AND IDEOLOGY

THE LIBERATION

Although Antwerp remained war-stricken till May 1945 — as a testing-area for experiments by W. von Braun — the city was liberated on September 4th 1944, a day on which a whole complex of forces, until then restrained and which can only be described briefly here, came into operation. The Resistants emerged from hiding and started to persecute the collaborators. The Pierlot Government returned from London and tried to restore order. In the political vacuum created by the disappearance of the VNV, Rex and the dissolution of the BWP, the Communist Party refered back to the important part it had played in the Resistance and to the part the USSR had played in the struggle against Nazi-Germany to compel its recognition as a national party, a new democratic alternative.

The party made no secrets as to its objectives: to transform Belgium into a socialist state. In its third issue, 'Het Vrije Woord', operating legally again, wrote (Nov. 3rd 1944): *The Communist Party certainly has a revolutionary programme: it proposes the radical reform of the economic system to arrange the production according to needs, not to have it depend upon the conflicting interests of groups and individuals who are all in pursuit of profit. It therefore denies the public all right and access to property of means of production. It abolishes, moreover, all social classes in taking away this right to property, of which they are the consequence. In the classless society which will become reality with the realization of the communist programme, the means of production, having become the property of the community, can only be used after consultation with the community and for its benefit only. Disorganized manufacture, unemployment, swindles over commodities and outlets, in short the deeper causes of crisis and war inherent to the capitalist system, are completely absent in this new society'.*

The draft-programme added to it provides for the creation of an 'economic and social democracy' through the abolition of monopolies and trusts, a planned economy, the socialization of the means of production and co-management. The article is illustrated by a drawing that symbolizes the correlation between economic activities: industry, transport, agriculture and the building trade, epitomized in the person of a brick-layer supervised by an architect who looks

143

like Le Corbusier. The drawing is signed 'Michel', a pseudonym which Braem used for his drawings in this newspaper and under which he published a number of articles. His wife, Elza Severin, contributed regularly, already from the first issue with satirical illustrations under the pseudonym of 'Sus'.

In three articles in numbers 10, 11 and 12, 'Michel Staal' draws his urbanistic conclusions about the Party programme in 'The Problems of the Reconstruction'. Against the practices of the General Commissionership, he opposes *an example of the Fascist tactics which is to set an unjust situation to order and call it 'socialism' with a lot of publicity and without having to modify the privileges of the capitalist classes'.* He doesn't admit the importance of the studies started previously, but notes that none of them have yet been put into practice. He expresses the fear that after restoration, the reconstruction will be left entirely to private initiative. *'People will start building, everyone to his own liking, with no cohesion or perspective'.* Braem, for his part, was convinced that the building trade should not be limited to the clearing up of ruins and the reconstruction of the old. In accordance with the Party's intentions to transform Belgium into a socialist state, Belgian town planning should also undergo a radical transformation: *'The task awaiting us is a complete reorganization of the Belgian organism. If this country wants to provide surroundings worthy of generations to come, we should at long last use the forces which have so long been abused for the sake of destruction (or as a weapon against destruction), to build a fatherland which the labourers can proudly call: Our Belgium!'*

But there are different kinds of town planning: *'In Fascist countries, where an attempt has been made to corrupt the intellectual and to dumbfound the population with urbanistic realizations, we note spectacular novelties, new luxury streets with gigantic rows of façades, big and heavy realizations built to exteriorize the power of the régime, i.e. Germany and Italy. It is the desire of democratic countries, however, with the Soviet Union in the lead, to create a*

1944 Caricature pour *Het Vrije Woord.*
Caricature for *Het Vrije Woord.*

happier environment for more levels of society. Not only do they pull down a great many buildings in the old towns and rebuild them afterwards according to the new principles, but new towns are also being built near newly established industries'. The only way to get this result is a drastic reform *'of land property, the use of raw materials and the management of the building industry'.* The only way for us to overcome the existing chaos is by a *'concentration of buildings all over the country, here and there fused into amorphous agglomerations. Towns and villages, linked up by a complex and unsystematic network of roads which do not reply to modern needs. Here and there, where the building-land and labour are cheap and where transport is easy, industry is haphazardly dumped, regardless of whether it is right in the middle of a town or next to a garden city. The farm land between is constantly threatened by the agglomerations which grow like oilslicks. The forests are systematically being cleared. The houses alongside the roads destroy the landscape. The town*

1944 Michel Straal (R. Braem), illustration pour *Het Vrije Woord*.
Michel Straal (R. Braem), illustration for *Het Vrije Woord*.

suffocates under the weight of industry and dwellings. Town development is based on land speculation. New roads are opened and the building companies work out intrigues with only one principle: profit' (60).

During the immediate post-war period, the governments, which followed each other closely, opted for a policy of planned economy, complete with rationing, and kept a severe check on production and consumption. For the first time (and so far the last) the communists obtained seats in the government. E. Lalmand, national secretary, was appointed Minister of Supplies from Feb. '45 till March '47. In the first post-war elections of Feb. 1946, the party got 10 % of the votes, an unquestionable success which, in the two following governments, the Van Acker and Huysmans governments of socialists, liberals and communists, would result in no less than four ministerial portfolios. The communist J. Terfve from Liège, was Minister of Reconstruction in these governments from March '45 to

March '47 and offered Braem an important post in his cabinet. Braem, not particularly keen on this administrative job, asked to be given a concrete project instead. Terfve then entrusted him, with Brosens and Laforce, with the project for the construction of two small housing estates for disaster victims, one in Borgerhout at the Jacob Smitsstraat, and one in Deurne near the Fortje, which would only be built in part (later, Braem would go over the project again and build it, with important changes, in 1959-63 and in 1970). The smaller housing estate of the Jacob Smitsstraat has been built entirely: a simple, unpretentious ensemble with, in the middle, a visual enlargement of the street due to the presence of small gardens in front of the houses (1946-47). The difference between the revolutionary ambitions of Michel Staal and the discrete dimensions of these two projects illustrates the forced policy of frugality and, probably also the lack of elbow-room for a party which would soon fall into disgrace with public opinion, despite its reformist course.

COLD WAR PERIOD
IDEOLOGY OF RECONSTRUCTION
DE TAEYE LAW

The Communist Party only stayed in office for a short time because of the evolution of the international situation. The division of the world into two separate spheres of influence at Yalta in Feb. 1945, showed itself very clearly in 1947 during the discussions linked to the Marshall plan. The 'European recovery programme', which was accepted without hesitation by 16 Western countries, met with sharp criticism from the Soviet Union. Czechoslovakia, which also put itself forward as a candidate for American aid, was promptly diverted from this project by the Prague coup of Feb. 1948. The blockade of Berlin in June of the same year and the signing of the Atlantic Treaty in April 1949, marked the beginning of the Cold War. This would plough very deep furrows into the political landscape of the Free West where the communists, who mostly adhered to their Stalinist ideas, were soon considered 'inside enemies'. In Belgium, they were excluded from the government from 1947 onwards and in 1949 lost 41 % of their votes. They withdrew to the background where their radical actions and ideas were often a stimulant for socialist reforms. Although in Belgium the Cold War did not lead to a sharp political polarization, it left its marks on several ideological controversies. Not least on the ideology of reconstruction, a subject upon which we will dwell further on in this study. The importance of Braem's contribution only becomes clear when he is situated in the context of the dominant ideology, from which he can be distinguished. The disappearance of the civil servants of the General Commissionership for the Reconstruction who had been compromised during the war, including R. Verwilghen, caused a theoretical vacuum in the urban administration. Verwilghen was one of the founders of modern urban thinking in Belgium, a young and fresh tradition which was abruptly broken off. Their places were taken by a number of men who pretended to be experts in a field in which they knew nothing. The new administration, set up in London and dominated by jurists, abolished the decree of Sept. 12th 1940, to take it promptly up again, almost word for word, in the decree of Dec. 2nd 1946. Because the 'Men from London' did not have the slightest shadow of a vision to offer and because they kept a low profile in the juridical field, the problem of reconstruction soon became an ideological apple of discord, a concretization in which the tensions of Cold War prosperity reformism were trying to hide, and came to the surface. The debate about which ideology of construction and housing between confessionals and socialists had already started before the war and its roots reached back to the 19th century, but it was raked up with renewed vigour from 1947 to 1953. The controversy was remarkable and intense, proving that the ideology of the built environment is not only a hobby for young idealists and refined theoreticians when decisions are to be taken. In Belgium, this controversy became the subject of a political debate and lead to unusual options which gave the country a singular aspect compared to neighbouring countries.

The ideology of private initiative which the Social Christians, and particularly Alfred De Taeye, stood for was the continuation of 19th century liberal reformism: Ducpétiaux's associationist theory and the law of 1889. With its favorable terms of payment, the law gave industrious, docile, 'morally superior' workers the opportunity to buy their own house, convinced that they would go on working with the same application to make money with which to pay their mortgage and that, moreover, they would become conservative defenders of the existing order (61).

A. de Taeye was connected to this tradition through Valère Falon S.J., one of the most important catholic economists of the period. This Jesuit taught at the Central Institute for Christian Workers in Heverlee (de Centrale Hogeschool voor Christelijke Arbeiders), where De Taeye studied to become a social worker. In his remarkable treaty, *Principes d'économie sociale* (1921), Fallon tried to combine the stimulation of private initiative with the Christian duty of charity and justice (62). His reasoning is based entirely on the ideology of private property which is, according to him, a necessary condition for prosperity (the result of accumulated personal interests), freedom and public order. His thinking had a decisive influence on the 1941 Christmas programme of the Social Christians, in which the party decided to 'deproletarize' the working class, among other things, through a fairer sharing out of the produced goods and stimulation of savings and private property. To fulfill this aim, the Social Christians decided to create a favourable economic climate by stimulating private enterprise (63). One of the main measures taken in this connection, once the party had accepted governmental responsibility, was the law of May 1948, the so-called de Taeye law, 'containing special arrangements to encourage private initiative to build cheap houses and to purchase small landed property'. The system of allowances covered by the law was the fulfillment of an idea that had been launched before the war by Fallon (64). In his treaty, Fallon calls for the construction of council houses, an essential condition for public health, good morals and public order. De Taeye's objectives closely corresponded to those of Fallon. He stated them quite frankly at a congress of the Small Landed Property in Brussels in Sept. 1948:

'Small landed property, in envisaging healthy housing in the country, also works on the moral and material elevation of the family (...) This is precisely the great merit of small landed property which sees to it that the families who make their request are materially and morally equal to their task. This result can be achieved through the specific character of the formula itself, not only in providing the workers with a house, but in letting them rule over the piece of land they own. These private premises are, in the first place, the fulfillment of a dream every worker has cherished once in his life, a form of small property. The small owner feels responsible for the conservation of his property, which is part of the national heritage: but at the same time he also feels more safe, independent, autonomous. Responsibility and independence are basic to the development of the human personality, our most elevated objective; but even in the practical field, this responsibility and independence are vital to private initiative and a sense of saving (...) The sense of saving money, like all human virtues, has to be acquired. Is it not a fact that families who have saved for years to pay their monthly contribution, will go on saving, even once everything has been payed for? And is this sense of saving not one of our national characteristics which has disappeared today? (...) In a democratic country, initiative and a sense of saving are conditions for public welfare. I am convinced that it is the private house, rather than never-ending discussions about education, that will contribute to the consolidation of our people's existence. But small property wants more! The house is surrounded by a small plot of land, the productivity of which is the responsibility of the interested party. After all, the small owner is a small-scale farmer and his family is a family of small-scale farmers, because in those families, more than in any other family circles, the members of the household are united through their work. The worker spends his free time in a healthy and pleasant way with his wife and children, in mutual aid. The whole family lives in the middle of nature and takes part in the creative beauty that can be seen in plants and animals. I attach great importance to this moral aspect of small landed property. I am not writing nature poetry here, but I am speaking about living in permanent contact with nature, which can have such a refreshing effect on the 'family'. Next to these moral conditions, which have a highly beneficial effect on family life, small landed property also offers a number of material possibilities which we appreciate at their true value only when confronted with economic problems, at times of crisis or war, etc. (...) I think we're right in wanting to stop the 'Verstädterung' of our countryside and therefore should encourage and favour those workers who settle in the country with the help of small-scale farming (...) I also agree with you when, in the plans for the plantation of houses, you carefully avoid the formation of too large uniform groups, with too many families with the same standard of living. From the social point of view, the production of serial council houses is *blameworthy'(65).*

The magazines *Landeigendom* and *Propriété Terrienne* pick up the themes developed here by De Taeye in all possible variations — private property as an agent for private initiative which, exercised in the country, leads to moral elevation, social order and calm (and to favourable investment terms) — themes which also appear as arguments in Parliamentary debates and in the Catholic press. Using the same ideology, the Catholics bitterly opposed concentrated house-building in towns. De Taeye refers to this already at the end of his for-mentioned speech. Elsewhere, he is even more explicit: *'A mesure que se généraliseront les bonnes conditions de logements pour la classe ouvrière, s'amenuiseront les causes des remous sociaux' (67).* Such a statement is obviously dictated by an aversion towards the inhuman housing conditions in the slums, inherited from the 19th century. But, unlike the socialists who shared the same aversion, the Catholics opposed urban alternatives with vigour. In the debate preceding the vote of the De Taeye Law, members of the Social Christian party argued that 'tenement houses and housing estates' (68) were, by definition, inferior to 'stables'. In their eyes, housing estates were places of moral decay in which family feeling, all sense of responsibility and independence, would be eroded, with no private land and because of the proximity to neighbour. As there was no opportunity for families to gather together and devote themselves to positive and binding activities such as 'small-scale' farming, its members would have to spend their free time outside the family circle in a life of debauchery, promiscuity or, even worse, political agitation. The fear that 'tenement houses' would become a foyer of social unrest was a heritage from the 19th century which had become topical again before the war, after the battle of the Höfe in Vienna in Feb. 1934 (69). Although this fear remained speculative and not very explicit, the more direct fear that housing blocks would be like incubators, breeding socialist voters, could still be felt (70). The socialist building and housing policy was fundamentally opposed to the vision of the Social Christ-

tians. At the political level it was backed by architect and deputy Fernand Brunfaut who constituted himself as the counterpart of De Taeye from the side of Flemish Socialists. Like Verwilghen during the war (71) and Braem in *Het Vrije Woord,* he predicted that private initiative would turn the country to chaos. Using the argument that most workers would never be able to make the necessary efforts, despite the system of allowances, he proposed an alternative policy comparable to that developed at the time in the Netherlands. This was a rational urbanistic planning, executed by specialized building societies. After the vote on the De Taeye law, he pleaded for the foundation of a National Fund for building society projects, a proposal which foresaw the financing of the infrastructural works on the estates in question and which imposed the rationalization of the projects. On April 15th 1949, the project was voted and became the so-called Brunfaut Law (72). The ideology on which this law was based cannot be simply identified with Braem's ideology. In doing this, Braem's utopianism, which amply exceeded the reformist ambitions of the Socialist Party, would be repudiated.

But they both had a great deal in common and the Cold War brought them closer together. The political situation forced both the Flemish Socialists and Braem to interiorize their social ideas and to reduce the less and less explicit objective of a pragmatic socialism. There is no doubt that the Socialist Party, although it rarely stated this explicitly, still aspired, with its alternative building and housing, to the realization of a socialist life style, like the one put forward by Hendrik de Man and others in the Twenties. But because of the political situation, the party made this illicit aim into the implicit objective of a policy said to be purely rational and functional. In the same way, Braem was forced to put aside his communist ideals to devote himself increasingly to its architectonic consequences within the framework of planned Belgian socialism. He began to mention it less and less explicitly. He expressed his disillusions in a rancorous article In het *Land van de Grimlach* (In the Land of the Grimace) (73):

1948 Esquisse pour l'organisation d'une manifestation communiste à Anvers.
Sketch for the organisation of a communist demonstration in Antwerp.

'I can still recall the days when we stepped out of a night of five long years of motorized Gestapo barbarity, our eyes riveted on the light which at long last would signify a new era. Naive Resistants, we thought the reconstruction of our homeland would be succoured by the same collective belief which had made us forget our little differences in the struggle against the oppressor. Three years later, what is left of this belief? The elders have left, the elders have come again, bringing their old laws with them. Instead of the country's renewal, based on general co-operation, we can only note desperate attempts to perpetuate the condemned past; sad intrigues to try to turn history back !' He professed once again his belief in the necessity for a total renewal of the environment, but this time wisely left out revolutionary premises: 'What could have been an undertaking on a national scale has been sabotaged: 'every man for himself and the Devil for us all !' Characteristic is the fact that the first measure to be taken to temper the tragic housing problem was not to put financial and technical resources together to build more rationally and more economically, but the acceptance of the De Taeye bill which gradually erodes the financial resources and, in so doing, makes it practically impossible by statutory for building techniques to adapt to the contemporary means of production. Instead of opting for the only possibility to provide crowds with reasonably priced houses, nl. the mass-production of houses via normalization and prefabrication, this law sends the building trade back on the paths where land speculators are avidly standing on the look-out (...) In places where there is no question of dwelling units but only of scattered individual houses, people also tend to forget the social equipment of the houses. No trace of community centres, youth clubs or sports grounds'.

When, five years later, he finished the first blocks of the Kiel and the ideological struggle for reconstruction had calmed down, he glanced critically back at the past in two telling caricatures. The first illustrates the idea that Catholics hold of socialist housing conditions: a kind of Gallatarese in which promiscuity leads to debauchery and political agitation. The second drawing shows the idea the socialists have of life in a Catholic neighbourhood: a chaotic, irrational conglomerate of closed systems where the large family is threatened by mechanized traffic and dominated by clerical, capitalist and even Fascist symbols. There's the visit of the parish priest, church steeples, factory chimneys and swastikas on fences, even in the stained-glass windows. But Braem's view of the two situations was, in actual fact, a lot less detached than might appear from the drawings. He never managed to go beyond the two points of view. On the one hand, pushed by necessity, by the need for new experiments and not at all against his will, he built a considerable number of individual dwellings with which he contributed to the very chaos he attacked. In the framework of a traditional row of terraced houses, Braem's houses are usually the most striking. But on the other hand, he persisted, on principle, in taking a stand against chaos, the reality behind the second caricature, whereas in practice, he continued his quest for other, better and 'more mature' forms of the dream he caricatured in the first drawing. But although the ideological foundations of the controversy have faded, its results remain just as real. In Belgium, the production of the environment has been mainly determined by the 'planless' policy of the De Taeye Law.

Unlike the Netherlands, which invested the greatest part of their share of the Marshall funds into gigantic hydraulic works and submitted urbanism to a rational planning process according to the doctrine of the CIAM, Belgium put a large part of the funds into allowances to stimulate private initiative.

In contrast to the Netherlands, where a policy of frugality was maintained for a long time, Belgium opted from the very start for the construction of a welfare state, based on the American model, with a free market economy and no restrictions on import and export; an 'affluent society' which would chose an extremely sober policy in the matter of public works to avoid infla-

tion. The De Taeye Law became a success, far greater than the organisers themselves had expected. Their planning provided for the distribution of 50,000 allowances over a period of 5 years, but 25,000 of them were already given away in the course of the first year. According to the conservative economist F. Baudhuin, this acceleration put Belgium in a dangerously 'bloated situation' (74). Nevertheless, the pace was barely slowed down. In March 1954, De Taeye personally handed out the 100,000th building allowance (75). The allowances, amounting to 22,000 BF, increased by 20 % according to the number of children, were credited to all those who wanted to build an individual and reasonably priced house. The law also authorized the credit banks to lend up to 90 % of the total value of the house.

Private initiative, thus stimulated, produced the Belgian constructed environment as we know it today. It goes without saying that private initiative was fundamentally opposed to modern architecture with its 'open' and 'egalitarian' language that tried to prefigure a socialist society, the large-scale realizations of which presupposed a planned production process. The individual Belgian 'foreman' clearly expressed his preference for all kinds of traditional models, which tended to represent his urge for power in terms of monumentality and hierarchy. But, whereas in the Renaissance period this trend still generated unity within multiplicity, on the Belgian free market, it led to an impressive competition of more or less banalized monumentality. Both the upper and the middle classes, and finally the working class too, spurred on to deproletarianization, could only aspire to conquer the model of the hierarchically superior social class, thus anticipating the realization, even naively and in a distorted fashion, of the social ascent for which they yearned. Nobody, though, had the imaginative power to co-ordinate individual effort and collective vision.

Braem was no exception. He adopted a negative attitude towards the whole policy and used the numerous private tasks he was entrusted with as opportunities to develop his language, rather than as challenges to valorize concrete situations. In his own realizations, he mostly ex plored, on a small scale, his personal alternative, his 'new community art'.

The Town Planning Administration never showed any conscious awareness of these problems and spent its time imagining the most incredible prescriptions (such as the imposed height of the cornices), which resulted in the well-know Belgian façade town planning. The authorities, on their side, never took the initiative to organise a public area where individuals could eventually gather as a community. In the mid-Sixties, when the country had slowly been completely parcelled and the fashionable concepts of existential phenomenology had found their way to the Social Christian summit, the party launched the singular idea of creating 'community centres'.

In complete accordance with the town planning 'policy', or rather, because of the lack of such a policy, the Belgian architectural world displayed a servile and distraught docility towards individual ambitions during the Cold War period. The confusion which seized architecture at the time can still be felt when reading a magazine such as *Architecture-Urbanisme-Habitation,* the continuation of the magazine *L'Art de Bâtir,* created during the war. The sad atmosphere of frustrated dignity expressed in the various houses on display was soon going to spread all over the country without meeting any urbanistic hindrance, slicing up once and for all the remaining landscape.

Among those who managed to find their bearings despite the general confusion, who managed to escape from senile representation and develop an original and contemporary language, Braem occupied a special place. He was undoubtedly the only one who based his language on a conscious ideological view. As the Cold War grew more intense, he refused to express his ideals verbally and devoted himself to the 'total architecture' to which they corresponded. He was given an excellent opportunity of doing this in his first important mission: the Kiel.

THE KIEL

The project for the Kiel arose from the linking of Braem's architectural and social utopias, and the ambitious prosperity policy of the Antwerp Social Democrats. Men like Harold Wilson, who were convinced that the 'ultimate answer to the important problems of our time cannot be found on Highgate cemetery where Karl Marx is buried'.

The main lines of the house-building policy were, to a large extent, dictated by the deputy burgomaster for municipal properties, John Wilms, who had actively devoted himself to the Socialist movement from his youth. He was born and bred in the St.-Andries neighbourhood, and felt concerned above all with the distressing living conditions in this and other working-class neighbourhoods, despite the appealing image of neighbourly relations in this environment depicted in his realistic novel *De Parochie van Miserie* (Parish of Misery). From the very start, in his magazine *De Rode Burcht* (1924), he pleaded for a more humanitarian popular housing policy. It was on his initiative that the municipality bought wide stretches of land at Kiel and Luchtbal before the war. Two rather eccentric tracts the town managed to buy at a reasonable price enabled an effective building and housing policy to be used on its own territory after the war. As appears from the census carried out at the end of 1947 on the initiative of deputy burgomaster Detiège, the projects answered real needs. The V1 and V2 bombs had reduced 13% of the houses to ruins, 8% of the population lived in slums and 20% in overpopulated or insalubrious houses(76). This housing problem, the fear of loosing (tax paying) citizens to the suburbs and the possibilities offered by the 1949 Brunfaut Law, incited the Town Council to turn Wilm's plans into ambitious projects.

The town put its land at the disposal of building societies, while at the same time acquiring major interests in their administration. These were the societies 'Onze Woning', founded by the National Assistance; 'De Goede Woning', founded by the autonomous pension aid fund for retired workers of the Antwerp municipality and taken over, after the war, by the Antwerp Town Council; and the S.M. 'Huisvesting-Antwerpen', previously called the 'Antwerpse Maatschappij voor Goedkope Huisvesting', founded in 1921 by deputy burgomaster Alfred Cools; and deputy burgomaster Wilms who was chairman of the latter society already by 1933, sat in its board of directors with two colleagues. It was the alderman for Social Affairs and House Building, Frans Detiège (Flemish Socialists), who showed particular concern for slum clearance (he cleared-up the 'Parish of Misery'), and the deputy burgomaster for Public Works, Frans Tijsmans (Social Christians), who wanted to transform Antwerp into a modern metropolis. The boards of directors of the above-mentioned societies had equal Social Christian and Flemish Socialist representation; in conformity with this, they suggested the construction of high- and low-rise buildings, a compromise which neutralized the ideological controversy over these two types of housing.

Low-rise buildings were planned for large families and elderly people, and high-rise building for the others. It was the need to increase the population density, or to keep the largest possible number of citizens on the territory, which convinced the members of the Social Christian Party to build high-rise blocks.

Tijsmans showed conspicuous scepticism over the ideological reserves of his party when he was moving to the Luchtbal (77). The three societies rivalled with one another to come up with the most impressive project: *'Onze Woning'* gave the project to H. Van Kuyck, who enjoyed great prestige at the time, and realized a series of rigid blocks in quasi-military arrangement. *'De Goede Woning'* entrusted the elderly Smolderen with the Jan de Voslaan. Fifteen years earlier, during the 1935 World Trade Fair, he had already drawn the layout of the streets and now delivered a series of neat, but somewhat outdated Art Déco blocks. The S.M. 'Huisvesting-Antwerpen', on the advice of G. Brosens, also on the board of directors, asked Braem to take care of the Kiel. The so-called 'revolutionary' architect had to work in collaboration with a socialist (Maeremans) and a Catholic (Maes), in conformity with the composition of the board of directors. A strange, typically Belgian brand of teamwork which Braem had to accept for all of his big projects. But with his power of plastic persuasion he managed to claim the initiative for the project, leaving only the less attractive sides of its elaboration to his occasional partners. Braem put all his energy into this exceptional task. He assembled the experience of his youth into a clear CIAM concept; an option which had an undeniably progressive, even provocative significance in the Belgian context (78), and should be considered the only historically legitimate choice at the time. He gave Antwerp a personal vision of the best international urban thought on offer at the time: a Flemish Cité Radieuse which was a refreshing event for Belgium and which belongs to the most accomplished realizations of CIAM.

To do away with the Local Plan developed by the public services, which provided for the construction of a series of parallel, linear blocks, perpendicular to the Emiel Vloorstraat, Braem first investigated the implantation possibilities offered by the (rather unprepossessing) building-land. In seven studies, he took into account the sunlight, building height, the desired density and the resulting urbanistic space. The solution he found was accepted by his partners and by the board of directors: a complex of three high housing-blocks (12 stories each and 120 flats), linked up to a series of six less high blocks (8 stories each and 70 flats) in zig-zag construction along the E. Vloorstraat. This last implantation was inspired by his intention to build apartments with a wide view, despite the narrow breadth of the building-land. It was a form of 'open' planning, typical of the CIAM, with passive open areas. But the interior space, demarcated by three large blocks, the boiler room and the crescent of houses for elderly people added later on, considerably amends for the abstract CIAM space. As a matter of fact, it is one of the first realizations of the 'cluster' concept, developed in the same period by the Smithsons in London (78) — not a defined space, but an area, albeit a big one.

All the blocks are built on piles, according to Le Corbusier's precept, so as to leave an open view from the ground-floor and to reduce the cluster by letting it 'breathe', but mostly as a symbol of the socialization of the soil. As there were no

1953 Projet de plaine de jeux pour la cité Kiel.
Project for a play area in the Kiel estate.

houses on the ground-floor, nobody could claim the premises for personal use or have the impression of leading a caretaker's life. Housing and soil were to be independent of one another. Futurism and constructivism express themselves in the formal insistence on mechanical equipment; the lift-shafts are built on the outside of the main volumes, like separate towers which isolate them acoustically. All the conduct pipes, painted in primary colours according to their function, are accentuated and exhibited in a glass cylinder over the whole length of the blocks — which makes them optimally accessible. The spacious apartments (of three different types: with 1, 2 or 3 bedrooms) are accessible through open galleries, built like separate elements at about 80 cms from the main volume. The galeries are four steps below the apartments. The view is broadened and it becomes more difficult to look inside, whereas the apartment on the ground-floor still receives direct light. Echoes of biomorphous *Wendingen* can be seen in the house of the managing agent — swung like an almost natural organism around the chimney of the central boiler room, in the 'freed' forms of the children's playground with a meandering lake that penetrates into the hall of one of the blocks, and in the undulating wall of the houses for the elderly people. The complex is adorned by discrete works by sculptors, again chosen by the board of directors according to their political colour. Braem chose the fresh primary colours for the walls and panels, in contrast to the 'white' walls in Silezian bricks (which have turned yellow in the meantime).

In fact, such unusual refinements could only be introduced in working-class accommodation because the Belgian administration had not yet made up rules for high-rise building. The dynamic Bastiaenen realized the implications of the project and made every effort to have it accepted, together with its unusual details and sculptures. He obtained the agreement of the National Housing Society in Brussels which gave the credits, presenting the project as a minimal norm of what in Antwerp was considered acceptable construction for social court houses. When, some years later, the Dutch functionalist Van Tijen visited Kiel, he had to admit that in the matter of social housing a similar realization

La cité Kiel, vue du «cloître».
The Kiel estate, view onto the 'cloister'.

would be unthinkable in the Netherlands.

All these elements give this 'total architecture' a controlled and fresh monumentality, retaining nothing or very little of the Thirties' trends, granting it a personal quality which distinguishes it from comparable realizations of the same period.

Although Braem kept close track of the work of Le Corbusier and without his example, the Kiel would have been almost inconceivable, he never copied him (like the LCC around the same time with the blocks of Roehampton, near London, intentionally modelled on the Unité in Marseilles).

Braem consciously sought, and not without success, a genuinely national, even Flemish application of the CIAM. When, in the first issue of his magazine *Bouwen en Wonen* (1953, nr. 1), he printed Le Corbusier's Unité in Marseilles, he added significant comments to it, illustrated by the tower of Lissewege: *'We want an architecture of TODAY and of OUR OWN. But we should*

bear Le Corbusier's message in mind. (...) But a superficial imitation of this language leads to a formalistic cosmopolitanism which is not proper to our nature. It is our duty to create an architecture which is consciously up to date and which corresponds to the needs and the nature of our people, our climate and our landscape. We should refer to good examples from our past and not make ineffectual imitations, but answer the function of the building in the same frank and robust way as did the builders of Damme, Lissewege, Ter Doest. Our architecture should become functional, straight-forward, robust and honest'.

This quote illustrates clearly how his attention shifted from ideology to formal concern under the influence of his practice and the reigning political situation. A change he expressed more clearly in his *'Ten Commandments for Architecture'* published in the same issue; a functionalist profession of faith and ideology, a doctrinal manifesto addressing the progressive archi-

1951-54 Unités d'habitations du Kiel, détail des gaines vitrées.
Kiel housing units, detail of the glazed terminals.

tects (including the non-socialists). The ideology is latent only in the definition of architecture preceding the ten commandments: *'The art of organizing space with the final aim of physically and psychologically liberating man'* (80). A loose, humanistic definition he makes explicit in an article written for the completion of the Kiel: *'In arranging the ground-plan of the area and of the houses, we actually organize the course of the lives of the inhabitants and the surroundings in which they will live. Without them realizing it, their minds are modelled by the impression left by the different coloured and proportioned spaces, by the tensions between the forms, by the consciously organized spectacle of nature. In doing this, we undermine the routine interpretations which are the result of heredity, bad education and previous surroundings; in this pure environment, man's positive characteristics can develop into a less constrained conception of life'* (81).
He made this definition of architecture more explicit when presenting his project at the CIAM congress in Aix-en-Provence in July 1952: *'La tâche de l'urbaniste est de promouvoir une manière de vivre plus avancée, plus libre, partant de la réalité sociale actuelle pour la transformer. (...) L'architecture et les autres arts plastiques sont employés en tant que 'Armes destinées à combattre l'ennemi' (Picasso). Ils ne sont pas employés pour inciter les gens à suivre une tradition, mais à les en libérer'* (82). Those who know his previous writings will understand what he means by these general statements. Braem still believed architecture could act as 'social condenser' or 'social lever' and hoped (as he already believed in his youth, with regard to the Kiefhoek in Rotterdam) that this architecture, through its eloquent rationality, would show the inhabitants the way to a liberated, 'objective' thinking and to a socialist life style. This way of life was of great importance, not only to the socialist inhabitants, but also to the others. It was not possible to verify the idea, introduced

by the Catholic leaders, that Kiel would operate like a *'machine à socialisme'* for the inhabitants. But, as appears from the recollections of several of Braem's contemporaries, people in socialist circles more than once expressed the expectation that the inhabitants of Kiel, once they had been integrated into the rational structure of the neighbourhood, would automatically be freed from the traditional ties with the parish structure. They would escape from the control of the clergy (discouraged by the futuristic galleries to go on their home visits) and would gradually free themselves from religion to finally become (and vote) socialist.

Nor can it be verified how seriously people took this rather deterministic expectation and how far it found some realization. The subject would certainly be worth examination. The reactions of the press certainly proved that, from certain angles, it was felt that the architecture of the Kiel was a strategic element in the Cold War. The magazine *Bouwbedrijf* for example, wrote: *'Man wants a home and not a cell in a honeycomb'*. The *Libre Belgique* criticized the whole project and felt the open ground-floors, the absence of houses between the *'pilotis'*, was an inadmissible waste of public funds; *'nous demandons le nom des coupables'* (83).

Yet the project had an enormous success with the applicant-inhabitants. This was first due, of course, to the housing problem, but artists and intellectuals, seeing a sign of progressiveness in this form of housing, seemed to prefer the Kiel. This preference was no doubt influenced by the remarkable exhibition *'Het Nieuwe Wonen'* (New Housing) organized by Braem in June-July 1953 on the first floor of the three big blocks he had only just finished. Several designers, such as Jul De Roover, Veranneman, Thijs and Bosschaert, W. Bresseleers, W. Vandermeeren, and others, exhibited there and in two months there were no less than 50,000 visitors (84).

Once completed, the neighbourhood regularly attracted foreign, often distinguished visitors up till the early Sixties. Braem remembers having guided an official Russian delegate around, who refused to believe that these were council houses. He checked things himself later by visiting flats of his own choice and interviewing the inhabitants. In September 1954, a delegation of the 'Housing Committee of Sheffield City Council', on a European tour in view of the realization of Park Hill Housing, visited the area. From the positive reaction of the delegation (to which City Architect Womersley belonged) in its report about the Kiel project, 'perhaps the most exciting scheme inspected' (85), one could almost conclude that Braem's project definitely influenced the realization of Park Hill Housing.

Braem had realized what the Smithsons had merely put on paper in their Golden Lane Project, 'decks' and 'cluster' included. Kiel was nevertheless received with mixed feelings at the CIAM congress in Aix-en-Provence. Le Corbusier regarded Braem's daring adaptations of the concept of his Ville Radieuse (shallow flats with large façades, instead of the long and narrow duplex of Marseille, and the system of clusters) as a form of heresy. According to his employer, Braem had lost the opportunity to create an orthodox Corbusian structure. Braem persisted in his opinion that a construction of this kind was only appropriate to a southern climate and that, when transplanting such a construction, it had to be adapted to the local situation and needs. Despite the affinities between his approach and that of Team 10, the anti-establishment group founded during this congress, he by no means wanted a closer relation with these 'angry young men'. He could hardly appreciate Smithson's and Van Eyck's aggressiveness towards pioneers like Gropius and Sert who still filled him with admiration. He also disapproved of their plan to abolish the CIAM and, with André Lurçat, who became his friend and whom he met regularly in Maubeuge, he conceived a plan to found a renewed CIAM on a socialist basis. The plan was never carried out. In the same way, his repeated attempts to breathe new life into the Belgian CIAM never yielded any results: in Belgium too, the analysis of the postwar CIAM by Team 10 proved to be right. It was becoming a gentlemen's club, all of whom were building a productive career through a straightforward, almost blind, application of the Charter of Athens. They were all given a growing number of tasks, including Braem. He carved himself a lasting reputation in social-democratic circles with the success of the Kiel. He was given more important commissions and seized them as occasions for expressive experimentation in which his ideological intentions did not find expression in structural or relational research, but in an increasingly insistent rhetoric.

ADMINISTRATIVE CENTRE

In the course of 1949, the new burgomaster of Antwerp, Lode Craeybeckx, conceived a three-year plan. A first project, planning the most urgent work, aimed at giving a first 'impetus' to the reanimation of the town. It foresaw, among other things, the creation of modern urban centres considered indispensable to Antwerp, such as an Administrative Centre, a Sailors' Home and a Trade Centre.

In 1950, the local authorities were too busy with other tasks and the burgomaster decided to apply to private design offices. When he asked the opinion of Leon Stijnen, head of the Antwerp Academy, the latter proposed to divide the tasks between his teachers. Smekens and Wittockx were assigned the Sailors' Home, Braem, Wijnants and De Roover the Administrative Centre. (The Trade Centre was given to Cols and De Roeck, but never carried out. Later, Braem built the Building Centre on the same premises). The commission for the Administrative Centre was not assigned without trouble, however. On the incitement of *'architectes capables et bons patriotes',* whose names are not mentioned, the *Libre Belgique* started a campaign against the *'deux communistes notoires'* in the team. Craeybeckx put an end to the Mc Carthyism of the *'Libre'* with the laconic argument that they were 'drawing-room pinks' (86).

Braem's idea for the construction of an Administrative Centre was inspired by the conviction that concentration would permit better functioning of an apparatus which was scattered all over town, often housed in old middle-class houses. This situation often forced citizens who wanted to settle a particular matter to travel from one service to the other through the urban tissue. Therefore, the first task they assigned themselves was to *'define the objective, the importance and the different claims of the existing services'.* The team set up an inquiry into the available space, the manpower needed and the relations between different services, so as to integrate them into an all-embracing programme. Braem's report about this inquiry went as follows: *'To their consternation, they (the architects) discovered the town services in old, dilapidated slums where the 'chef de bureau' sat enthroned in the verandah, whereas the draughtsmen were locked up in the dark living-room-dining-room, heated with a round-stove on which, at the moment of our unexpected visit at lunch-time, a bacon omelet was being fried to a creamy texture. The housing of the services of our international port baffles description'.* This somewhat anarchic simplicity offended those who considered things from a plan-making point of view, as well as the new generation of social-democrats and the three young architects. Braem continued: *'That the scattering of services all over the urban tissue is unpleasant for the public, the latter has found out to its own cost, but it is equally obvious that this situation cannot be profitable to the efficiency of the administration which, taking the general evolution into consideration, will be playing a more and more co-ordinating part in the overall human activity'* (87).

The programme, therefore, made no distinction between services which logically belonged together because of their functional relation, and those it would be preferable to leave on the premises because of their local character (after restructuring if necessary). The entire town administration (excluding the port services, but police services included) was put together in a programme which would take shape in a prestigious new municipal complex. A first pilot study foresaw the drastic transformations of the entire area between the Shoe Market and the Oudaan. The whole existing tissue was to disappear, making room for an axial composition, in north-south direction, linked up with the axis by the old Episcopal Palace on the Shoe Market.

Braem wanted to extend the monumentality of the building into a small-scale tuileries which was to be the axis of the new administrative complex. In doing so, he wanted to meet the demands of the 'wish for grandeur' which, in his opinion, was so characteristic of the 'Antwerp mentality'.

After talks with the town services, who rejected the expropriations implied in the project, the idea was limited to the area between the Oudaan, Everdijstraat, Gasthuisstraat and Kammenstraat. The project which was accepted foresaw the construction of two towers of respectively 20 and 12 storeys for the administration, linked together by an oblong four-storeyed building along the Everdijstraat for the police.

Craeybeckx was anxious to see the project realized and the team finished the project for the highest tower in 1953, in the record time of 6 weeks; but because of the reluctance of the central administration in Brussels to give subsidies, work was only started in 1957 and finished in 1967.

Braem conceived the building as a contemporary belfry, an expressive symbol which had to convey the 'greatness' of the municipal authorities in the hierarchy of the Antwerp skyline. He wanted it to be a contemporary counterpart of the two main towers which had thus far dominated the skyline: the steeple of the Cathedral of Our Lady and the 'Boerentoren' (erected in 1928-31 by Van Hoenacker and Smolderen for the Kredietbank). Braem surrounded the building with 'pillars', or supporting columns, detached from the constructed volume which made the construction of open 'flexible' office floors possible — he paid extra attention to the design of the crown. In the pilot study, the social services (canteen, reception hall, etc.) were situated on top of the 12th story, like separate volumes in the Corbusian manner, but in the final project Braem integrated them into a comform volume, a 'crown' rhythmed by the V-shaped columns which, in turn, appeared to be ramifications of the supporting columns.

In the meantime, private companies which had started building sky-scrapers, following the example of the authorities, had considerably altered the hierarchy of the skyline. Nevertheless, the expressive silhouette of this tower building offers, from certain angles, a positive contribution to the Antwerp skyline. But it would no doubt be better not to leave this consideration aside, because the building was eventually given another function, and at the same time inevitably received a new significance. During the very long process of its realization, the municipal authorities came to see that the concentration of these premises, envisaged in 1950, didn't just offer advantages. They decided to centralize only part of the administration and locate it in a place the public could easily reach by car: the Desguilei.

A stop was immediately put to the realization of the ensemble and the police services, which were temporarily housed in the completed tower, settled in there definitively (with its open plan with moving, light walls, the building offers great functional flexibility and can be easily adapted to the varying needs of the services).

Because of this new function, the tower is not associated with the 'grandeur' of the local authorities any longer, but with the necessary coercive exercise of their authority. But even if the 'police tower', as it is called today, had kept or been returned to its primary function, it would have lost only very little of its authoritarian significance. The volume of the tower may match the roofs of the old town, and forms an acceptable reply to the Tower of Our Lady, but it is clear that its organic affinity with the tissue to which it formally lays claim has not been structurally realized. The implantation of the tower, compared to that of the cathedral, a classic example of contextuality, immediately shows that the tower of the Oudaan, despite its quasi-Gothic pretensions, is extraneous, even aggressive to its environment. The logical consequence of its presence on the premises would be to clear up the remainder of the surrounding urban tissue. It hardly seems possible to imagine a reconciliation between this proud, autonomous edifice and the adjacent chaotic tissue of the Kammenstraat, spared because of the presence of a monument (the Augustine Church, erected in 1618 by Coegergher). Obviously,

1957-67 Centre Administratif d'Anvers (coll. J. De Roover, M. Wijnants).
Antwerp Administrative Centre (coll. J. De Roover, M. Wijnants).

Braem never even tried to make such a reconciliation. On the contrary, he always looked upon the old urban tissue as 'old junk', a residue of feudal irrationality which had to disappear as soon as possible, to make room for a more rational and just society. But if he regarded the Administrative Centre as a prefiguration of the greatness of the ideal municipal authority, it appeared in reality as a symbol of the breakthrough of social democracy in Antwerp. Judging from the constructed signs, it was an imperious process which tried to ignore history but was painfully confronted with it. This took a lot more time than was expected and its initial intentions were lost in a diffuse formalism. The tower replaced the 19th century 'Cité', a beautiful market gallery built in 1841 by Cluysenaer. After the completion of the tower, the east side of the block was pulled down, including the Van de Ven show-room, built in 1946 by L.H. De Koninck, in view of the completion of the complex. The area was filled up only in 1977, with an amorphous pseudo-tissue of hexagonal volumes, referring neither to the existing urban tissue, nor to the solitary tower.

IDEOLOGY AFTER 1948
AN 'ANTI-BOURGEOIS HUMANISM'

During the most depressing period of the Cold War, the Korean crisis in 1950-53, Braem worked out his first important commissions and interiorized his ideology. He devoted himself to its concrete consequences, in his practice as well as in his writings. The social intentions behind his architectural reflections of the time are only understandable to those who are familiar with his previous writings. Reading between the lines, one can follow their gradual and rather capricious development in the magazine *Bouwen en Wonen,* founded by Braem and Walter Bouchery at the end of 1953. According to the *Ten commandments,* he initially devoted most of his time to formal problems he now explained and justified on the basis of a functional and humanistic approach. Although the ideological foundation was not yet revealed, he included it implicitly in the convictions which he expressed:

first of all his faith in the direct, steadfast relation between form and content, between architecture and world image, a faith which seems not in the least affected by Italian memories: *'If the form is the expression of a way of thinking, a way of reacting to life, it will keep these contents all through its existence, and only the reaction of the onlooker can change. Form will always witness'.* With an immediate, linear consequence: *'the impracticability of old style forms in an architecture with humanistic, progressive tendencies'* (88). This formulation indicated a new ideological orientation. We have already seen, in the late Thirties, his increasing distrust of Stalinism. A régime displaying such outmoded superstructures and opposed to all forms of spontaneous creativity had become the victim of a 'Byzantine fixation' in Braem's opinion, or internal 'hypocrisy', to quote H. Roland Holst, whose ideas would later influence him. When revelations about the Stalinist dictatorship confirmed his feelings and when the communists, pushed back into sectarian isolation by the Cold War, obstinately clung to Stalinist orthodoxy, Braem gradually took his distance from the Communist Party. He did not try to join another party (the Flemish Socialists for example), but developed his own socialist humanistic convictions, outside party-lines.

This was a mere shift in his 'dialectical programme' of 1934. Already in 1948 he wrote: *'Instead of an etherial intellectualism, we note growing attention towards a complete human being, an equilibration of all architectural factors, thus throwing a bridge of understanding between a genuinely regional and popular architecture and the architecture of past civilizations in their youth. At the moment, one sees the development of a humanistic architecture in which the elements we have so far discovered only separately will be joined in expressive harmony'* (89). His new orientation can be seen in the positive attention he now payed to the construction of single-family houses next to collective house-building, *'the shell in which only one family can live, a type of housing which used to be, still is and will always be the most important problem in architecture'* (90). His point of view is totally different from De Taeye's, for instance. Braem regarded man as a conscious part of nature and the family as a natural organism which had to build its nest in the landscape in an ecologically justified manner. Braem used the term 'ecology' only later, when it became a fashionable word in the early Sixties, but the notion it covers closely corresponds to the ideal he already described in the Fifties, and tried to carry out in his work. It is clearly expressed in the biomorphous forms of the previously mentioned country house in Brabant (1945), and in the shell-shaped Brauns house he built in 1948 in Kraainem. It is the first time, albeit in a discreet and tempered way, that he fulfilled an aspect of the Expressionist *Wendingen* of his youth. But within the period considered, the house remains an isolated example. His evolution is dominated by the classic duality between abstraction and empathy. During the war, abstraction prevailed, sometimes amended by naturalistic details or structures, whereas from the early Sixties onwards he showed a growing preference for organic forms. In fact, he always seems to have felt this preference. He was turned away from it, he says, not only by a feeling of ambivalence, but also because of his partners, economic motives, problems with the building-sites, the oppressive Cold War climate or, in the case of his own house, for which he drew both biomorphous and geometric projects, by his wife.

In the Fifties, he was confirmed in his preference by Le Corbusier's evolution, who put more and more emphasis on biomorphous forms in his post-war works. There is no doubt that Braem had been most impressed by Ronchamp in which he immediately saw *'one of the most important realizations of modern architecture which people, in the years to come, will go and visit, like we ourselves today go to Germiny-les-Prés or Conques, to find comfort in the direct and genuine, leaving behind 'good taste', 'decency' and 'dead conventionalism'.* He stressed the exceptional quality of Le Corbusier's chapel, comparing it to the one constructed by Mies on the MIT campus, about which he gives a very negative opinion: *'Its aim is absolute form. It is probably not entirely indifferent to content but refuses to grant any expressive power. The contents are blacked out by its form. In a perfect composition, man's presence is almost undesirable as it breaks the perfect formal harmony'.* In architecture of this sort man loses the *'constructive contact with the particularities of the human mind as they are expressed, for example, in the different solutions to one problem. He no longer enters into conflict with the sharp obstinacy of strong personalities but is merely confronted with the rounded angles (sic) of a deliberately formal neutrality which, in the end, causes the death of the creative element'.* He even wonders *'in how far Frank LLoyd Wright is wrong when, speaking about the ideological background of this architecture, he mentions Fascism. It would be well worth considering'.*

He continued: *'When we oppose the stilted formalism of Mies van der Rohe to Le Corbusier's exuberance, we feel they have a different relation to man: Mies van der Rohe has a fanatic desire for perfect but presumptuous form, completely dead to its destination. In Le Corbusier, we find a quest for contact, expressed in 100 different forms which, time and again, address you like a friend. On the one hand, the triumph of a rationalization of industrial products which takes no notice of man; on the other hand, a persevering man who finds wealth, not in dollars, but in interior values'* (...) *One thing can never be denied: the love with which he has visibly assembled those forms into a touching whole, whether in the complex or the stained glass-windows and the front doors, painted by Le Corbusier himself: a kiss to the Universe!'* (91).

Besides the element of love, he openly stated truthfulness, audacity and courage as principles of 'interior value' values which, according to him, make up 'new ethics', a 'new model for action', a 'new world-picture to be built', a 'new faith in man', an 'anti-bourgeois humanism' (in his first writings for the Joe English Guild). These words may sound candid and innocent but their meaning can only be understood within the context in which they were uttered. Braem obviously saw in those new ethics an alternative to the existing and in his eyes schizophrenic, Catholic

161

moral standards, but again expressed his thought in a rhetoric analogous to that of the opponent. He accused most Catholics of establishing (in 1957) *'a wall of steel between the Sunday reading of the gospel from 10 to 11 a.m. and life itself'*. But even the freethinkers, in his opinion, left a big gap between *'knowledge and action'*. Still, contemporary culture, or its absence, was generally marked by a number of distressing, unsolved oppositions, according to him: between man and nature, life and science, art and life, art and science, knowledge and feeling, construction and housing, architecture and life, form and construction, etc. But — and here his ideology appears openly again — at the basis of these contrasts lies an even more profound opposition: *'oppositions between political democracy and the ever-increasing concentration of the economic power, oppositions between humanism and capitalism. All these tensions maintain a split attitude towards life, an enormous gap between the generally accepted practices and ideals on the one hand, such as freedom and democracy, and the cruel reality, on the other hand'* (92).

These contrasts are clearly reflected in the constructed environment, particularly in the chaos of the towns: *'Nothing of what has been built in the first half of this century can meet the most elementary demands we could and should make today. The capitalist town chokes in its own excrements'*.

As a solution to these contrasts and as a condition to the realization of the sort of humanism he had in mind, he advocated once again the socialization of the means of production, a socialist planned economy, *'a planned economy which guarantees the freedom of each individual'*, a genuine political and economic democracy. This ideological stand doesn't correspond in the least to the 'Realpolitik' of the social-democrats who were in power at the time and devoted all their attention to welfare reformism and the anti-clerical school struggle. It corresponded to the racial ideology of the Unionist left (93). Yet, Braem didn't read *La Gauche*. It is merely the ideal of his youth which he advocated again as a condition to the drastic transformation of the constructed environment: *'an accumulated mesh of old ideological residues, of outmoded techniques which, like scabs on a living organism, put an enormous brake on the development of the most elementary vital functions (...) We are literally choking in the consequences of a technique entirely subservient to profit. Neither herbs nor pills will cure the disease any more, only surgery can stop our metropolis from dying!'* (94)

The interventions Braem proposed as solutions to urban problems are drastic and always utopic, even though his CIAM vision took different forms in the course of time.

In a long talk for the Lodewijk de Raet Foundation in 1960, he described it as follows: *'Where will we go to live? In beautiful, healthy and safe surroundings, of course. That is to say, in the middle of nature, in completely organic housing units, situated in proximity to a network of roads, only meant for passenger traffic and for the material supply of the living units. On these motorways at the speed of our choice, we can drive to the subdivisions of the productive machinery, to the administrative centres in what remains of the old towns. We should also reconsider the concept and the aim of our villages which are mere agglomerations of more or less picturesques slums, in view of the growing industrialization of agriculture'*. About the existing towns: *'once we have accepted that those deserts of stone are no longer fit to be lived in under their present form, we will at long last push the green zones into the centre, pull down the slums, old and less old, combine an organically coherent equipment with the elaborate organization of the neighbourhoods. Large parts of the urban tissue will want to be cut out to make space for the establishment of green areas and, in second place, traffic and parking. If it seems logical that a large number of people will still have to be the brains of the community, concentrated in the towns, and that these people will want to live near them, those areas will be covered almost exclusively with high-rise buildings, except for a few residential areas which we should try to keep, and weekend and holiday areas built along the future green zones*

1962 Projet pour la cité «Parc» Rive Gauche à Anvers.
Project for the 'Park' estate Left Bank, Antwerp.

or the ones which should be saved. There will be very little difference between the towns and the areas situated a bit further, in the country. (...) The solution in a country which lacks space are high-rise buildings as a rule and low-rise buildings as an exception. High-rise buildings provide a number of open floors in a transparent plastic wrapping, on which each inhabitant can develop the plan of his choice with the help of prefabricated elements. (...) The façades are arranged on the inside, according to the different possibilities of the prefabricated façade elements. The appearance of the glass towers is determined by a transparent, rhythmed architectonic wrapping which expresses the spontaneous life of the differently articulated and wrapped interior spaces. Life itself becomes a free element, expressing itself in a disciplined way through architecture (...) In this way, order brings freedom where the freedom of De Taeye's houses can only bring uniformity without hope of nothing but slavery'. He continues: 'We can, however, imagine well-made series of individual houses, conceived technically in the same way as high-rise buildings, with open plan, and served by the same collective institutions as the high-rises for large families and for certain professions, pastoral poets and individualistic architects. Sport and culture at the foot of these blocks will find room to be used both by farmers and industrial workers, clerks and intellectuals, whereas agriculture will be brought next to the town for children to see that their milk doesn't come from factories but from cows. New forms will finally develop from this design of ensembles on a scale never seen before. These new dimensions will undoubtedly lead to monumental concepts, worthy of a new type of man who has done away with the laisser-faire of the pre-atomic age, to work systematically on his own future. The modern art of abstract paintings and sculptures will penetrate life itself. Free form, at long least, will be the form of freedom' (95).

Despite Braem's preference for biomorphous forms, the image he gives of the Ville Radieuse is closer to his linear town of 1934 and to the formalism of Mies he had so often decried, than to the humanistic wealth of Le Corbusier. The same applies to the 'Cité modèle' he built simultaneously in Brussels. Like the distinction he made in his liberated society between the housed masses and the residential élite, this contradiction has not yet been solved. Being inherent to existing social conditions, Braem was not able to escape them.

But despite these and similar contradictions, his concepts had considerable influence on architects and public opinion in Belgium. He spread his vision with obstinate energy in his writings and his talks: first of all in socialist circles, such as the E. Vandervelde School for Adult Education (in the Koninklijk Atheneum of Antwerp), in several cultural associations, such as the Circle of Forward-Looking Socialist Women, and Tribune; and later on, from 1955 onwards, in the already pluralistic context of the Lodewijk De Raet Foundation: together with K.N. Elno he travelled all over Flanders to take part in innumerable weekends devoted to the study of the culture of habitat.

Whenever he stood up for his ideas in a professional context, at a colloquium or in an architectural association, his interventions always contrasted sharply with the ideological vacuum of the majority and the hesitant pragmatism of the progressive minority. In architectural literature of the Fifties and the early Sixties, Braem was the only Belgian architect to formulate a coherent doctrine. There was no progressive alternative and because history and theory were not taught, there was no question of a larger and more general conceptual architectural framework in which to situate and evaluate Braem's contribution (96).

The reactions of the press to his concepts at the time merely consisted in admiring comments or simple paraphrases. For this reason, Geert Bekaert called him *the most important theorist of the period* (97). Theorist, in the sense of ideologist, as Braem didn't have time to deepen or extend his vision into a complete critical theory, too much of this being taken up by various professional activities. Having already founded the

magazine *Bouwen en Wonen,* for which he wrote a great deal himself, he founded, with Walter Bouchery, the Building Centre in Antwerp, was elected chairman and designed (for no fee) the pavilions and several prefabricated prototypes. From 1948 onwards, he lectured in Town Planning in a studio at the Higher Institute in Antwerp and from 1962 to 1965, he was the acting head of the Institute. After the creation of the Order of Architects in 1963, he sat on the National Council until 1975. He developed a fruitful practice and seized small and important projects he carried out as opportunities for formal explorations which cannot be dealt with here. But one project should not be passed over: the model housing estate in Brussels, with which he perpetuated the oppressive antagonism of the Cold War in ever-lasting monumental signs.

THE MODEL HOUSING ESTATE IN BRUSSELS

In 1956 the socialist deputy Fernand Brunfaut, author of the law named after him, took the initiative of laying out a large exemplary housing estate near the 1958 World Exhibition, illustrating Belgium's progressive ideas in housing. Part of the funds were used for the benefit of the population. According to Braem, this was *the only intelligent initiative to be taken in connection with the fair, in which the gigantic atomium was probably the most appalling symbol of the total lack of ideas from official quarters* (98).

A national ad hoc committee formulated the task and instructed a team set up for the occasion to complete it. The members had been chosen for their previous achievements in the National Housing Council and their political and regional appartenance, according to Belgian tradition = two Flemish: Braem (no party, left) and Coolens (Social Christian), two representing Brussels: Van Dooselaere (Liberal) and the group Structures (Social Christian), and two Walloons: the group l'Equerre (Socialist) and Panis (Socialist); surprised to be together but, according to Braem, a group of *people who complemented one another, whose aesthetic*

1956-63 La Cité Modèle au Heysel, Bruxelles.
The Model Quarter at the Heysel, Brussels.

ideas were similar or would become similar in the course of their collaboration'.
Without doubt, Braem took advantage of the time the members of the team needed to adapt and put forward, with his typical graphic power, an all-embracing concept which largely determined the general lay-out.
Who else in the team could have imagined the following: *'From the inside of the houses we can see the entire residential part of Brussels, from Laeken to the Basilica of Koekelberg. In the immediate surroundings, the banal expansion of the so-called garden cities and fallow sites forms a front of ugliness against which the new neighbourhood will have to fight, with the help of its aggressive and defensive composition. The basis of the entire concept is the following: to form an island of conscious order and clarity in the chaotic layout of the streets filled in Brussels with particularly incoherent buildings. This can only be expressed in an orthogonal composition of lines and plans worked out in all its details, to give the complex a*

monumentality which will serve to react against the general urbanistic and architectonic inertia of the area' (99).
On the east side, the neighbourhood challenges its environment with an obvious aggressive sign. A rampart. But what environment? Do the few islands between the Citroenbomenlaan and the Houba de Strooperlaan really deserve this violence? Examining things more closely, we see that it is the expo itself, right behind, which was being aimed at. Speaking about this aggressiveness, Braem says elsewhere: *'in our opinion, people have managed perfectly to give an idea of the chaos which has spread all over the world; the pavilions of the big nations rear up, and those of the smaller countries hide behind every corner because, even here, the sales by lots were almost done with notaries, so that there is not even a trace of geographical grouping and the pavilions either match or clash, like a new residential area at the seaside, where everything depends on the sign: 'building-land for sale'* (100).

165

Braem used this project to represent a conflict or, really, to enter into ideological battle with images. But here the problem arises of how to rhyme the obviously polemic character of this composition with *'the art of organizing the human environment for the physical and psychological liberation of man!'*
The nearly 300 m long rampart visually protects the area against external chaos, but the rampart itself makes up a 'linear town' with houses facing the repressed chaos. Are the inhabitants of this alignment of cells supposed to be always on a state of alert, ready to fight outside threats or eventually attempt an attack? The 'mobilization of architecture' is given an extremely literal meaning here which, in the present context, is incomprehensible to those who don't know about the 'strategic' aims of the project (101), but which must seem absurd to those who do. This obviously applies to the inhabitants who are imposed a life-long adhesion to this paramilitary metaphor. What can an inhabitant do with a form of housing which has not been conceived for its inside communications or for relations between the dwellings, but on the basis of an enigmatic and useless visual aggression against an external laissez-faire? The image of the rampart is comprehensible only when approached by a visitor of the expo, an imaginary point of view because the expo took place 20 years ago when the works for the *cité modèle* had hardly been started. The rampart faces the Keizerin Charlottalaan. After having climbed an enormous slanted plan, entered the 'wall' in the middle through a door which has the added emphasis of a 16-storey block of flats, when he left the expo the visitor was to be overcome by the purifying impression of the monumental solidarity on display to find himself inside the radiant order of a new planned universe (a situation Braem gladly compared to Angkor Vat). On both sides a long colonnade unfurls, the 'hoogstraat', giving access to the 'rampart houses' with the 'via sacra' right in front, and the visitor can walk down along an even more monumental gallery, between the *pilotis* of blocks of flats, thus entering the 'forum', a square of 40 m by 50 m which was meant to be lined with a shopping centre and a café-restaurant. As these were never built, the 'well-balanced and rhythmed spatial composition' of the three blocks of the forum finally turned out to be more open than expected. Beyond an enormous 'green' zone, a vast wall of low-rise houses should have been built. On the south side, the area would have been lined with a number of social and cultural buildings: a church, schools and a cultural centre. The latter would have been crowned with a *'plastic climate effect'*, a *'monument to the right angle'* which *'would provide the premise with an elevated character; the basic idea of this plasticity is the right angle, surrounded by an ellipse and decorated with the symbols of earth, air, fire and water, expressing the fact that man, surrounded by nature, will express his will for domination through the sign of the right angle, the sign of human order which also gives the idea basic to all progressive human activity: acting for change'* (102). The forms of the ensemble are strictly orthogonal. This idiom, on which the members of the team managed to agree and communicate, is a mere deduction, a slightly more formalized version of the Kiel. (The gallery of conduct-pipes at the foot of the blocks, for example, is taken from the Kiel but is not made of glass). But Braem valued this project far higher: *'Without false modesty, we can say that this will be the first demonstration of Belgian architecture in which the buildings are matched to the environment, and that a conscious organic and aesthetic relation is established between them'* (103). In the end, only half of the project was used and the memory of the complete ensemble vaguely remains in the plan nostalgically displayed in Corbusian relief next to the entrance. After long deliberations, the low-rise houses were replaced by crude blocks scattered all over the place. Of the social facilities, only the cultural centre was built but without the monument to the right angle, so essential, in Braem's opinion (104). What has been built clearly illustrates that architecture can die not only through a lack of content but also through an excess of ideology. Instead of being a condition and inspiration for the project, ideology is a monomaniacal mes-

1956-60 Quartier résidentiel Jos Van Geellaan, Deurne.
Residential quarter Jos van Geellaan, Deurne.

sage expressed through a spectacular architectural rhetoric. The metaphors of the Thirties loom up again and though, or perhaps because, they were meant to be a demonstrative expression of the dignity, power and state of alertness of well organized, solid masses, they are contaminated by an oppressiveness which has no impact on its surroundings, but a fatal one on the inhabitants. The Mies Van der Roheian forms didn't reduce this oppressiveness, especially when considered in the light of Braem's opinion of Mies. It is inherent to the concept of the project itself, based on the opposition between order and chaos, two antonyms which Braem says, in his writings, he wants to go beyond. The result is a situation which strikingly visualizes 'peaceful coexistence', but could hardly be called a contribution to the 'loving organization of the entire human environment'. It is less an anticipation of a socialist society than the triumph of a list visualization of the strategy preceding its realization. Braem does not inquire into the possible structural

implications of a liberated society — an inquiry, at the time led by the members of Team Ten: *'the patterns of human association'* of the Smithson, and their urban *'counterform'* in the *'configurative process'* of Van Eyck. In this planist monument, all use of space is determined in a strictly functional way, according to the classic rules of the CIAM. The project incorporated more recent CIAM concepts, such as a 'forum' and a cultural centre, but these are implanted in clearly defined areas and are all linked by 'traffic', not by the urban space or areas with a personal identity. Even though the spaces between the constructed volumes may have a 'visual and dynamic function' in the whole composition, they have no positive significance in its actual use and remain empty, indeterminate residual spaces without reference to formal urban use. The plastico-spatial composition doesn't aim at viability but leads a rhetorical existence beyond everyday life. In wanting to be the expression of an over-excited ideological message, in setting itself up as an (entirely inefficient and useless)

167

propaganda instrument, this 'militant humanistic' architecture was denied its specific structural power.

It changed directions and overshot its elevated aim. That in the meantime, Braem could make totally different constructions when he did not feel the pressure of representation, appears in an estate he designed and built at the same time as the Cité Modèle: the area around the Jos van Geellaan in Deurne fits in entirely with the previously existing context. Although even here he could not resist the temptation of hiding some chaos behind a 100 metres long block of houses, this housing estate did adapt discretely to the existing context.

There are no high-rise buildings but the houses are grouped around clusters of subtle dimension. Despite its clumsy orthogonality, it can be linked to the Kiel by its refreshing simplicity. Although it was completed by others, it is one of Braem's most remarkable works.

THE SIXTIES
A BIOMORPHOUS FORM OF LOVE

A climax was reached in the contradiction between dream and action, between the dream for an all-embracing biomorphous architecture and neo-functionalism (the despised forms of which had to be counter-balanced by the rhetoric of composition) of the Cité Modèle which marks a break in Braem's development, and coincides with a change in Belgian architecture and social climate. With the Expo of '58 began a period of economic growth. Belgium was soon invaded by a growing stream of multinational investments, which mainly affected the already 'deproletarianized' and hard-working Flemish part of the country. Even more than during the Gay Twenties, the Golden Sixties gave the impression that the affluent society could offer a solution to every social problem. The thaw in international relations led to a detente in national contradictions, too. Once the ideological polarization of the school struggle (1954-58) had been smoothed out by the School Pact, growing wealth contributed to contact and dialogue between progressives of different leanings.

At the same time, Belgian architectural production underwent a profound change. The international avant-garde broke with the architecture of the CIAM, abolished at the Otterlo Congress in 1959, and modern architecture made its first break-through in Belgium — partly because of its promotion at the Expo '58. The Belgian modernists who had had to fight for their ideals until then, now received a growing number of commissions. Routine and the inflation of formalized youth ideals began to prevail over imagination.

These circumstances incited Braem to reorientate himself. The acclimatisation of modern architecture made the solidary struggle for a formal language superfluous and henceforth justified a form of opposition. The ideological thaw reduced Braem's formal ambivalence and gradually shifted the accent from 'abstraction' to 'einfuhling', from 'physical fear of space' to 'a happy Pantheistic relationship of confidence between man and the phenomena in the outside world', to quote Worringer (195). From the late Fifties onwards, the organic, naturalistic elements had led a hidden or marginal existence in his works of the Cold War period and the Brauns villa soon gained increasing importance and finally began to dominate formal language. Braem did not react to neo-functionalism with a deepening of structure but with a return to his first love: the organic phrasings of expressionism. Not that he copied the dreams of his youth, but he wanted once again to create 'in the same way as nature', as with the Brauns villa, and backed up by his experience this time. From 1958 onwards, to get familiar with the living world of nature, he started drawing studies of different organisms, such as plants and shells, which he tried to transform into a form of human housing. He considered architecture as *part of the ecological domination of the environment. In the same way as life, with its inexhaustible imagination, becomes integrated into its biotope, constantly self-renewing architecture plays its part in the perpetual self-creation of man'*. This vision lead him to a renewed interest in expressionim and Art Nouveau. He rediscovered Horta and van de Velde and started to

1972-77 Maison de campagne à Elversele.
Country house at Elversele.

admire Gaudi, who provided him with a new ideal. He even expressed the intention of taking up the interrupted evolution of Art Nouveau again, *'to carry on where Horta and van de Velde had left off'*. A daring ambition which, with his impetuous virtuosity, he failed to fulfill. Although, as in Art Nouveau, Braem wanted to prefigure an ideal 'natural' form of life, there is an enormous distance between the restrictive image of man he had in mind and the complex image of man implied in Art Nouveau such as Morris's symbolism, van de Velde's Nietzchean ethos, or Gaudi's Christian obsession. They all found their strength in the desire to reconcile the multiform duality of mind and matter, whereas Braem, in his typical way, applied only one antonym. As a premise to his renewed idiom, he postulated a purely naturalistic, materialistic image of man: *'There is no essential difference between man and nature. Man is part of space, filled with living matter and acting like an organized whole, with the aim to survive and procreate. The only basic difference between man*

and his environment is a difference in the density of energetic activities'. Braem refers here to the *'homme tout nu'* mentionned by Le Corbusier before him but interpreted literally, in a quasi-monistic way: man is no longer the cross between a rationalistic monk and a sensual athlete, but a natural embodied urge. For the constructed environment this implies that *'architecture is one of the forms created by nature in the process of the organization of the environment around organized life. Man and architecture are one and the same thing: energy in action. Architecture is a natural extension of man. Architecture clings to man, as a flower clings to its stem and roots'*(106). *'As nature creates flowers, so we create our stone flowers. They too are resting points on the road to eternal evolution. In a changing environment, they react by a different structure, different forms and colours in ecological systems more closely interwoven with the total reality than biologists (with flowers) or architects (with buildings) would dare imagine'* (107). This mysticism of nature to

169

which he came at an advanced age, is the fullfilment of the last part of the ideological programme he had approached rudimentarily in 1934. At the same time, it is his personal vision of a concept Le Corbusier had already formulated in 1924: *'Le mystère de la nature, nous l'attaquons scientifiquement et loin de s'épuiser, il se creusera toujours plus profond alors que nous avancerons. Voilà ce que devient notre folklore. Le symbole ésotérique, nous l'avons, pour les initiés d'aujourd'hui, dans les courbes qui représentent les forces, dans les formules qui résolvent les phénomènes naturels'.* Braem's evolution confirmed the words of his former employer: the older one gets, the more optimistic one becomes. Architecture, he says today, must have the 'effect of Spring' on man, it must provide him with a 'happy awareness of his existence', put him in contact with 'the essence of life', 'mystery', the 'sacred'. He wanted to 'sing the meaning of existence in a sensual form'. The open political situation obviously removed all fear of letting himself go to religious urges.

'L'Architecture doit avoir comme raison essentielle de créer un univers à notre mesure, d'ordonner des espaces respirant l'amour, renforçant la conscience d'exister dans le bonheur, l'unité, l'harmonie avec les semblables. L'architecture est chose sacrale. Faire de l'architecture ne peut être qu'apostolat'. (Observe the significant shift from 'social action' to 'apostolate'). *L'architecture sera sacrale, nous permettant d'être intensément, c'est-à-dire de communier en tant qu'élément conscient de la nature avec le reste de cette nature, les hommes, l'univers, la véritable dévotion. L'architecture sera religion, religion dans le sens de relier, s'unir dans une conscience commune de notre rôle envers le mystère primordial'* (109). In addition to this, Braem inevitably developed a special interest in Eastern Philosophy, Zen, Taoism and primitive cultures in which he discovered a harmonious union between form and life, man and nature, mind and matter, the reconciliation of unity and plurality, and of all the antonyms which are inwardly divided in the West. Braem's new approach expressed itself in his next project, the St-Maartensdal housing estate in Leuven, not in its overall form but in the structure of the blocks. He built chevron-shaped flats, articulating them to the outside in differentiated volumes of redans which gave the private terraces a certain privacy. The biomorphous intentions are given more shape in another big project of the same period, the satellite town Lillo on the Left Bank. On the bastions of three old forts, Braem designed a number of domestic towers developed like vegetal structures. It is only years later, in more modest projects, that he will be given the opportunity to fulfill his ecological vision: dwellings in Ranst (1963), Overijse (1968), Mortsel (1968), Buggenhout (1969), Hoogstraten (1969), Hemiksem (1969), Elversele (1975) and Schilde (1978); in the pavilion at Middelheim (1971) and the Library in Schoten (1976).

He even managed to carry out this form in council houses, with a number of restrictions, on the Arenaplein in Deurne (1966-71) and in a longitudinal block in Boom (1972). Although he stuck to traditional plans in all these buildings covered in turbulent forms (most spectacularly in Boom), with façades like 'waves', he tried to express 'love' as a total concept with quasiphysical curves and emblems, combined with 'melodious' spatial development. Today, he sees the results as 'the only works which corresponded to his actual aspirations'. This naturalistic dream, this non-historic materialism, would obviously lead Braem through an inevitable dialectic into an even more categorical refusal of historic reality. His criticism of the inherited environment reached a spectacular climax in his pamphlet 'The Ugliest Country in the World' Braem started this text with a typical Le Corbusier situation: returning from a distant country he read the character of each country in its landscape seen from the aeroplane. When his country came in to sight, he saw *'a patchwork quilt, assembled by a madman, a mess of odds and ends, strewn with the contents of an entire box of bricks scornfully scattered around and dumped down by an enraged giant'.* In comparison with the harmony radiating from the neighbouring countries, *'something is not quite right*

1978 Vue de la Ville Linéaire Belgique.
View of the linear town Belgium.

here, something strange is going on down there, the inherent laws are being disobeyed, people violate basic principles which are not formulated in the constitution of the country, but which are part of the guidelines of existence and of the development of the universe'. Having set foot on Belgian soil, a more detailed description of what could be seen only confirm this destructive diagnosis. Braem gives brilliant vent to his criticism of the Belgian planless experience. It is surprising that he managed to publish this passionate attack of a situation which was the immediate consequence of the 'deproletaranization' policy of the Flemish Social Christians by the Catholic Davidsfonds, including the proposals he made in the magazine *Het Vrije Woord* in 1945: *'the mobilization of the building-ground and the means of production, the abolition of the dictatorship of financial powers, the institution of an economic and political democracy'.*

Even after 1968 and up to the present day, Braem continued to advocate these proposals as conditions to the realization of his alternative: the pitiless destruction of natural vegetation in towns and villages and the junction of the monumental centres by linear towns: a whole which makes up the Linear Town of Belgium. The new Linear Town, with which he intended to transform his country into a 'vast work of art' has a structure analogous to that of the Linear Town of 1934. It is composed of two zones isolated from each other by green areas, intended for production and living, that stretch between Bruges, Ghent, Antwerp, Liege, the Borinage, Namur, Charleroi, Mons and Brussels. The Ardennes are kept almost entirely as a natural reserve, and the 'liberated' land is turned over to agriculture and recreation. The form of the residential belt he designed is obviously entirely different from the one he drew in 1934: it consists mostly of high-rise buildings but in conformity with the Archigram and SAR visions of the time, it has a fixed supporting structure filled up with biomorphous residential capsules. Braem remained obsessed with the idea of a

171

linear town and took it up again in 1964. Like Le Corbusier, he worked very seriously on a project for a European Linear Town and went on inventing with inexhaustible energy new formal, more general variations of the Belgian linear town.

These variants gradually moved away from reality and showed his thirst for a cosmic dimension, sometimes very close to science fiction.

According to Braem, the architecture of the future, which will be in harmony with nature, should not be limited to the immediate surrounding vegetal and biological nature in the age of astronautics. It should also include in its configuration the new cosmic feeling for space, which men are trying to conquer. This is one of the reasons why the builders of the future should make tabula rasa of the 'middle class obstacles' of individualistic parcelling which block the visionary view. Architecture of the future should put the new man into contact with the reality of a continuous, limitless but finite and expanding cosmic space, through its vast perspectives on a liberated horizon. No wonder Braem was deeply touched by the fabulous design of the spaceships in Steven Spielberg's film Close Encounters of the Third Kind. He wished he could have designed this total architecture himself and he would gladly have joined Richard Dreyfuss and the other actors in the UFO to transcend historic reality and gain access to the Fourth dimension.

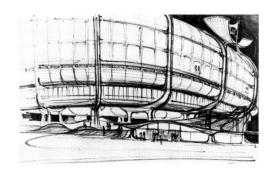

1969
Concours pour l'Hôtel de Ville d'Amsterdam.
Competition for the Town Hall of Amsterdam.

AIMEZ-VOUS BRAEM?

Braem's declarations of love in words and stone were given different receptions: warm but often ambivalent. We have already shown the success his 'leftist' architecture had with the Social-Democrats, even though he only partly shared the objectives of his employers. Braem's projects were felt to be a representation of Social-Democratic progressiveness, while he wanted them to be expressions of a struggle or of 'love'. On the other hand, his ideological stands had considerable influence on public opinion, in professional circles, and not the least through his teaching practice in the Fifties and Sixties. The warm interest and admiration he provoked in his students as a lecturer in Town Planning and as acting head of the Higher Institute is made obvious in a vain and unusual attempt for Belgium to have him appointed head of the Institute in 1964. Nevertheless, his direct teaching influence was limited. It would be hard to find one of his students for whom his ideas or his work remained exemplary, as Le Corbusier was to Braem. Precicely because of his radical stands and his individualistic expressions, he could not act as a catalyst or play the co-ordinating part one might have expected of him. To use Georges Baines's words: *'The far too*

personal oeuvre of Braem did not carry the ferments which could have set the younger generations on new paths' (110). This is particularly true of the neo-expressionistic explorations into which he withdrew in the early Sixties, at the very moment when he found the most ideological response. Despite the universality to which this formal language layed claim, his example seemed very hard to follow. To put it more bluntly, Braem's virtuosity sometimes seems to have put a damper on the personal development of his students.

The reception of Braem's work by the press and the few Belgian architectural critics was often admiring. There were hardly any negative criticisms, except one, lucid for its time, by Jul De Roover. Not being a virtuoso like Braem, he concentrated less on the experiences of expressive forms than on housing standards. The irritation he expressed at the exhibition 'Het Nieuwe Wonen', held at Kiel in 1954, was mostly directed against some of the other exhibitors but also at Braem, referring to the stubbornness with which he used to impose his formal concepts on his collaborators and future inhabitants: *'A teacher who takes his pupils for fools is a bad teacher and, although we do not intend* to go to the other extreme, it seems too easy to assume that the entire public can be taken for fools. Does this perhaps hide a fear of self-criticism? It is far more difficult to lift a balloon above the ground by keeping the ballast, rather than throwing it overboard. It is far more difficult to create an environment offering all guarantees of habitability in the largest possible sense, where the inhabitants do not feel lost, than to produce a clearly defined combination of volumes, lines and colours, accessible to one individual only. However great our desire may be to curse the middle-class opinions on housing, and however hard an architect may wish to scandalise the public, we can lose contact and appear to be talking in the void. Moreover, our hostility towards the reactions of the man in the street originates in a subconscious feeling of loneliness and isolation' (111). In his anxiety to meet the demands of the inhabitants and in his criticism of the decisions of the designer, De Roover, who was very well acquainted with Braem and collaborated with him at the time, formulated a fundamental criticism of Braem's utopic-idealism. His critique is justified: the rare and exemplary clarity with which Braem expressed the ideology of modern architecture is in direct proportion to the naïvety with which he fell into the ambushes spread along his path. This was very clear in the case of the Cité Modèle in Brussels where ideology led Braem to extremely authoritarian statements. It is equally clear in many of his other projects. The criticism of the authoritarian character of elitist thinking as it was developed by the Frankfurter Schule became increasingly topical, even in Belgium, during the Sixties. Geert Bekaert was one of the main representatives of anti-authoritarian thinking. The originality of his influential criticism on architecture was the result of his unusual stands.

He threatened architecture less from the point of view of thought or art history, which was his domain, than from the point of view of the consumer, the 'concrete, housed human being'. He rejected the concepts of closed planning in modern architecture, the oppressive character of the dreams of the Functionalists and pleaded

for the development of an 'open' architecture, leaving room for the dynamic development of the individual and of the community: 'an open, dynamic, secular society without fixed structures, but which is based, or tries to be, on a free, democratic concept of man'. In answer to complaints from some architects about lack of understanding from society and the consumers, Bekaert said that the evils which are threatening the constructed environment are inherent to the very reasoning of modern architecture — and although he never stated this explicitly, also to Braem's CIAM teaching in Belgium, responsible for the formation of many Flemish urbanists. 'The models and representations with which our entire society, from top to bottom, has to cope and from which it is totally alienated, are the work of architects. We should consider ourselves fortunate that the disastrous consequences of these concepts were not made worse by the reaction of the inhabitants' (112).

This stand, diametrically opposed to Braem's, inevitably led Bekaert to a revaluation of Belgian construction, so often defamed by the Modernists. In contrast to Braem's description of Belgium as the Ugliest Country in the World, Bekaert found a fertile ground for the development of a genuine architecture in the 'living chaos' of the Belgian situation: 'In a kind of travesty of a nearly desperate ridiculousness, the real values of a genuine architecture subsist in Belgian construction' (113). Bekaert considered the involvement of the inhabitants in the construction of their home, which was still possible in Belgium, as an essential condition to the quality of the constructed environment: he found this quality in the empirically developed morphology of traditional Flemish towns.

Even after 1968, Braem's ideas were attacked by Jan Tanghe, among others. In his study of the old Flemish town centres, he had exchanged the CIAM doctrine for a pragmatic urban approach, inspired by the Anglo-Saxons. But Braem was not intimidated by his critics. He remained and still remains true to his general vision with an almost touching intransigence, insensitive to the current wave of ideas. He barricaded himself within his own ideological programme, which he is still systematically exploring. Despite oscillations from one antonym to another, despite a number of eventful excursions onto attractive side-tracks, he always returned to what he considered the right path: his Corbusian way through the Flemish soil and across existing routes towards a 'liberated' society. His approach remains Corbusian even in the way he had criticized Le Corbusier at a younger age. His main ambition finally seems to be the realization of expressive forms, not least in his last and most successful work, in his opinion. Although in his youth, like Le Corbusier, he professed on several occasions that organization is the main task of architecture and that the resulting form is of secondary importance, his practice often showed the contrary. Sculptural 'hardware' generally dominated the far too ephemeral 'software'. This domination took distressing forms when *'the love which is only expressed in the extra-utilitarian contents of space shaped in an expressive form'*, obstinately and pitilessly restricted itself to visual aspects, such as those shown in the housing estate at the Arenaplein in Deurne. What Braem invested in curves and the sculpture 'sun, flower, star and love', he had to economize in the dimensions of the plans and in thermic and acoustic isolation. Even regardless of such material errors, which contradict the very materialism which Braem professed, the irreconcilable antonyms in architectural form remain.

Braem prefered to present his housing projects in rhetorical forms through which he wanted to communicate his 'good news'. The prematurity of this message appeared discretely but clearly in the cramped volume and the cold serial character of the dwellings. It is the evolution of this exterior expression which determined Braem's evolution. There can hardly be any question of a structural evolution. Despite a gradual transformation in the typology of the flats he realised, there are no noticeable differences between the Kiel and the last estate he built in Boom. The expression oscillates between triumphalism and solemnity, according to the antonyms explored, but in no case is it a consequence of feedback from the inhabitants or a reflection of international reforms. Although he asserted in his youth that a liberated constructed environment could only be built *'on the basis of a precise knowledge of man's reactions to the elements of his environment'* (114), he never let himself be impressed by the rejection of the CIAM concepts by the avant-garde as well as by its users. Trapped in his private dialectics, his architecture produced a snowball effect on itself. When he admits imperfections in a number of works, he attributes them to external circumstances which prevented him from realizing a 'total architecture' as he had devised it. He is not satisfied with the housing block in Boom, not because it stands like an incongruous object along the motorway, but because it was not made with the sculptural adornments he had foreseen. But he is pleased with the longitudinal block built at the back of the area in conformity with his projects. The block, indeed, has an astonishing appearance with its façades like 'waves', but the fake dynamism of the housed masses cannot, however, hide the desolation of the CIAM implantation or the conventional character of the mimimal flats. Braem's housing projects are merely functionalist, corrected and adorned with sculpture. On the other hand, in his late ecological architecture, his sculptural propensity gets the upper hand of tectonics.

But even here he still thinks in terms of function and form, in terms of his 'ten commandments', without ever considering the idea of relationships. Nor did he ever see the relational richness in the empiric urban textures which the Functionalists had put aside. His permanent confrontation with antonyms could have made him see this, but instead of reconciling the antonyms in a complex order he finally tried to absorb them in naturalistic curves. Braem deeply mistrusts and obstinately refuses to understand anything which is opposed to the general direction he has chosen and continues to follow. He rejects alternative paths, such as Team Ten or the Dutch Forum and, more particularly, using methods which he considers outmoded. Criticism of the CIAM is bound to be reactionary in his eyes, and the action of a few youngsters to rehabilitate old neighbourhoods is a form of decadence. He wouldn't mind if these young people, who have the wicked nerve to manipulate classical or other traditional forms, were to spend ten years in Siberia. Any return to tradition is a form of intolerable barbarity he feels.

But Braem's attitude towards tradition is inconsistent enough to have its contradictions.

Although he seized every opportunity to give vent to his aversion for 'neo-styles which can never be cursed enough', he was an actively dedicated member of the Commission for the Preservation of Monuments, the Preservation of the Antwerp Central Station (his precious love), and the eclectic Zurenborg which he prefered to the old town. But if monuments and ensembles of this kind should be saved, the 'old junk' of the non-monumental urban tissue deserved no respect at all and should have to disappear as soon as possible. Despite the perspicacity with which, in 1942, he considered the evolution of the Flemish town, he was never interested in the structural value of the old urban fabric and always rejected it as a product of an oppressive past. This attitude is the immediate consequence of the deterministic relation Braem established between society and architectural form which legitimated his thirst for renewal and even turned the production of the new into an imperative need. His cult of non-historical creativity is an inevitable consequence of the socialist duty to contradict the bourgeois way of life with striking anticipations of entirely new ways of life.

It is by no means our intention to suggest that architecture worthy of its name should not be anticipatory. Architecture, by definition, implies an utopic moment, always aims at realizing situations which go beyond the existing ones. Braem's exceptional merit lies in his obstinate defence of this idea, through and despite all vicissitudes, but what should have been a mere moment was given an 'absolute' significance.

Utopia was a lot more than an inspiring dream for him. He took his dream for a reality. But, as Henriette Roland-Holst put it in her poem of 1912, the coexistence of dream and reality is a dangerous union that bears bitter fruit:

'Will they ever come, the times when dream and action like milk and honey will merge into one single whiteness? Will mankind ever reach the confluence where the waters join in one stream?

I cannot tell, but what I know is that he who today mixes them in his cup is preparing a drink acrid with vexation, bitter with regrets; I know that he who today wants to present offerings to mankind has to choose between dream or reality'.

Braem thought he could already see the 'radiant peace' which the poetess elsewhere abandons (116). He wanted to do more than simply 'drag stones' and already saw himself as one of the 'builders of the temple'. Despite the failure of new towns and campuses, he still put his prefigurations of a liberated habitat on paper with a confidence similar to that with which he drew the clouds out of which the universe had arisen. Paraphrasing the disenchanted comments by Adrian Roland-Holst on Mondriaan, one could say that Braem climbed on his sleigh to go to the North Pole when he was still in the Menegemlei. The analogy, despite the sincerity of his intentions, might prove to be a sharp one. Utopias that postulate liberation make room for total control and oppression, precisely because of the openness they are trying to anticipate. Braem's vision of the Linear Town and the 'dictatorship' of architecture which he wanted are no exceptions to this rule. On the contrary, they are classic examples. Perhaps the vehicle Braem was building, putting aside its practicality for the journey through our Western climate, will be fit for the universe for which he is aiming. Braem never even wondered what place his 'socialist' proposals would take in a system of planned economy. Even if one doesn't agree with Kaganovitch (and Tafuri) when they say that the ideological, anticipatory role architecture plays becomes superfluous with the creation of such an economy (117), if one maintains that a revolution in the 'substructure' does not make the transformation of the 'superstructure' superfluous, but is its very condition, this does not imply that the existing superstructure should be entirely uprooted. 'Total' destruction, to enjoy 'total' renewal, fits the logic of the war economy which plays such an important part in modern Western economy. Similarly Braem's cult of the

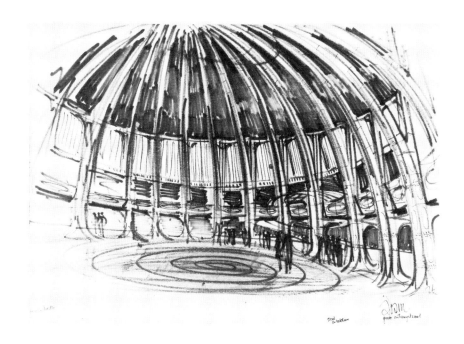

new fits in much better with Western economy, however contrary this fact may be to his sincere intention. Braem's thirst for originality and his conviction that a building should be a natural contradiction of existing reality, provide an excellent stimulus to production within a modern economy of growth, outside which Braem's work would hardly be conceivable. Modern architecture, like fashion design, is pitilessly devalued and rejected as soon as something new appears on the market. The 'eternal return of the market', the 'eternal return of the new' is one of the main motors of our production system which keeps turning at the cost of the destruction of its own products (118). Once we perceive this role of original formal experiments, the ideological, or even revolutionary intentions on which they are based, become extremely doubtful. Moreover, even ideologically, Braem's work and his entire oeuvre is avidly taken over by the society against which it intended to react. Even in the best of cases

there is reason to question whether his creations are really able to transmit the social intentions with which he invested them, unless the persons implied have been previously instructed about them via his texts or otherwise. This applies to his big housing projects and to the biomorphous experiments which he considered his best work. His artificial eco-architecture, far from bringing the inhabitants back to a non-historic, natural state, is received by them as an alternative and original form of participation in the semantic competition, as a contemporary form of representation, a misinterpreted sign of progressiveness. There is no evidence that the 'scientifically formulated needs of the consumer' to which Braem initially appealed contained any urgent demand for renewal. The concrete socialist experiments, in the East and the West — such as Warsaw, Bologna, Groning and the work of the ARAU in Brussels — all reveal the attachment of the inhabitants to traditional structures and forms. This attachment cannot be ascribed to a form of collective inertia. It is linked to the communicative power, the linguistic accessibility of these structures. Liberation will not result from the adoption of Esperanto, but perhaps from a creative use of the existing language.

It would be a deterministic aberration to reject the historic town as the result of a bygone form of society. The historic town has developed an invariable structure through changing regimes and ideologies, which constitutes the only genuine human ecology. Like natural ecological systems, it has not been created in a single embracing gesture, like a synthetic work of art. It is the result of numerous interconnected initiatives. The historic stratification and the many concepts of this pragmatically and piecemeal conquered utopia, are not embarrassing forms of heterogeneity to be smoothed out or eliminated, but make up its always unique relational resistance. Working at the construction of a human ecology does not therefore mean adopting the methods of nature, but working in the way of the city. To gradually elaborate a city we need close familiarization with its morphological logic and must attempt to enrich it with the spatial acquisitions of modern architecture. The new society does not suddenly appear as a natural, unexpected phenomenon but, as Marx wrote, is born within the womb of the existent one. Not growth or expansion, but transformation. *'Architecture par la Révolution'* as Braem so eloquently put in, but revolution not in the sense of an overwhelming 'schwung', a massive social impulse to which the vacuums in his big projects so nostalgically aspire, but in the sense of a quiet, patient, daily struggle, the art of urban craft.

Berchem, 1978.

NOTES

(1) The term 'ideology' is used here in the broad sense of a coherent whole of ideas about the existing and possible structure of society, used as a basis for practice or action.

(2) Already in the first series of sketches in which, as a child, he explored his talent for drawing, Braem referred to a particular social reality. Haunted by the war which had only just ended and by plates in back issues of the 'Petit Journal Illustré', he drew pictures of battlefields for years.

(3) Already before World War One, in January 1913, Berlage held a series of talks in Brussels which were real revelations for the public, as appears from press reactions. Cfr. Tekhné, 1913, p. 89, *La Pointe Sèche*, feb. 1913, nr. 2, and *Art & Technique*, 1913, nrs. 6, 7, 8, 10 and 11.

(4) In *Wendingen* 1918, nr. 1.

(5) In *Wendingen* 1919, nr. 6, p. 16.

(6) Leopold Hendrickx was one of Braem's first playmates, their fathers both belonged to the same Gymnastics club (the 'Turn- en Wapenvereniging' in South Antwerp).

(7) De Koninck's Lenglet dwelling was published in *La Cité*, 1927, nr. 6 by E. Henvaux.

(8) Joe English (1882-1918), a Flemish painter and illustrator of Irish origin, studied at the Academy of Fine Arts in Antwerp under Juliaan de Vriendt, and was awarded the Godecharle Prize in 1907. During World War One, he drew war scenes to give moral support to the Flemish soldiers at the Yser Front. He designed tombstones in the shape of the Irish cross. The stained-glass windows in the chapel by the Yser Tower are based on his drawings.
'The Joe English Guild, associated with the A.V.S., brings together a number of young people who take a keen interest in the spiritual currents of our time. They camp, go on excursions, organize meetings, write articles, debate and try to visualize the spiritual results of their study: in architectural and town planning projects, pen drawings, linos, paintings, sculptures, some of which reveal genuine talent. (...) At long last, a youth club whose members dream of something other than steel helmets and black shirts, young people who work and seek, who fight for a richer Flanders through their work'. Quotation from a report about the exhibition organized by the Guild, in *De Schelde*, Feb. 2nd, 1932. Members of the guild were: Renaat Braem, Bert Brauns, Jul De Roover, Marc Mendelsohn, Elza and Frieda Severin, Huib van Hellem and Jos Wils (who moved to the left); Leopold Hendrickx, Octaaf de Konickx, Henk van Landeghem, Georges Sels and Jan Rongé (who preferred a centre position); Karel Tielemans, Adolphine Proost, Jan De Bie, Rik de Weese and Frans Van Immerseel (who moved to the right).

(9) While August Borms (on Jan. 17th 1929), who had just been released from prison, was addressing an enthusiastic Front Party from one of the windows of 'Malpertuus', Braem was listening to Jef Van Extergem, another former activist who had become an idealistic Communist, giving a speech from a waggon in the nearby Geuzenhofke. The story of Van Extergem's life can be found in E. Laureys's book: *De witte kaproenen keren terug* (1950).

(10) During World War One, Albert De Roover, who came from a traditional socialist family, stayed in Holland where he met Herman Gorter and Henriette Roland Holst, who remained his friend till her death in 1952. There he took part in socialist propaganda and threw himself into the study of socialist theories. He later passed his knowledge on to his students, as a teacher at the Academy of Antwerp. He lent the following books, among others, to Braem: H. Roland Holst, *Kapitaal en Arbeid in Nederland* (1902) and *Geschiedenis van de proletarische klassenstrijd* (1909); H. Gorter, *Het Historisch Materialisme voor Arbeiders verklaard* (1907); J. Dietzgen, *Het wezen van de menselijke hoofdarbeid* (1869); and the *Communist Manifesto* by Marx and Engels.

(11) Braem remembers having heard Schillemans's name mentioned for the first time by the Ackermans brothers, two convinced Communists who later died in the Spanish Civil War. At an exhibition organised by the Joe English Guild (inaugurated by Braem on Jan. 30th 1932), they seemed interested in a drawing with 'red flags' by Braem.
From the age of fourteen, Schillemans followed a course in painting at the Royal Academy of Fine Arts in Antwerp, and later at the National Higher Institute, in Opsomer's studio. Because of his graphic talent, he was accepted by the Cols & De Roeck drawing office as a draughtsman and soon, under the supervision of the head draughtsman Geo Brosens, familiarized himself with architectural design. With virtuoso talent, he produced country houses in the most diverse styles, according to clients' tastes. Being a worker's son (his father was a plasterer), he felt concerned with worker living conditions and joined the Communist Party at a very young age, later taking responsibility for the local youth section. He gradually abandoned painting when he became convinced that architecture was the only art which could be made socially efficient. Years before Braem, he discovered Russian Constructivism via magazines such as *L'URSS en Construction* and *Monde*, and his international contacts in Paris and Berlin where he studied for a while after having been awarded several architectural prizes.
He built his two houses with his own hands, one at the Van Steenlandstraat in Deurne, and another in Sint Antonius Brecht with a spiral tower and a windmill to produce his own electricity. During the war, he was arrested by the Gestapo as a member of the Resistance and shot at Brasschaat in 1943.
According to testimonies by G. Schillemans-Hofman, J. Frickel (an architect who collaborated with Schillemans in the Cols & De Roeck design office from 1928 to 1934) and F. Mortelmans (sculptor, painter, stone-cutter, fellow student, spiritual companion and closest friend of Schillemans), he already drew the plans for his world town in 1930. A precious project, when one knows that Milyutin would only publish the 1928 linear studies in 1930 in *The problem of the construction of Socialist towns*, a book which *Das Neue Frankfurt* only mentioned in 1931. It is not clear whether Schille-

mans's linear town showed any relation to a plan published in 1927 by Georges Benoit-Lévy for the expansion of Paris in radio-concentric, linear agglomerations. This idea was probably the basis for Schillemans's radial structure in which he mowed down the old city centre and replaced it by a park with a medical centre. Even his house in Brecht had a radial structure. On the other hand, the design and organization of his radial urban zones are clearly inspired by the 'Dom Komunas', the communes built in Moscow by Ginsburg and Milinis in 1928-29. Furthermore, later on in the Thirties, Schillemans's plan became the main item on the programme of the Antwerp Technocrats, a party under the leadership of Leo Frenssen, which had broken away from the local Communist Party. The party obtained six seats in the elections of 1938. G. Schmook draws a captivating picture of Frenssen on p. 181-3 of his mémoires, *Stap voor stap langs Kronkelwegen* (Antwerp 1976), where he mentions that the latter had announced that the building of the World Town would begin at Kiel.

(12) *Monde,* the politico-cultural weekly of Barbusse, who radicalized from a humanitarian Socialist into a Marxist Leninist, wrote very sharp critiques of Fascism (a movement which was already active within the Front Party) but also gave information about evolutions in the USSR, even in the field of architecture. In nr. 46 (April 6th 1929), Barbusse wrote a personal report on Serafimov's 'Maison Montagne' in Kharkov. In nr. 77 (November 23rd 1929), D. Aranovitch gave a rough survey of the different trends in Russian architecture: Malevitch's Suprematism, the Constructivism of the ASNOVA and the OSA. Nr. 161 (July 4th 1931) includes a report about E. May's plans for the construction of new Russian towns. It is a striking fact that *Monde* never breathed a word about the changes in artistic conceptions in the USSR: the condemnation of Constructivism from 1931 onwards and the application of Socialist Realism the following year. Although *Monde* discussed Kaganovitch's book 'L'Urbanisme soviétique' in December 1932, it never mentioned the stand he took against the 'de-urbanists'. Equally striking is the fact that an article by P. Charny about industrialisation in the USSR (in nr. 205, May 7th 1932) is illustrated with the unfinished project for a flat-building in St-Gilles by L.H. De Koninck and L. François — perhaps because of a lack of other than official Socialist-Realist illustrative material. Barbusse will remain a convinced defender of the 'evolving' ideology of the USSR, Stalinism included, till his death in 1934.

(13) For this project, see M. Scolari, e.a., *Architettura Razionale,* Franco Angeli, Milan 1973.

(14) Louis Stijnen later won the Prize of Rome and remained a conservative architect. After World War Two, Leopold Hendrickx was appointed general manager of Town Planning. Before World War Two, Kaplanski built a number of remarkable flat-buildings in and around Antwerp. He fled from the Nazis and went to Israel where he died. Soon after, Jules Wellner was killed by the Nazis.

(15) In A. Kopp, *Ville et Révolution.* Anthropos, Paris 1967. Idem, *Changer la vie, changer la ville.* Paris 1975.

V. Quilici, *L'architettura del construttivismo.* Laterza, Bari 1969.
A. Asor Rosa, e.a., *Socialismo, città architettura URSS 1917-1937.* Officina, Roma 1971.
L'architecture et l'avant-garde artistique en URSS de 1917 à 1934 in: VH 101, 1972, nr. 7-8.

(16) In her foreword to the second part of *Kapitaal en Arbeid in Nederland,* H. Roland Holst criticised the deterministic model of sub- and superstructure. Instead of considering economy as a final instance that neutralises or produces all the other circumstances, she sees it as a dynamic phenomenological whole evolving in a functional interdependance which determines social evolution.

(17) This was the conviction of the left wing of the BWP, grouped around the magazine *l'action socialiste,* under the leadership of the young P.H. Spaak. E. Vandervelde adopted a 'realistic' attitude in his book: *L'alternative: Capitalisme d'Etat ou Socialisme Démocratique* (1933).

(18) Although it would be very hard to compare the eventful life of Hendrik de Man to Braem's career, and although Braem felt in his adolescent Communism that he had to condemn de Man's 'revisionism', they did share a few ideological concepts, but at different times. Belonging to the Antwerp middle class and being 25 years older than Braem, Hendrik de Man had already joined the Socialist Party in 1902. Having devoted himself entirely to the study of Marxism, as a student in history and as a journalist, he later moved towards reformism. When the hope for a prompt Socialist take-over after World War One seemed justified, he played an important part in the creation and management of a University for the People, aimed at preparing the workers to their future administrative tasks and at developing a 'socialist way of life'. Particularly in the period during which he objected to the economic determinism of the Marxists in *Zur Psychologie des Sozialismus* (1936), he attached increasing importance to this way of life. What he was most afraid of was that the workers might attain middle-class respectability in their inclination, for instance, to adopt the 'false values' and the culture (the interior design of their houses included) of the lower middle class. To avoid this, and to create a sound, modern, socialist type of human being, he pleaded for the creation of a socialist culture, for the anticipatory construction of an inspiring superstructure which would be the work of a socially conscious, but inevitably bourgeois elite which had declared its solidarity with the workers.
See: M. Claeys-Van Haegendoren, *Hendrik de Man.* Antwerp 1972.
H. de Man, *Au-dela du Marxisme.* Paris 1974 (1928).
H. de Man, *Het Socialisme als Cultuurbeweging.* Amsterdam 1928.

(19) Cfr. H. de Man, *Het Plan van de Arbeid,* Brussels, 1933. P. Otlet, *Plan Belgique,* Brussels, 1935.
The imaginary plan Braem's 'des-urbanistic' project supposed, which implied the collectivisation of the building-land, was by no means similar to H. de Man's, which foresaw the nationalisation of credits, primary industries and transport, and left all the other sectors to private initiative. As a minis-

ter under Van Zeeland, H. de Man never managed to carry out these objectives. It was drastic devaluation and not structural reforms which put an end to the crisis. Still, H. de Man quite liked modern architecture, as appears from the ideology described in note nr. 17. This also shows in a letter he wrote in 1935, as Minister of Public Works with the Van Zeeland Government, to the group *l'Equerre* in Liège: *'Messieurs, votre lettre m'a touché. C'est un appel auquel je réponds, mais cet appel est aussi une réponse à celui que, de mon côté, j'ai lancé depuis longtemps. Votre programme est le mien. De l'air, de la lumière, de la verdure et des fleurs! Profusion d'eau, dans les piscines et surtout dans les maisons. Faire des habitations et non des façades! Bâtir des cités et non des maisons. Le confort pour les masses avant le luxe pour une minorité! Une humanité nouvelle dans un milieu nouveau, consacré aux valeurs véritables: la santé, la propreté, la sincérité, la communion avec la nature, la vie simple mais intense et libre! Mais assez d'appels maintenant, il faut répondre. Assez parlé, il faut agir, il faut construire. Je suis devenu Ministre parce que le plan ne m'intéresse qu'en fonction de la bâtisse — et je voudrais bâtir. Nous allons, si vous le voulez, bâtir ensemble. De nouveaux quartiers pour commencer, un pays pour finir, un pays où l'on n'étouffera plus, comme aujourd'hui, dans la laideur, dans la peur devant l'espace qui humilie la petitesse, devant la lumière qui dévoile les mensonges, devant la simplicité qui effraie les hypocrisies. Sans doute nous n'achèverons pas plus notre œuvre que les bâtisseurs des cathédrales n'ont pu finir la leur. La révolution dans laquelle nous nous sommes engagés sera l'œuvre de plusieurs générations peut-être. Mais cette œuvre ne commencera à être durable que quand elle sera faite par les bâtisseurs. Pour penser autrement, un peuple doit vivre autrement: pour vivre autrement, il doit habiter autrement. Faisons nos cités à l'image de ce que nous voudrions que soit l'humanité de demain'.*
Braem quoted this letter in the report he wrote in 1936 for the Godecharle Award, a defence against his professors who had accused him of clinging to the 'extremist avant garde' in a previous report.

(20) Braem today refers to A. Soria y Mata who developed his idea of the Ciuadad Lineal from 1882 onwards, and partly fulfilled it near Madrid in 1894. But Soria's town looked more like a linear garden-city, indeed based on circulation, but not on Milyutin's productivist organization.
Braem knew nothing of E. Chambless's Roadtown (1910), nor of H. Ford's plan for Muscle Shoals in Tennessee (1921), or G. Benoit-Lévy's plan for Paris (1927), or Le Corbusier's first sketches for his linear towns in Argentina (1929) and Algiers (1931). (The latter had probably been inspired by the same sources as Braem, while visiting Moscow in 1928 for the discussion of his Centrosoyus project). It was not until 1942 that he designed his entire 'Cité linéaire industrielle' situated, on an European scale, between two existing towns, like the linear towns designed by Soria and Braem. For a concise history of the Linear Town, see G.R. Collins, *Linear Planning*, in *(Dutch) Forum* XX-5. Collins doesn't mention Braem's name, but does mention a similar structure, presented in 1935 by Renaat Soetewey at the International Housing & Town Planning Conference in London.

(21) In *KMBA*, July 1931, nr. 7, p. 178.

(22) In *La Métropole*, June 14th 1934, p. 7.

(23) In *KMBA* 1934, nr. 7, 8, 10 and 11.

(24) In the following article the names of the 'really important people of our time' are added to the list of 'heralds of modern community art': Diego de Riviera, Hildo Krop, Masereel, Léger, Lurçat and Eisenstein.

(25) In: H. Hoste, *Stand der Architektuur II*, in *Opbouwen*, 1933, nr. 2, p. 19.

(26) Cfr. note nr. 9.

(27) It was against this ambition to create a new human being, that ten years later A. Pompe, who was called a reactionary by the functionalists, took a stand in his novel *'Le Super-Homme ou l'homme de demain'* (1945, unpublished). Listening to the advice of a modern architect who gets killed in his functionalist dwelling and goes to heaven, the Lord God creates a new, more functional human being, with no ornamental superfluities and equipped with a number of useful organs and limbs, borrowed from different animals.

(28) See F. Strauven, *Louis Herman De Koninck*, in *A +* 1974, nr. 5.

(29) In M. Smets, *Huib Hoste, voorvechter van een vernieuwde architektuur*. Brussels 1972. On p. 55 of this book Smets ascribes a quotation to Hoste which sounds too ideological to be true. It is, in fact, a quotation from Adolf Behne.

(30) In *De 8 en de Opbouw* 1832, p. 43-51, partly quoted by Hoste in *Opbouwen* 2933, nr. 2, p. 21.

(31) On this occasion Kaganovitch unambiguously declared: 'People nowadays decline the formula: we have to build the socialist city in all its forms. Those who do this forget one very important thing: that from a social and political point of view Russian towns already are socialist. Our towns became socialist with the October Revolution the day we expropriated the middle class and collectivised the means of production. Those who ignore the socialist character of our towns start from a totally erroneous point of view'.
See □: *V.O.K.S.*, 1932, nr. 5-6, p. 133-147; and M. De Michelis, *La Città industriale nel Primo Piano Quinquennale*. In *Socialismo, Città, Architettura URSS 1917-1937*, Officina, Roma 1971, p. 153.

(32) In G. Giucci, *Concours pour le Palais des Sovjets*, in *VH 101*, 1972, nr. 7-8, p. 113 and A. Samona, *Il Palazzo dei Soviet*. Officina Roma 1976.

(33) In J.L. Cohen, *Lurçat au Pays des Sovjets*. In *AMC* Sept. 1976, nr. 40.

(34) The aim of the Rubens Award (25 000 BF) was to enable Belgian artists to continue their formation in France. Braem was the first inhabitant of Antwerp to be awarded the prize, on the initiative of A. De Mol and E. Van Averbeke, among others. The Godecharle Award (36 000 BF) imposed a four months stay abroad, devoted to study during two successive years, with only two conditions to fulfil: that the prize

winner present himself to the Belgian Embassy in the country in question and write reports.

(35) In Le Corbusier & P. Jeanneret, *Oeuvre Complète 1934-38.* Zurich 1958, p. 82. Braem's soft pencil-drawings contrast to some extent with the neat and sharp (Constructivist) drawing style which was then in practice in the Rue de Sèvres. It is quite probable that the naked tree tops and the sinuous branches provoked Le Corbusier to say: 'On voit bien que vous êtes un flamand!' When later on, Braem presented his employer with a number of even more pessimistic drawings, the latter prophetically declared: 'Oui, les jeunes sont tristes, surtout s'ils habitent de grands ports comme Anvers. Mais, mon ami, rassurez vous, plus on devient vieux, plus on devient joyeux. C'est l'experience que je fais maintenant'.

(36) In an In Memoriam, which he wrote after Le Corbusier's death in 1956, Braem said: *'In the chaos in which a feverish humanity, carried away by mutation, is seeking a guiding star, Le Corbusier was one of those lights, nourishing the hope for a better world; and being so strong an example himself, he helped his weaker brothers in their disorganized action. (...) He was more than just an architect of genius, he was one of the few people who made it possible for us, through the greatness of their reasoning and their struggle, to feel proud of the life we're living in a miserable age in so many respects. (...) Let his example therefore inspire us to fulfil his aspirations with less strength, but with the same stubborn will; in this way he will help us live on with dignity!'*
Elsewhere, in an unpublished note for the 'Fondation Le Corbusier', he declared: 'J'ai parfois le sentiment que c'est Le Corbu qui me mène à la main dans le dédale chaotique des problèmes dans lesquels on nous égare'.

(37) In *L'Architecture d'Aujourd'hui,* April 1936, p. 78. Le Corbusier included another perspective of Braem's linear town in his 'Pavillon des Temps Nouveaux' at the World Exhibition of 1937. In: L.C., *Des Canons, des Munitions? Merci! Des logis s.v.p.* Paris 1937, p. 91. To this he adds the following comments: 'Les nouvelles générations devant l'urbanisme. Toutes ces choses font hocher la tête aux 'plus de 60 ans'. Mais nous devons (p. 11) penser aux 'moins de 20 ans' et prévoir leur avenir et créer le milieu dans lequel, à leur tour, ils deviendront des 'plus de 60 ans' (...). L'image ci-dessous, œuvre d'un jeune architecte flamand (un 'moins de 30 ans') montre avec quelle liberté d'esprit les thèses de leurs aînés (thèse de 'Ville Radieuse') peuvent être conduites vers la réalisation d'un monde tout neuf, miraculeusement neuf et dégagé des préjugés, cette image est d'une éloquence admirable'.

(38) Elza Severin (1913), daughter of the painter Juliaan Severin, studied painting at the Royal Academy of Fine Arts and wood-engraving in Pellen's studio at the Higher Institute. She made posters, book-plates and illustrations for children's books. She painted murals with her husband in the youth-hostel in Nijlen and in the Flemish University in Brussels, among other places.

(39) See *KMBA* 1938, nr. 9, p. 227.

(40) In *Quadrante,* Oct. 1936, nr. 35-36. Also in: S. Danesi & L. Patetta, *Il Razionalismo e l'Architettura in Italia durante il Fascismo.* Venice 1976; and the discussion in *Wonen-TABK* 1977, nr. 8.

(41) On page 132 of his apologia of Fascism, *'La Révolution du 20me siècle'* (1941) J. Streel gives a description of Fascism which is remarkably close to the socialist way of life mentioned in note nr. 17: 'L'anarchie ne pouvait être surmontée que par l'ordre, l'individualisme par le sens communautaire, la décomposition de la personne par l'unité de l'action, l'intellectualisme critique par l'enthousiasme créateur, la vulgarité et le laisser-aller par la dignité et la sévérité de l'attitude. En réaction contre la primauté de l'argent, le style nouveau s'inspire d'une certaine sobriété et impose de façon concrète (par des institutions comme le Service du Travail par exemple) une conception où le travail est une contribution au bien de la communauté. Il est sportif, viril, audacieux, ami du risque et de la responsabilité. Dans tous les domaines il s'efforce de promouvoir des élites et de dégager des chefs'.
Braem declared having felt attracted to the fighting rhetoric of the paramilitary demonstrations at the time. It was not without emotion that he replaced the Fascist symbols around which the young Italians rallied, in his imagination, by Socialist ones.

(42) Hendrik De Man for example, still wrote in 1928 in a confidential letter to Emile Vandervelde: 'Au fond — mais ne le dites à personne — je suis anarchiste, c.-à-d. féru de liberté et de self determination, comme vous aussi, mon cher patron, et comme tous les vrais socialistes, je pense'. Quoted by M. Claeys-Van Haegendoren, *Hendrik de Man.* Antwerp 1972, p. 403, nr. 15.

(43) E. Bloch, *Erbschaft dieser Zeit* (1935) Suhrkamp 1977, p. 219.

(44) Le Corbusier, Léger, Aragon adopted a similar stand in the debate on realism, held at the Maison de la Culture in 1936. According to them modern art, since cubism and functionalist architecture, made up contemporary 'realism'. *La Querelle du Réalisme.* ESI, Paris 1936. Braem, who was in Antwerp at the time, did not witness the debate.

(45) 'En face du pavillon Allemand s'élève celui de l'URSS qui a au moins le mérite d'être fait avec conviction. En présence du pavillon russe on peut mettre en avant le problème de l'expression idéologique car dans cette construction cette expression a été poursuivie avec un certain succès et de façon consciente. Ce qu'on doit reconnaître à cette construction, c'est qu'elle donne une forte expression d'élan, de marche en avant. Mettant de côté toutes considérations politiques on peut sentir sous le groupement des volumes une force inouïe qui doit naître indéniablement d'un enthousiasme collectif pour un idéal commun. L'artiste a été l'instrument par lequel la collectivité s'est exprimée dans une forme qui, créée par un individu, peut remporter l'adhésion de tous. La création subjective acquiert une valeur objective. On peut critiquer à juste titre les dimensions de la grande sculpture en métal qui surplombe l'entrée, qui est hors de proportion avec l'édifice; on peut critiquer les cou-

leurs du marbre employé et maintes autres fautes de goût, surtout à l'intérieur, mais on se sent en présence d'une culture jeune qui s'exprime de façon naïve et non en présence de la sénilité gâteuse d'un raffinement décadent. C'est la raison pour laquelle malgré de graves faiblesses cette architecture est sympathique'. A quotation from Braem's last report about the Godecharle award (1937).
The large metal sculpture which he didn't like, representing two workers ready to fight crossing hammer and sickle, had been made by the woman sculptor Moukhina from a late photomontage by El Lissitsky (1937).

(46) In L.H. De Koninck, *Prix Van de Ven d'Architecture 1938* in *l'Emulation* 1938 nr. 3, p. 47-52.
This version related by Braem is only partly confirmed in the report of the congress in question. See *Logis et Loisirs*, 5e Congrès CIAM, Paris 1937, p. 115-116. According to this report, Braem took part in a commission which examined 3 case studies applying CIAM principles to existing city centres. One of the case studies appears to be the project for the Antwerp city centre Braem made with Hoste in 1935. J.L. Sert who reported on the work of this commission seems to have considerably relativated Braem's proposal in the text finally published (p. 117):
'D) La libération du sol, ou l'application du droit de superficie peut simplifier, d'une part le financement préalable de l'opération, et son exécution d'autre part. Il y a toutefois intérêt à commencer la transformation de quartiers par les emplacements où le sol appartient à la communauté. A ce sujet, si les cas étudiés prouvent que la libération du sol est nécessaire à l'urbanisme, la commission estime que les réalisations à intervenir ne doivent pas attendre que cette libération soit effectuée, ni que l'habitation soit devenue un service public'.

(47) In: *l'Emulation* 1938, nr. 4-5 and 6, 1939 nr. 5, 6 and 7. and *KMBA*, nr. 11.
The winning projects, respectively 'Sérénité Ordre Expression' for the Mount of Arts by Jules Ghobert, and 'Mesure pour Mesure' for the Botanical garden by Maurice Houyoux, were a perfect match for the products made by Jofan and Speer. Both prizewinners were then asked to work out a synthesis of their separate visions which was built at the Mount of Arts in 1949-64.

(48) J. Gerard-Libois, J. Gotovich, *L'an 40. La Belgique occupée.* CRISP, Brussels 1971, p. 342 and further, and T. Luyckx, *Politieke Geschiedenis van België.* Elsevier, Brussels 1973, p. 388-390.

(49) For the complex intentions and situation of H. de Man, cf. J. Gerard-Libois, J. Gotovitch, *op. cit.,* p. 216-30.

(50) Quoted from T. Luyckx, *op. cit.,* p. 384.

(51) In J. Gerard-Libois, J. Gotovitch, *op. cit.,* p. 343-4.

(52) *Het Vrije Woord,* already in its first issue (October 40), was among the first to stand up for the singular hope that 'The English resistance give us every reason to believe that not Hitler but the free people, not the Third Reich but England, France, the United States and maybe even the Soviet Union will have the last word in this war'. (Quoted in French by J. Gerard-Libois and J. Gotovitch, *op. cit.,* p. 362.)

(53) In J. Gerard-Libois, J. Gotovitch, *op. cit.,* p. 157.

(54) In E. Henvaux, *L'aménagement et la reconstruction de l'agglomération enghiennoise.* In *Reconstruction* May 1941, nr. 6, p. 8.

(55) Several personalities or people who wanted to forge themselves a reputation in the Belgian architectural world, participated regularly or occasionally in *Bouwkunst en Wederopbouw* and its French equivalent *Reconstruction:* besides Verwilghen and Van de Velde, there were L. Stijnen, H. Hoste, E. Leonard, F. De Groodt, J. Ritzen, J. Schellekens, R. Soetewey, S. Leurs, R. Lemaire, E. Henvaux, P.L. Flouquet, L.H. de Koninck, F. Bodson, G. Bardet, R. Bastin, e.a.

(56) In J. Schellekens, *Nationalisme in de Bouwkunst,* in *Bouwkunst en Wederopbouw,* 1941, nr. 8, p. 189; H. Hoste, *Zwicht u van leuzen en slagwoorden.* ibid., 1942, nr. 1, p. 9; and discussion: *ibidem,* 1942, nr. 3.

(57) In *Bouwkunst mn Wederopbouw* 1942, nr. 9.

(58) E. Leonard considers it useful to take up Braem's defence in *Bouwkunst en Wederopbouw* (1942, nr. 8, p. 182): 'we have heard people from more than one side speak arbitrarily about Communist art and Communist representation. We do not wish to defend the concept itself, we would rather see a stricter method, a more dogmatic-pedagogical and a more vivid one addressed to the people. What we want to do is stress the fact that, whereas it would be fairly easy to identify this somewhat whimsical representation with Surrealism and the publicity art, very succesful in Italy, which derives from it, that is to say spiritual artistic currents, it would be impossible to identify it with a political movement like communism. This only in passing, because it is a matter of secondary importance. What is important is the programme, the objective.

(59) Von Hören, the Gestapo leader who had given the order to imprison the group of Resistance fighters in question, was himself arrested by the German police for having his mistress murdered. Most of the dossiers he had drawn up were declared void. Braem spent 100 days in prison, most of the time in the Begijnenstraat, and the last couple of days in a cellar of the Gestapo headquarters in the Della Faillelaan, a villa he was to transform five years later for Korijn.
Braem was a member of the Independence Front from March 1st 1941 to September 29th 1944, registered as number IV 18985. His number as a political prisoner was 111884.

(60) In *Het Vrije Woord,* Dec. 22nd and 29th 1944 and Jan. 5th 1945.

(61) In M. Smets, *De Ontwikkeling van de Tuinwijkgedachte in België.* Mardaga, Liège 1977, p. 24, and p. 46.

(62) In V. Fallon, *Principes d'économie sociale* (1921) and E. Van Broekhoven, *Politieke Economie, Zekerheid en Inkomen.* Mariënborg Antwerp 1978, p. 106-8.

(63) In E. Van Broekhoven, *op. cit.,* p. 108-110.

(64) In V. Fallon, *Le Problème du Logement,* in *XXème Siècle* Jan. 18th 1930.

(65) From 1922 to 1924, the Moyersoen Law was a first but

brief experience for Belgium of what was later to become the De Taeye Law. In three years, time allowances of approximately 10,000 BF each, for a total amount of 18,596,013 BF, were distributed. The economic crisis soon made the government abandon the system.
Cf. M. Smeets, *De Ontwikkeling van de tuinwijkgedachte in België*. Mardaga, Liège 1977, p. 155.
Cf. A. De Taeye in his speech at the Congress of Small Landed Property on Sept. 13th 1948, in *Landeigendom,* 1948, p. 292; The text of De Taeye's speech is followed by an even more explicit article by Dr. P. Joannon, the head of the Interprofessional Centre for Rural Studies in Paris: 'The country certainly provides the towns with supplies. But these supplies consist of a lot more than just food items, they also — and above all — comprise human supplies, new vital forces. Towns 'consume' a large amount of people; what would become of them without this constant supply? Let us therefore provide them with quality material, be it physical or moral! This explains the important part played here by the rural reserves'.

(66) Some other remarkable quotations: 'We have heard more than one employer, before the war, express his regret at having put rural families up in buildings where they felt repressed by inactivity when unemployed. (...) If we want a future with large families, we must build 'cosy little nests' for young couples, preferably surrounded by nature, at the very source of life itself, in other words'. In *Landeigendom* 1947, nr. 2, p. 4-5.
'Moral formation of the inhabitants. A relatively high isolation creates an atmosphere of independence and freedom, basically the formation of the strong personalities our society so desperately needs. It is not in the flat-buildings in which families are practically piled up, that they will find the intimacy and composure to help them form their personalities. Up to now, the country has provided our towns with the necessary reserves of physical and moral forces, and it is our duty to keep those reserves in existence'. In *Landeigendom* 1948, nr. 7, p. 3.
'An individual who acquires property can no longer be considered a proletarian, and the collectivist ideology can no longer have any hold on him, the acquisition of property being one of the factors of deproletarianization and social progress'. In *De Standard* Oct. 3rd 1949.

(67) In A. de Taeye, *Notre Politique de Logement,* in *l'Habitation* 1950, nr. 9, p. 5.

(68) Words pronounced by the CVP-senator Vergels, quoted in *De Gazet van Antwerpen* on Jan. 16th 1948.

(69) On this subject, see also C. Conrad, A. Arvois, *Vienne, Höfe, ville et modernité* in *AMC* March 1977, nr. 41.

(70) In: *Mogen wij in de hoogte bouwen? Kristallisatiepunt van een fanatiek debat* in *De Vlaamse linie,* Nov. 27th 1953; quoted in Bekaert, Strauven, *Bouwen in België.* Brussels 1971, p. 111-12; and E.J. Bastiaenen, *Sociale verantwoording van de hoogbouw* in *Bouwen en wonen* 1954, nr. 2, p. 45.

(71) At a lecture at the Saint-Luke Higher Institute in Ghent in 1943, R. Verwilghen declared: 'A new urge to construct, probably causing serious and irreparable damage, will sub-

merge our towns and villages when this war comes to an end, provided economic activity re-starts without, however, all our provinces being controlled'. Quoted in *Bouwen in België,* p. 30.

(72) While still in preparation, the law proposed in 1950 by De Taeye as an adequate complement of the law named after him, met with some resistance from the CVP, with sometimes strange arguments. On August 3rd 1948, *De Gazet van Antwerpen* published Brunfaut's private villa in Meise, in contrast to a tenement block, the type of housing Brunfaut was trying to stimulate in his bill.

(73) R. Braem, *Uit het Land van de Grimlach* in *Architectura* 1948 nr. 4-5, p. 53.

(74) F. Baudhuin, *Aspects financiers du problème de l'habitation* in *L'Habitation* 1950, nr. 7, p. 5. On this occasion, the author pleads for 'sinon de l'économie dirigée, du moins une économie de prévision' two years after having rejected directionism and State interference (*Le Problème de l'habitation* in *Revue Générale* May 1948, p. 129). De Taeye defends his policy in an article *Notre Politique de Logement,* for the same magazine (1950, nr. 9, p. 5).

(75) In *Gazet van Antwerpen* March 8th 1954.

(76) In J. Gaack, *De huisvestingspolitiek te Antwerpen* in *Wonen,* Oct. 1960, nr. 13-14.

(77) Facts taken from articles in *Wonen,* Oct. 1960, nr. 13-14; and *Antwerpen* July 1967 nr. 32, and Dec. 1967 nr. 4.

(78) The importance of Braem's buildings in Belgium is clear when compared with the work of his contemporaries. By the time Braem was already familiar with Le Corbusier, interpreting him his own way, the Saint-Luke Institute in Ghent had just discovered his possible importance.
Cfr. the magazine *Schets,* 1950-51, nr. 2, p. 47-58: After having critized the Unité in Marseille, Eng. Br. Urbain urges the 'dear Saint-Luke and Saint-Joseph Guild' to an artistic awakening: *'to serve people, country, Church and God. Once more, must we not come to the conclusion that the children of our century, in the offensive of modern architecture, manage their interests with more careful planning and dynamism than the children of Light? Fas est ab hoste doceri! Yes, we can learn from our real or supposed enemies. May we, children of Light, in these moments of darkness, turn ourselves towards the blaze of a child of this world: Le Corbusier!* A call which was answered only 10 years later by Eng. Br. Veron, who developed a real monomania for Le Corbusier in Schaerbeek.

(79) A&R Smithson developed their 'cluster' concept in their Golden Lane Project (1952) and their project to enter the competition for the University of Sheffield (1953). See for example: A. Smithson, *Team 10 Primer,* London 1965.

(80) In *Bouwen en Wonen* 1953, nr. 1, p. 4, and *Architecture,* 1952, nr. 1.

(81) In R. Braem, *Over de Wooneenheid Kiel-Antwerpen,* in *BW.,* Jan. 1954, nr. 2, p. 57-59.

(82) *Unité d'Habitation Anvers-Kiel.* Stencil distributed at the Congress of the CIAM in Aix-en-Provence, July 21st 1953.

(83) Quoted in *BW.*, 1954, nr. 2, p. 60.

(84) In J. de Roover, *De tentoonstelling het Nieuwe Wonen* in *BW.*, nr. 2, p. 66.

(85) In *Multi-Storey Housing in Europe,* Housing Committee of Sheffield City, 1955, p. 6. *'The project which perhaps impressed the delegation the most — the Kiel in Antwerp — worked out at £3200 per flat. It would be classified here as a luxury apartment scheme, its quality being much superior to many pre-war private development schemes of luxury class in London»* (p. 29). For the English 'brutalist' filiation of Park Hill, see R. Middletown, *The new Brutalism or a clean well-lit place.* In *Architectural Design,* 1967, n° 1, p. 7.

(86) In *La Libre Belgique,* Feb. 1st 1952: '(...) *Sait-on cependant que les plans du futur édifice ont été confiés à deux communistes notoires. Comment est-il possible d'agir avec une telle légèreté? Ces deux architectes ne dissimulent pas leurs opinions communistes. C'est une chose qu'on n'ignore pas dans la Métropole, hormis peut-être, nos édiles communaux... Et ce sont de pareils personnages qui sont chargés de la mission d'élever un immense immeuble, non seulement officiel, mais encore et surtout destiné à abriter TOUS les services de la police anversoise... Peut-on s'imaginer chose plus ahurissante? Ces communistes ne seront pas seulement en possession des plans détaillés de cet important centre policier mais, bien plus fort encore, ces derniers seront même de leur propre conception et élaborés suivant les conseils ou directives qui, le cas échéant, pourraient leur être donnés par leur parti. Ils auraient même la faculté si l'ordre devait leur en être enjoint de prévoir sciemment un 'point sensible' dans la construction de ce gigantesque building. Au moment opportun ou en cas de conflit, une charge explosive placée à cet endroit vulnérable pourrait provoquer l'effondrement de tout cet édifice de 14 étages en entraînant la mort d'une bonne part des 1800 agents chargés d'assurer l'ordre et la sécurité dans la ville et en détruisant, du même coup, toute la direction, l'administration et la documentation des différents services de la police anversoise. Nous ne voulons nullement affirmer qu'ils agiront ainsi mais, vu les circonstances actuelles, mieux vaut — nous semble-t-il — prévoir cette éventualité. Il y a cependant suffisamment d'architectes capables et bons patriotes à Anvers. Pourquoi alors vouloir ainsi aveuglement confier la construction de ce vaste édifice — en quelque sorte d'importance stratégique — à des architectes ouvertement au service d'un parti dévoué à l'étranger?»*
The Catholic paper, printed in Brussels, returns to the issue on February 5th and 15th: *'Certains estiment qu'il n'y a là rien d'anormal et que dans une démocratie, on ne saurait exclure les communistes de certains secteurs d'activité, même officiels. A ces derniers — qui pratiquent si étourdiment la politique de l'autruche —, nous pourrions peut-être demander ce que nos volontaires sont allés faire en Corée ou quel est exactement le but assigné au plan Marshall ou celui poursuivi par le programme de réarmement. Seraient-ils donc les seuls à ne pas encore avoir entendu les nombreuses déclarations émises ces derniers temps et réclamant avec insistance l'abandon de toute faiblesse? Ceci vaut, à notre avis, pour tous les échelons'.* The campaign in the *Libre* found echos in *Pourquoi Pas?* (Feb. 15th 1952), *Le Soir* (Feb. 2nd 1952) and *Europe Amérique* (Oct. 23rd 1952).

(87) In R. Braem, *Het Administratief Centrum in wording.* In *Antwerpen,* Dec. 1960, nr. 4.

(88) In *Tegen Formalisme.* In *Bouwen en Wonen,* 1954, nr. 11, p. 376.

(89) In *1948: Balans en vooruitzichten.* In *Bouw,* Nov. 16th 1948, p. 12.

(90) In *Over Landhuizen.* In *Bouwen en Wonen,* 1954, nr. 4, p. 142.

(91) In *Ronchamp.* In *Bouwen en Wonen,* 1956, nr. 5, p. 207.

(92) In *Kleine Filosofie voor Architekten.* In *Bouwen en Wonen,* 1957, nr. 7, p. 236.

(93) Braem's stand seems to correspond to the main ideas of the 1956 ABVV report *'Holdings en economische demokratie'.*

(94) In *Bouwen en Wonen,* 1957, nr. 7, p. 236.

(95) In *Bouwen en Wonen,* 1961, nr. 3, p. 23-25.

(96) The magazine *Architecture,* for example, in its first editorial in 1952, emphasized the lack of such a doctrine in Belgian architecture at the time, and proposed to do something about it; a pious wish it didn't fulfill in 18 years. See, for example, the bibliography and the anthology of architectural literature in *Bouwen in België 1945-70,* p. 93-147.

(97) In *Bouwen in België 1945-70,* p. 61. Bekaert's report about the congress in Avionpuits in 1966, one of the first attempts of the new generation to reflect on the situation (an initiative taken by L. Kroll and A. Constant), Braem still appeared to be the main theorist who dictated the themes of the discussion and initiated the dialogue: *'With this reserve* (speaking about the positive sides of the Belgian situation) *I entirely approve of Braem wanting to extend the concept of architecture into a direct and necessary expressive form, the incarnation of a new religion which sees existence as privilege and the dogma of which is human solidarity. Architecture therefore implies a clearly defined conception of life. It is an ethical option which influences man's existence, as Braem added in conclusion to his discourse.'*
In G. Bekaert, *Avionpuits voor architekten voortaan een begrip,* in *De Standaard,* 15-16th of June 1966; and *Architectuur in België anno 1966,* in *TABK,* 1966, nr. 11, p. 241.

(98) In *Modern Wonen in België.* In *Kompas* 1960, nr. 1, p. 16.

(99) Ibidem.

(100) In *Bouwen en Wonen,* 1959, nr. 2, p. 60.

(101) The deliberate aggressiveness of the whole project did not escape the attention of somebody like G.E. Kidder Smith who described the Heysel blocks as *'absolutely frightening — a gigantic fortress of apartments'* in *'The New Architecture of Europe'* (1961), but who probably never suspected

that this aggressiveness was actually aimed at the free market economy. This misunderstanding about the form of the area was expressed most sharply in a bantering report from the 'TABK-team'. In *TABK* 1971, nr. 3, p. 62 and the discussion in *TABK* 1971, nr. 10.

(102) In *Bouwen en Wonen* 1948, nr. 10, p. 288.

(103) In *Kompas* 1960, nr. 1, p. 16.

(104) The cultural centre was built against Brunfaut's will, who felt such functions were a superfluous luxury. Braem, with the assistance of a consulting engineer, managed to have it built by saying that a constructive 'counter-weight' was needed for the stability of the adjacent garages. For years the building stood empty and, for some time, it was used as a warehouse for the sets of the Theatre de la Monnaie. Only in September '73, when cultural centres had become popular, was it first used as one.

(105) In W. Worringer, *Abstraktion und Einfühlung* (1908).

(106) Quotations translated from *Petites suggestions pour le grand chambardement.* Lecture held at the ENSAAV in Brussels on Nov. 12th 1975.

(107) In *10 jaar architectuur.* In *De Vlaamse Gids,* Aug.-Sept., 1974, nr. 8-9, p. 32.

(108) See note 3.

(109) In *Où allons-nous?*, lecture given at the ENSAAV in Brussels on Nov. 28th 1966.

(110) In *Bouwen in België,* p. 256.

(111) In J. De Roover, *De tentoonstelling het Nieuwe Bouwen.* In *Bouwen en Wonen,* Jan. 1954, nr. 2, p. 68.

(112) In G. Bekaert, *Het Einde van de Architectuur.* Hasselt 1967.

(113) In *Bouwen in België,* p. 232.

(114) In Braem's last report for the Godecharle Award (1937), p. 12.

(115) In H. Roland Holst, *Droom en Daad* in *De vrouw in het Woud,* 1912.

(116) In H. Roland Holst, *Wij zullen u niet zien, lichtende vrede.* In *Tussen Twee Werelden,* 1923.

(117) Cfr. note 31, and M. Tafuri, *Progetto e Utopia,* Laterz, Bari 1973.

(118) In G. Bekaert, *Slagvaardigheid,* lecture held on the tenth anniversary of the Department of Architecture at the Eindhoven Polytechnic. It is worth noting that the optimistic plea for renewal pronounced by Braem on the same occasion *Naar een Nieuwe Synthese,* met with strong approval among the Eindhoven engineers.

ILLUSTRATIONS

1928

Affiche pour une excursion à Amsterdam.   Affiche van een excursie naar Amsterdam.   Poster for a trip to Amsterdam.

I

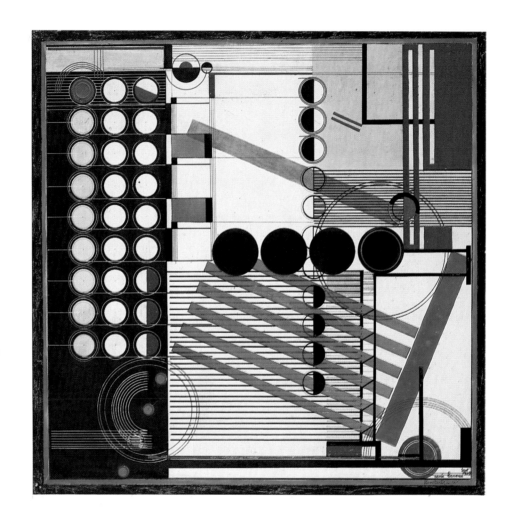

1929

Composition, gouache.   Compositie. Plakaatverf.   Composition, gouache.

II

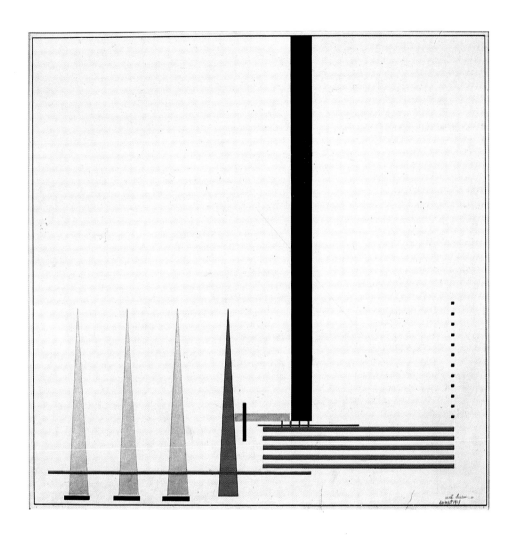

1929

Composition, gouache.   Compositie. Plakaatverf.   Composition, gouache.

III

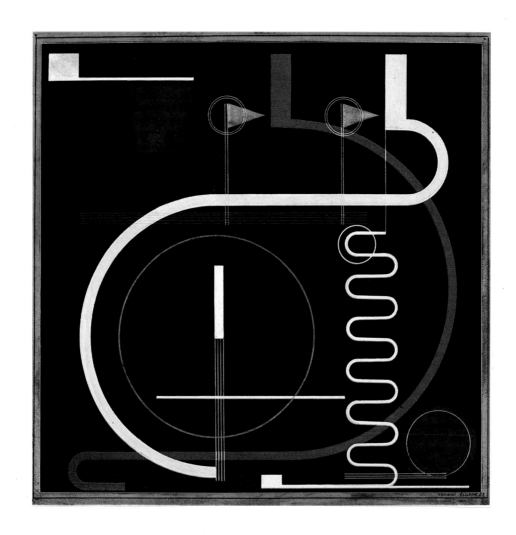

Composition, gouache.

1929
Compositie. Plakaatverf.

Composition, gouache.

IV

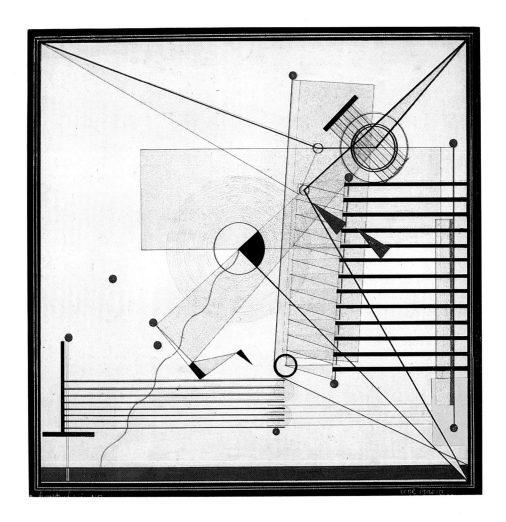

1929

Composition, gouache.   Compositie. Plakaatverf.   Composition, gouache.

1932

Le fonctionnement de la société future.   Het functioneren van de toekomstige maat-   The working of the future society.
schappij.

VI

1932

L'homme socialiste de l'avenir face à l'homme d'aujourd'hui.

De socialistische mens van de toekomst versus de mens van vandaag.

The future socialist man facing today's man.

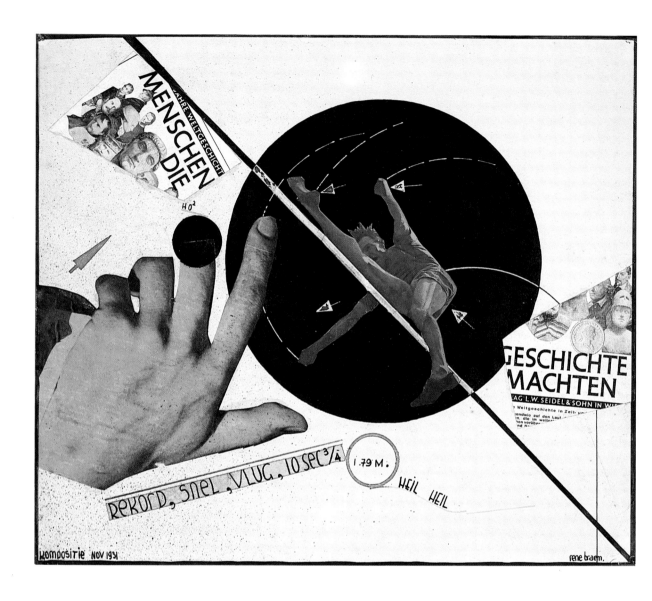

1931

Collage.   Collage.   Collage.

1933

Composition, gouache.   Compositie, plakaatverf.   Composition, gouache.

1927

Esquisses de maisons de campagne.　　　　Schetsen landhuizen.　　　　Sketches of country houses.

X

1928

Esquisse de maison de campagne.　　　Schets landhuisje.　　　Sketch of country house.

1927
Schets 'Dorpskerkje. Glas en beton'.
Sketch 'village church in glass and concrete'.
Esquisse «Eglise de village en verre et béton».

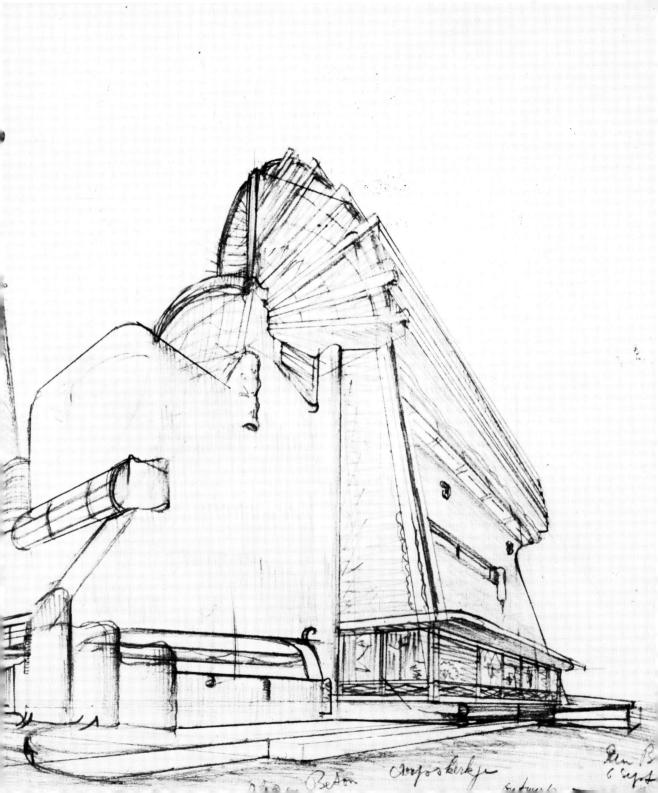

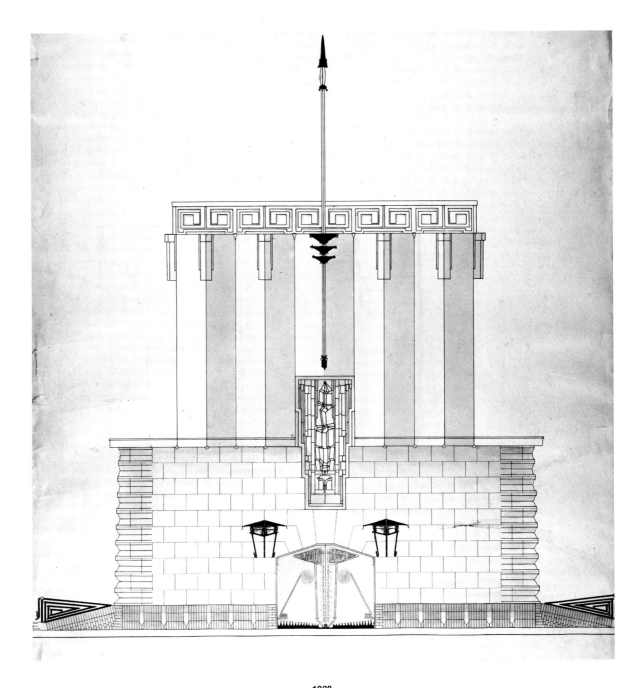

1928

Pavillon d'exposition. Dessin d'imagination.   Geveltekening van een imaginair tentoon-   Exhibition pavilion. Drawing from imagina-
stellingsgebouw.   tion.

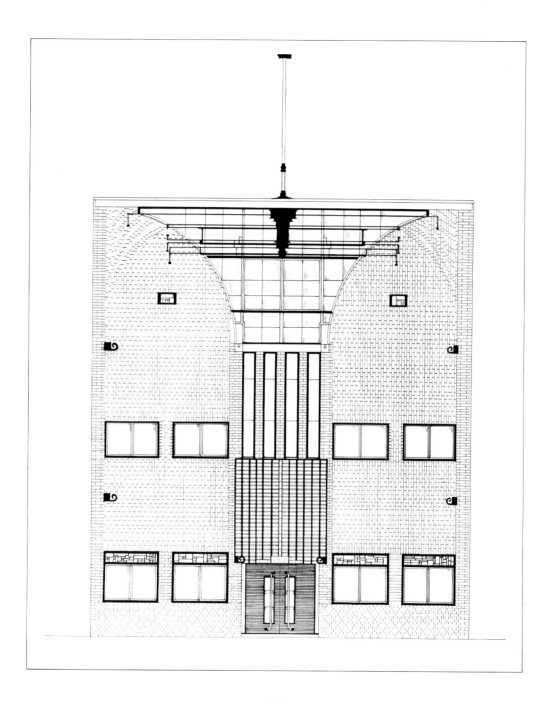

« Etude de façade ».

1928
'Studie gevel'.

'Study of a façade'.

XV

1928
Gemeentehuis in een park.
Communal house in a park.
Maison communale dans un parc.

1928
Landhuis in beton.
Concrete country house.
Maison de campagne en béton.

XVII

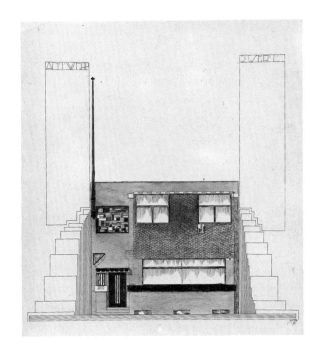

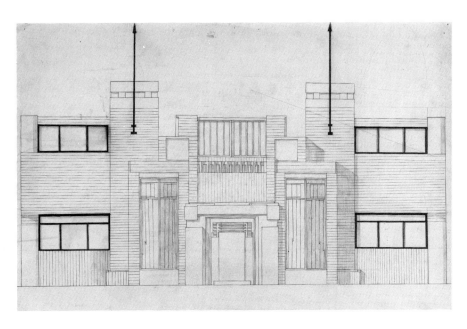

Etudes de façades.

1927
Studies gevels.

Studies of façades.

XVIII

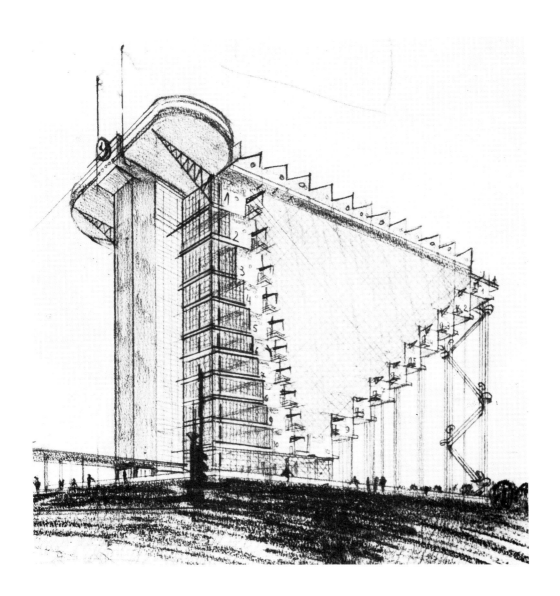

Dessin d'imagination.

1929
Schets.

Drawing from imagination.

1929

Projet d'école.   Ontwerp van een school.   School project.

XX

1929

Projet de banc de jardin avec pergola.   Ontwerp tuinbank met pergola.   Project for a garden bench with pergola.

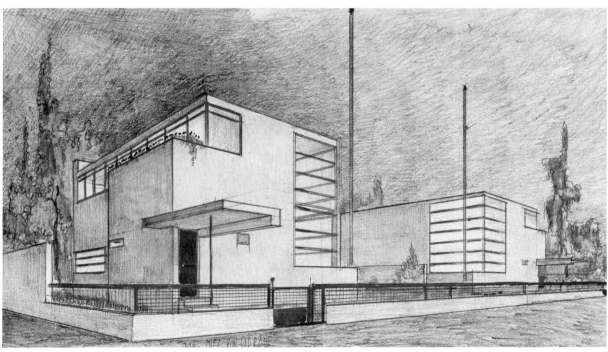

Etude pour deux maisons et projet d'habitations minimum.

Ontwerp van twee woningen en minimumwoningen.

Study for two houses and project for minimal houses.

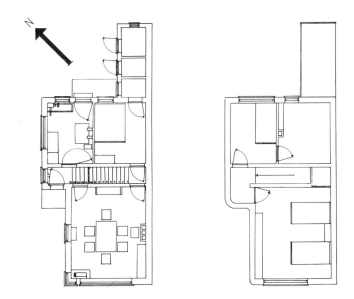

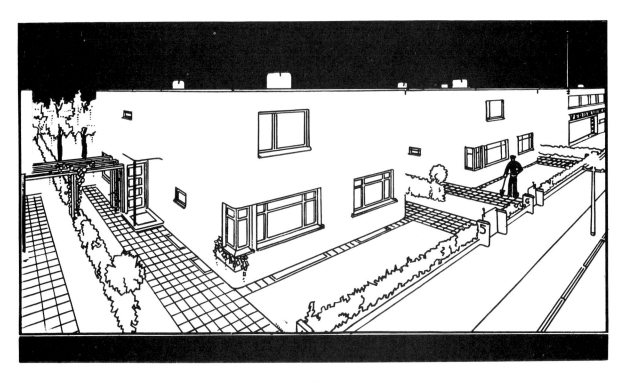

1929
Ontwerp minimumwoningen.

Projet d'habitations minimum.

Project for minimal houses.

1930

Projet d'hôtel.   Ontwerp van een hotel.   Hotel project.

ZEEMANSHUIS
SAILORSHOME
SEEMANSHEIM

renaat Braem . 4 mei 1930

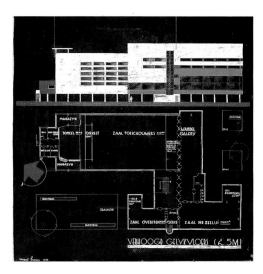

1930

Projet de maison pour marins.   Ontwerp zeemanshuis.   Project for Sailor's house.

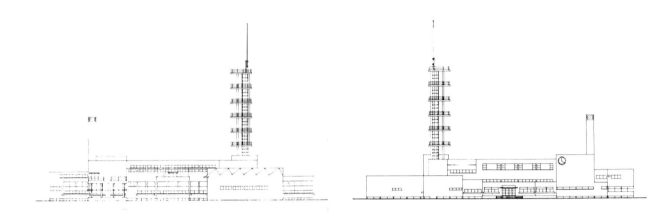

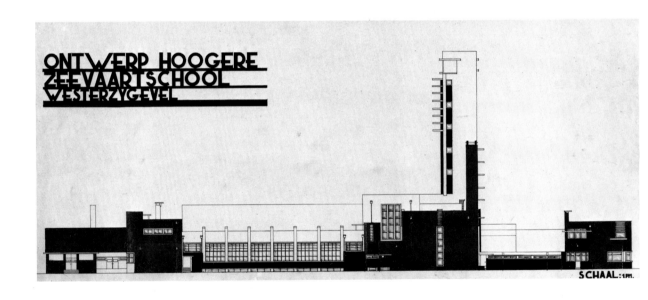

ONTWERP HOOGERE
ZEEVAARTSCHOOL
WESTERZYGEVEL

SCHAAL:1M.

1930

Projet de concours « Ecole supérieure de
Navigation » (coll. A. Smet).

Prijsvraagontwerp 'Hogere Zeevaartschool'
(ism. A. Smet).

Contest project 'Higher Nautical School' (A.
Smet coll.).

1931

Projet de Gare Centrale à Bruxelles.　　　Ontwerp Centraal Station te Brussel.　　　Central station project, Brussels.

1931

Projet de Gare Centrale à Bruxelles.　　　Ontwerp Centraal Station te Brussel.　　　Central station project, Brussels.

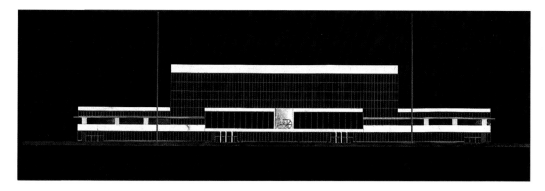

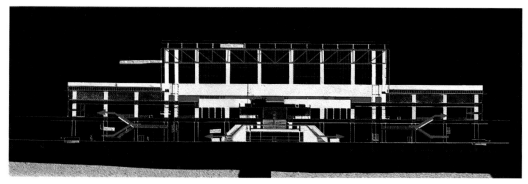

1931
Projet de Gare Centrale à Bruxelles.   Ontwerp Centraal Station te Brussel.   Central station project, Brussels.

XXIX

woonkompleks

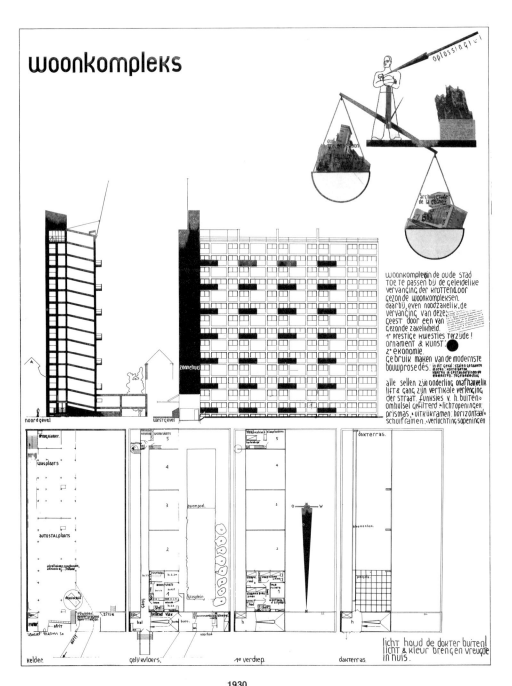

1930

« Immeuble à appartements dans un quartier à démolir ».

'Appartementsblok in af te breken deel der stad'.

'Apartment block in an area to be demolished'.

1930

Immeuble à appartements. Intérieur d'une cellule d'habitation.

Appartementsblok. Interieur van een der wooncellen.

Apartment block. Inside of a flat.

1930

« Immeuble à appartements dans un quartier à démolir ».

'Appartementsblok in af te breken deel der stad'.

'Apartment block in an area to be demolished'.

1930

«Etablisement de cure dans la Campine anversoise».

Kuurhuis in de Antwerpse Kempen.

'Cure house in the Campine area near Antwerp'.

1930

«Etablissement de cure dans la Campine anversoise».

Kuurhuis in de Antwerpse Kempen.

'Cure house in the Campine area near Antwerp'.

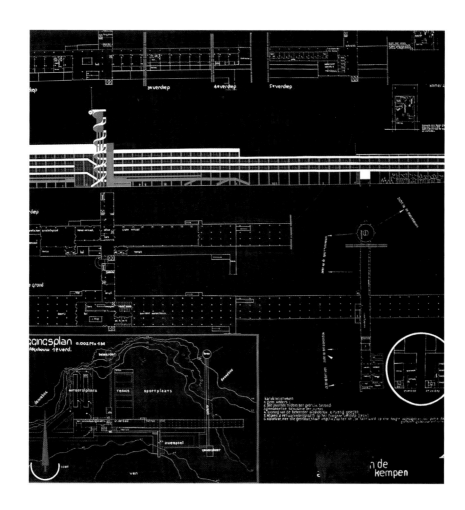

1930
Kuurhuis in de Antwerpse Kempen.

«Etablissement de cure dans la Campine anversoise».

'Cure house in the Campine area near Antwerp'.

kuurhuis in de antwerpse kempen
zwemdok & bronnengalerij

1930

«Etablissement de cure, piscine et galerie des sources».

Kuurhuis, zwemdok en bronnengalerij.

'Cure house, swimming pool and stream gallery'.

XXXVI

1930

«Etablissement de cure, vues intérieures».   Kuurhuis, interieur.   'Cure house, inside views'.

XXXVII

1931

Projet pour l'Hôtel de Lohan, La Roche-en-Ardenne.

Ontwerp Hotel de Lohan, la Roche-en-Ardenne.

Lohan hotel project, La Roche-en-Ardenne

1931

Projet pour l'Hôtel de Lohan, La Roche-en-Ardenne.

Ontwerp Hotel de Lohan, La Roche-en-Ardenne.

Lohan hotel project, La Roche-en-Ardenne.

Projet de coopérative.   Ontwerp coöperatief warenhuis.   Coop project.

1934

Projet de Ville Linéaire, l'autoroute centrale.　　Ontwerp lijnstad, de centrale autoweg.　　Linear town project, main motorway.

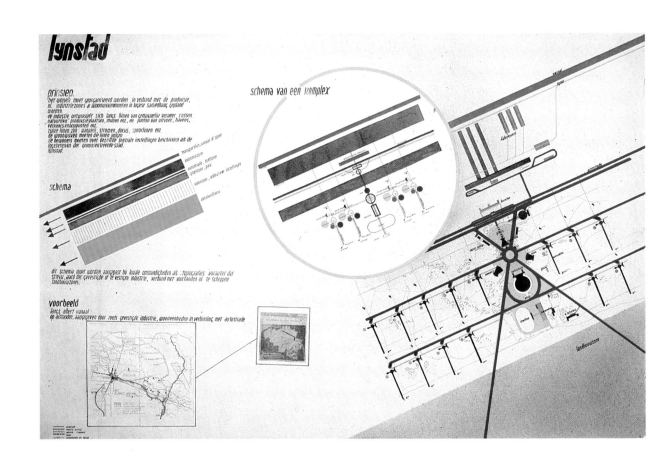

1934

Projet de Ville Linéaire, plan d'implantation schématique.

Ontwerp lijnstad, schematische plattegronden.

Linear town project, schematic implantation plan.

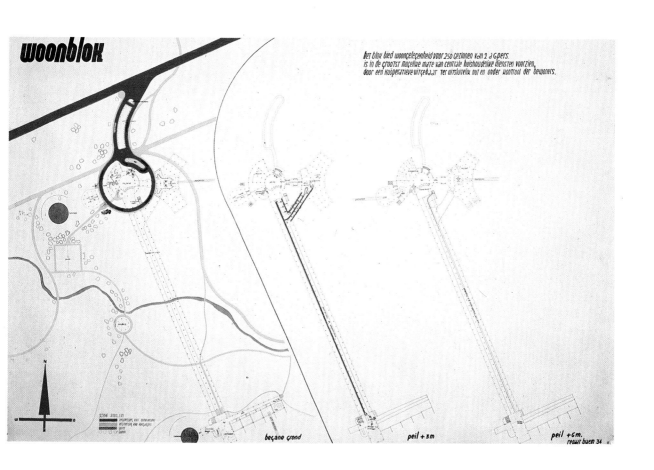

woonblok

het blok bied woongelegenheid voor 250 gezinnen van 2 à 6 pers.
is in de grootst mogelijke mate van centrale huishoudelijke diensten voorzien,
door een koöperatieve uitgebaat ter uitsluitelijk nut en onder kontrool der bewoners.

begane grond

peil + 3 m.

peil + 6 m.
renaat braem 34

1934

Projet de Ville Linéaire, implantation d'un immeuble à appartements.

Ontwerp lijnstad, plattegronden van een 'woonblok'.

Linear town project, implantation of an apartment block.

1934

Projet de Ville Linéaire, vue d'un immeuble à appartements, côté ouest.

Ontwerp lijnstad, zicht op de westzijde van een 'woonblok'.

Linear town project, view of an apartment block, west side.

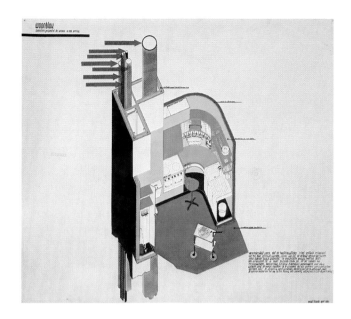

1934

Projet de Ville Linéaire, intérieur d'un appartement type et isométrie de la cuisine.

Ontwerp lijnstad, interieur van een typewoning en isometrisch zicht van de keuken.

Linear town project, inside of a model apartment and isometry of the kitchen.

1934

Projet de Ville Linéaire, vue du club.　　　Ontwerp lijnstad, zicht op een clubgebouw.　　　Linear town project, view of the club

XLVI

1934

Projet de Ville Linéaire, vue entre deux immeubles, côté sud.

Ontwerp lijnstad, zuidwaarts uitzicht tussen twee 'woonblokken'.

Linear town project, view between two buildings, south side.

1934

Projet de Ville Linéaire, vue de la place principale à proximité du «Théâtre Total».

Ontwerp lijnstad, 'zicht op het centrale plein der stad' bij het 'Totaaltheater'.

Linear town project, view of the main square near the 'total theatre'.

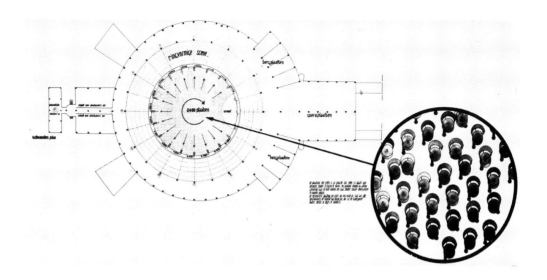

1934

Projet de Ville Linéaire, le « Théâtre Total ».   Ontwerp lijnstad, het 'Totaaltheater'.   Linear town project, the 'total theatre'.

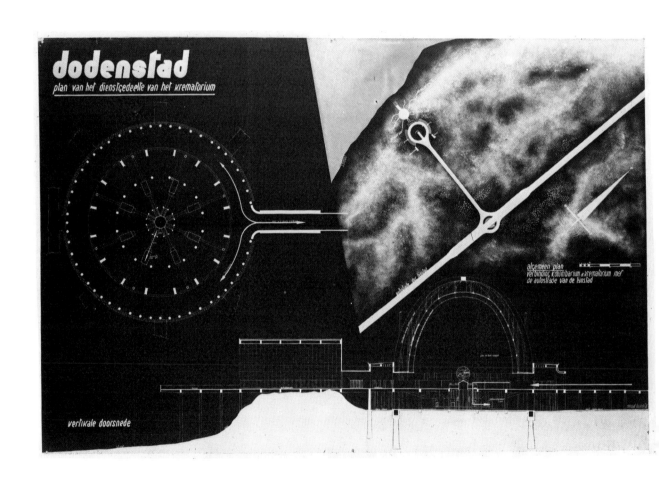

dodenstad
plan van het dienstgedeelte van het krematorium

algemeen plan
verbinding kolumbarium & krematorium met
de autostrade van de lijnstad

vertikale doorsnede

1935

Projet de «Ville des Morts», partie inté-
grante de la Ville Linéaire. Implantation
générale, plan et coupe du crematorium.

Ontwerp 'Dodenstad' onderdeel van de lijnstad. Algemeen plan, plattegrond en doorsnede van het Crematorium.

Mortuary town project, part of the linear
city. General implantation, plan and cut of
the crematorium.

krematorium
algemeen zicht

1935

rojet de «Ville des Morts, vue du cremato-
um.

Ontwerp 'Dodenstad', zicht op het Crematorium.

Mortuary town, view of the crematorium.

1935

Projet de «Ville des Morts», hall d'accès du crematorium.

Ontwerp 'Dodenstad', toegang tot het Crematorium.

Mortuary town, entrance hall to the crematorium.

1935

Projet de « Ville des Morts », dégagement circulaire du crematorium.

Ontwerp 'Dodenstad', rondgang van het Crematorium.

Mortuary town, ambulatory of the crematorium.

1935

Projet pour la Bibliothèque Royale Albertine
à Bruxelles.

Ontwerp Koninklijk Albertinabibliotheek te
Brussel.

Project for the Royal Albertine Library, Brussels.

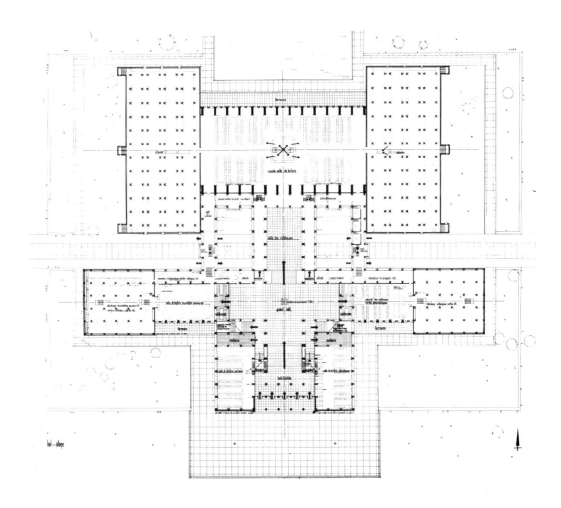

Projet pour la Bibliothèque Royale Albertine à Bruxelles.

Ontwerp Koninklijke Albertinabibliotheek te Brussel.

Project for the Royal Albertine Library, Brussels.

1935

Projet pour la Bibliothèque Royale Albertine à Bruxelles.

Ontwerp Koninklijke Albertinabibliotheek te Brussel.

Project for the Royal Albertine Library, Brussels.

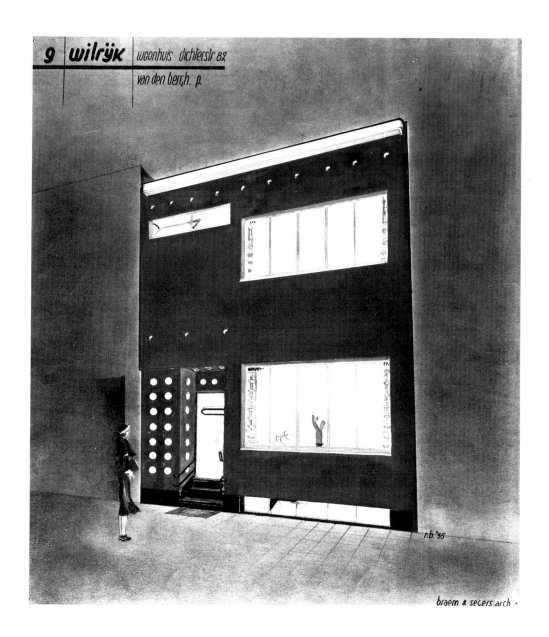

1935

Maison à Wilrijk (coll. M. Segers).   Woning Wilrijk (ism. M. Segers).   House in Wilrijk (M. Segers coll.).

1933

Projet d'habitation à Berchem.

Ontwerp woning te Berchem.

Project for a house in Berchem

burcht
ontwerp
flatbouw

perspektief

1933

Projet pour un immeuble à appartements à
Burcht.

Ontwerp flatgebouw te Burcht.

Project for an apartment block, Burcht.

1936

Habitation Jansens, Deurne (coll. M. Segers).   Woning Janssens, Deurne (ism. M. Segers).   Jansens house, Deurne (M. Segers coll.).

1937

Habitation Himschoot, Deurne.　　　　Woning Himschoot, Deurne.　　　　Himschoot house, Deurne.

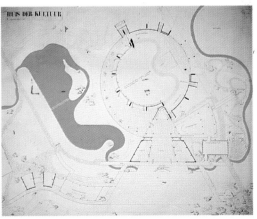

1936
Ontwerp 'Huis der Kultuur'.
Project for cultural centre.
Projet de « maison de la culture ».

950

Ontwerp bevrijdingsmonument 'Tijl en Nele', linkeroever, Antwerpen (ism. M. Macken).

Projet de Monument à la Libération «Tijl et Nele», Anvers rive gauche (coll. M. Macken).

Project for a monument to the liberation of Tijl and Nele, Antwerp Left Bank (M. Macken coll.).

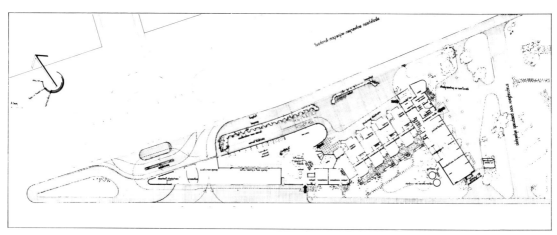

1943

Projet de concours Nieuw Kruyningen, Deurne.

Wedstrijdontwerp Nieuw Kruyningen, Deurne.

Competition project for Nieuw Kruyningen Deurne.

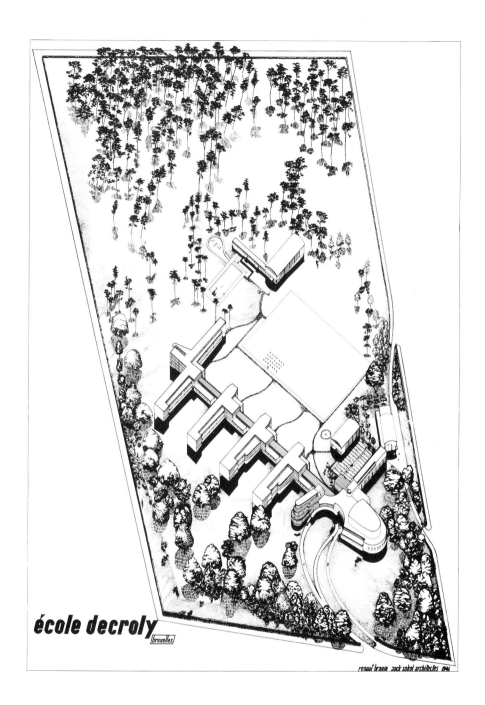

école decroly
bruxelles

renaat braem jack sokol architectes 1946

1945

Projet pour l'Ecole Decroly à Bruxelles.
Ontwerp Decrolyschool, Brussel.
Project for Decroly school, Brussels.

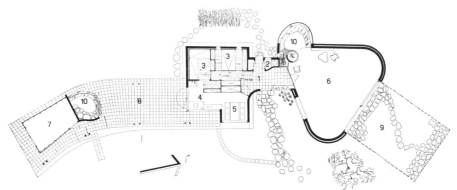

1941

Projet de bungalow Carl De Roover, Zoersel.   Ontwerp bungalow Carl De Roover, Zoersel.   Project for Carl De Roover bungalow, Zoersel.

Projet de maison de campagne dans le Brabant.

1945
Ontwerp landhuis in Brabant.

Project for country house in Brabant.

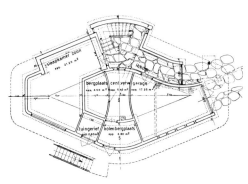

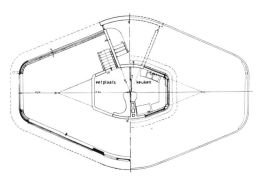

Maison Brauns à Crainhem (Bruxelles).

1950-51
Woning Brauns, Kraainem (Brussel).

1952-53

Brauns house at Crainhem, Brussels

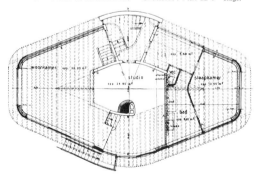

Ci-dessus : *Plan au niveau du sol.* — Ci-dessous : *Plan du 1ᵉʳ étage.*

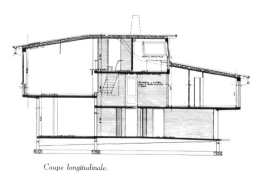

Plan du 2ᵉ étage.

Coupe longitudinale.

Maison Brauns à Crainhem (Bruxelles).

1950-51   1952-53

Woning Brauns, Kraainem (Brussel).

Brauns house at Crainhem, Brussels.

1950

Woonwijk Kiel te Antwerpen.
Detail van de toegang van het centraal woonblok.

The Kiel estate in Antwerp.
Detail of the building's entrance hall.

Unité d'habitation du Kiel à Anvers.
Détail de l'entrée de l'immeuble principal.

1950

Woonwijk Kiel, Antwerpen. Zicht op een der woonblokken.

The Kiel estate, Antwerp. View of a building.

Unité d'habitation du Kiel à Anvers. Vue d'un des immeubles.

1934

Ontwerp lijnstad, 1934.

Project for linear town, 1934.

Projet de Ville Linéaire, 1934.

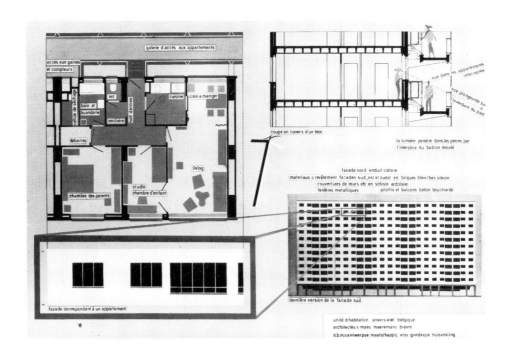

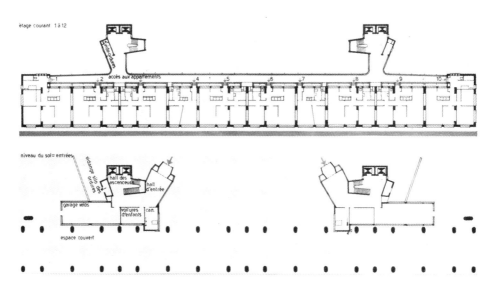

1949-1950

La cité Kiel, immeuble-type.

Woonwijk Kiel te Antwerpen, type woon-blok.

The Kiel estate, model block.

1949-50

Unité d'habitation du Kiel (coll. Maes, Maeremans). Plan d'implantation 1949-50.
Les immeubles qui entourent le «cluster»
furent édifiés en 1951-54. Les autres, entre
1956-58.

Woonwijk Kiel (ism. Maes en Maeremans),
plattegrond. De woonblokken die het 'cluster' omsluiten werden uitgevoerd in 1951-54.
De andere, tussen 1956-58.

The Kiel estate (Maes, Maeremans coll.).
Implantation plan, 1949-50.
Buildings around the 'cluster', built in
1951-54. The others were built between 1956-
58.

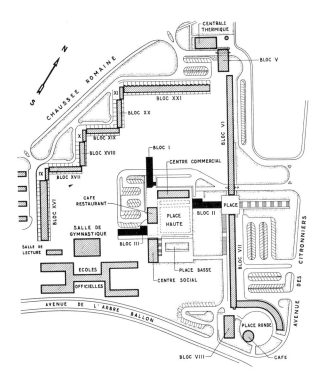

1956

Modelwijk op de Heysel te Brussel. Voorstelling van het project aan de pers.

Model quarter at the Heysel, Brussels. Presentation to the press.

La Cité Modèle au Heysel à Bruxelles. Présentation du projet à la presse.

La Cité Modèle au Heysel à Bruxelles.

1956　　　　**1957-63**
Modelwijk op de Heysel te Brussel.

Model quarter, Heysel, Brussels.

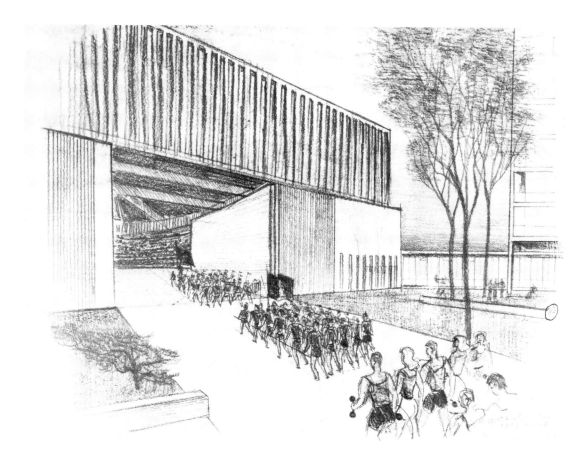

1955

Schets Sport- en Cultuurcentrum 'Fortje', Deurne.

Sketch of the cultural and sports centre at the Fortje, Deurne. 1955.

Esquisse pour le centre culturel et sportif du « Fortje », Deurne.

1963

Modelwijk, Brussel.

Model quarter, Brussels.

Cité Modèle, Bruxelles.

1953   **1957-6**

Zicht op het centrum van Antwerpen van op de linker Scheldeoever. Van links naar rechts: de zogenaamde 'Boerentoren', de O.-L.-Vrouwtoren en de toren van Braems administratief centrum.

View of the Antwerp city centre from the left bank of the Scheldt. From left to right: the Boerentoren, the tower of Notre Dame and the tower of Braem's Administrative Centre.

Vue du centre d'Anvers depuis la rive gauche de l'Escaut. De gauche à droite: le «Boerentoren», la tour de Notre Dame et la tour du Centre Administratif de Braem.

1953
Twee opnamen van de maquette. Enkel het grote torengebouw achteraan werd uitgevoerd.

Views of the model. Only the tower was built.

Vues de la maquette. Seule la tour fut réalisée.

1957-1967

La tour du Centre Administratif d'Anvers (coll. J. De Roover, M. Wynants).

De toren van het Administratief centrum te Antwerpen (ism. J. De Roover, M. Wynants).

The tower of the Antwerp Administrative Centre (J. De Roover, M. Wijnants coll.)

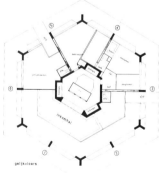

Quartier résidentiel St-Maartensdal, Louvain.

1957-61

Woonwijk Sint-Maartensdal, Leuven.

1961-67

St Maartensdal housing, Leuven.

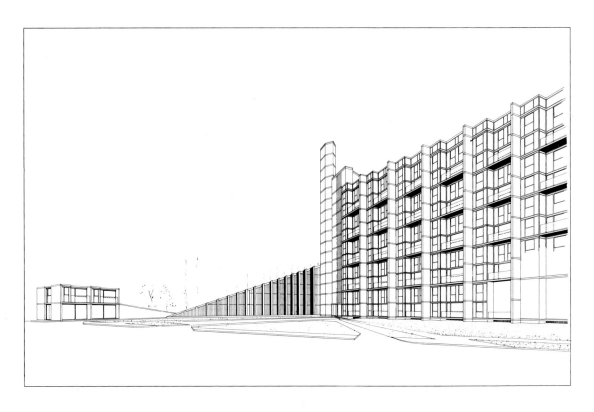

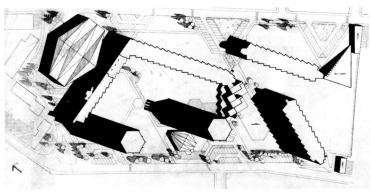

Quartier résidentiel St-Maartensdal, Louvain.

1957-61

Woonwijk Sint-Maartensdal, Leuven.

1961-67

St Maartensdal housing, Leuven.

Quartier résidentiel St-Maartensdal, Louvain.

1957-61
Woonwijk Sint-Maartensdal, Leuven.

1961-67

St Maartensdal housing, Leuven.

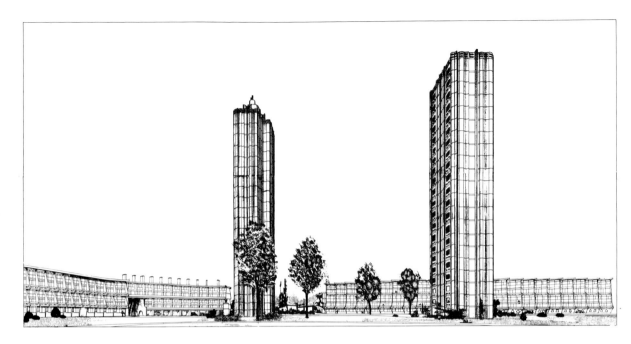

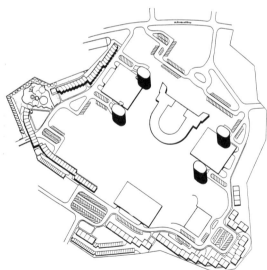

Projet d'un quartier résidentiel à l'Arena-plein, Deurne.
Bream réalisa les constructions basses du périmètre. L'espace central fut ultérieurement bâti (1980-81) et confié à d'autres architectes.

1960-65   **1967-71**
Ontwerp woonwijk Arenaplein, Deurne.
Braem voerde enkel de lage randbebouwing uit. Het plein werd in 1980-81 door andere architecten volgebouwd.

Housing project at Arenaplein, Deurne.
Braem built the lower constructions of the perimetre. The inner space was built later (1980-81) by other architects.

Unité d'habitation Arenaplein, Deurne.
Détail d'un portique.

1960-65

Woonwijk Arenaplein, Deurne. Detail sculpturen ontworpen door Braem.

1965-71

Housing Arenaplein, Deurne.
Portico, detail.

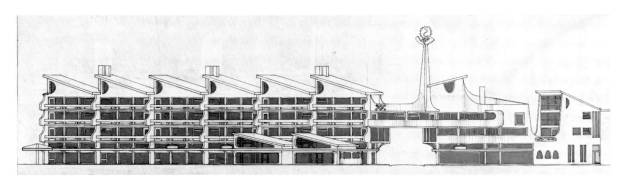

1965

Unité d'habitation Arenaplein, Deurne, projet initial.

Woonwijk Arenaplein, ontwerptekening.

Housing Arenaplein, Deurne. First project.

1965

Projet de centre culturel, Arenaplein, Deurne.

Ontwerp aanleg Cultureel Centrum, Arenaplein.

Project for a cultural centre. Arenaplein, Deurne.

Unité d'habitation Arenaplein, Deurne.
Les sculptures ont été conçues par R.
Braem.

1960-65   **1965-71**
Woonwijk Arenaplein, Deurne.
Detailsculpturen ontworpen door R. Braem.

Housing Arenaplein, Deurne.
The sculptures were conceived by R. Braem.

Unité d'habitation Arenaplein, Deurne.

1960-65   **1965-71**
Woonwijk Arenaplein, Deurne.

Housing Arenaplein, Deurne.

1964
Ontwerp Bandstad België. Fragment van de plattegrond en doorsnede op een woonstructuur.

Belgian linear town project.
Fragment of the implantation plan and cut in the lodgings structure.

Projet de «Ville Linéaire Belgique».
Fragment du plan d'implantation et coupe dans une structure de
logements.

doorsnede 1   doorsnede 2

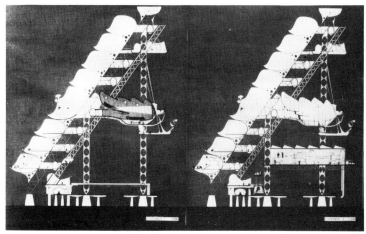

Maison particulière de R. Braem, Deurne.

1955   1956-57

Eigen woning Braem, Deurne.

Private house of R. Braem, Deurne

XCII

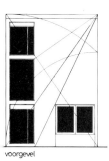

voorgevel

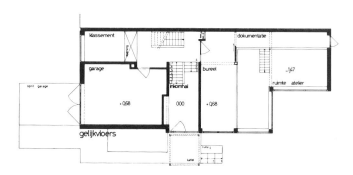

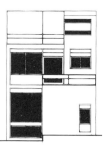

Maison particulière de R. Braem. Vue de atelier.

1955

Eigen woning Braem, Deurne. Interieur atelier.

1956-57

Private house of R. Braem. View of the workshop.

| 1966 | 1968-69 | 1966 | 1968-69 |

Landhuis G. Alsteens, Overijse.

Country house of G. Alsteens, Overijse.

Maison de campagne G. Alsteens, Overijse.

Landhuis G. Alsteens, detail.

Country house of G. Alsteens, detail.

Maison de campagne G. Alsteens, détail.

Maison de campagne G. Alsteens, hall
d'entrée.

1966   **1968-69**
Landhuis G. Alsteens, ingang.

Country house of G. Alsteens, entrance hall.

Maison de campagne G. Alsteens, séjour.

1966   **1968-69**

Landhuis G. Alsteens, woonplaats.

Country house of G. Alsteens, living room.

1967-69   **1969-70**
Woning van Humbeek, Buggenhout.

Van Humbeek house, Buggenhout.

Habitation Van Humbeek, Buggenhout.

1967-69   **1969-70**
Woning van Humbeek, detail.

Van Humbeek house, detail.

Habitation Van Humbeek, détail.

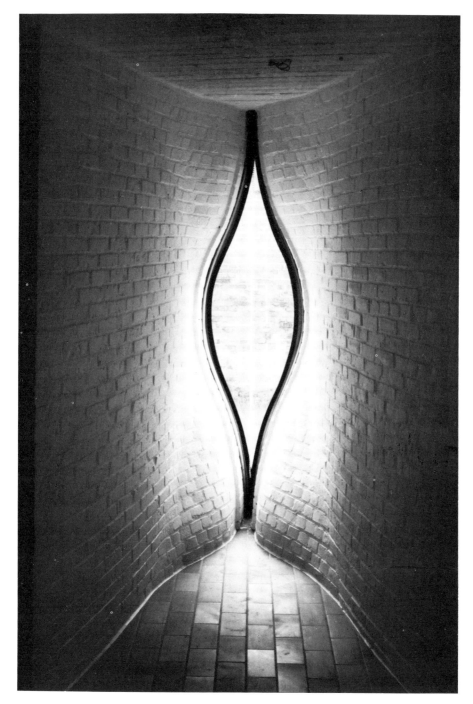

XCIX

1968-69   **1969-71**

Middelheimpaviljoen,   Antwerpen.

Middelheim pavilion, Antwerp.

Pavillon au Middelheim, Anvers.

1968-69   **1969-7***

Middelheimpaviljoen,   detail

Middelheim pavilion, detail.

Pavillon au Middelheim, détail.

Siège social de la société Glaverbel à Bruxelles.

1963   **1967**

Sociale zetel Glaverbel, Brussel (ism. Jacqmain, Mulpas, Guilissen).

Offices of the Glaverbel Company in Brussels.

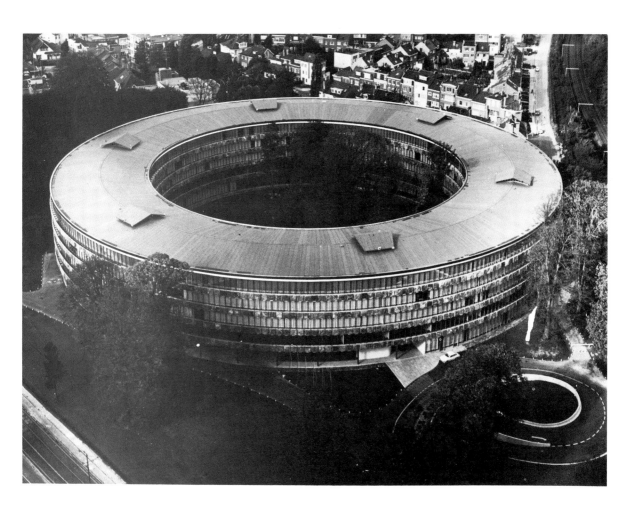

Siège social de la société Glaverbel à Bruxelles.

1963
Sociale zetel Glaverbel, Brussel (ism. Jacqmain, Mulpas, Guilissen).

1967
Offices of the Glaverbel Company in Brussels.

Unité d'habitation Kruiskenlei, Boom.
Vue de la tour (1ère phase).

1965   **1966-70**
Woonwijk Kruiskenlei, Boom,
onderdeel van het torengebouw
(eerste schijf).

Kruiskenlei housing unit, Boom.
View of the tower (first phase).

Unité d'habitation Kruiskenlei, Boom.
Vue de l'immeuble n° 4 (2ème phase).

1969-72

Woonwijk Kruiskenlei, Boom. Langblok 4
(2de schijf).

1972-77

Kruiskenlei housing unit, Boom.
View of apartment number 4 (second phase).

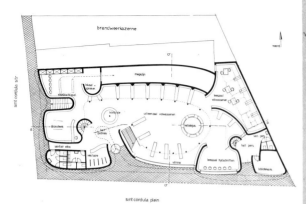

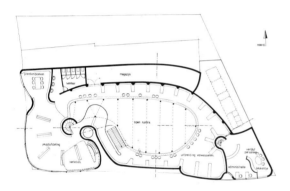

1968-71   **1972-74**

Gemeentelijke Bibliotheek te Schoten.

Public library, Schoten.

Bibliothèque communale de Schoten.

Bibliothèque communale de Schoten, rez-de-chaussée et 1er étage.

1968-71　　　　　　　　　　**1972-74**

Gemeentelijke Bibliotheek te Schoten, gelijkvloers en verdieping.

Public library, Schoten. Ground and first floor.

1968-71   **1972-74**

Bibliothèque communale de Schoten, détail du rez-de-chaussée.

Gemeentelijke Bibliotheek te Schoten, detail gelijkvloers.

Public library, Schoten. Detail of ground floor.

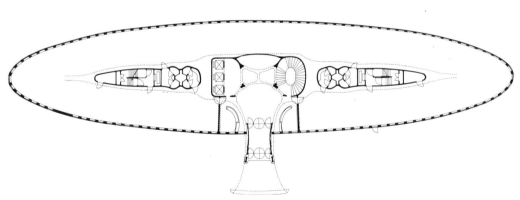

Siège de l'administration et du rectorat de la
Vrije Universiteit de Bruxelles. Plan et détail
de peinture murale réalisée par R. Braem en
1978-81.

1971-73   **1977-78**
Gebouw Administratie en Rectoraat Vrije
Universiteit te Brussel. Plan en detail muur-
schilderingen, uitgevoerd door R. Braem
(1978-81).

Offices of the administration and rectorate
of Brussels University. Plan and detail of
mural paintings by R. Braem (1978-81).

iège de l'Administration et du rectorat de
 Vrije Universiteit de Bruxelles.

1971-73
Gebouw Administratie en Rectoraat Vrije
Universiteit te Brussel.

1977-78
Offices of the administration and rectorate
of Brussels University.

ELEMENTS BIOGRAPHIQUES
BIOGRAPHICAL ELEMENTS

Né à Anvers le 28 août 1910 (à 5 h).

Enseignement primaire au «Stedelijk Onderwijsgesticht n° 2» de la Van Maerlantstraat à Anvers, 1916-22.

Enseignement secondaire à l'Athénée Royal d'Anvers, jusqu'en 3ème Scientifique, 1922-26.

Etudes d'architecture à l'Académie Royale des Beaux-Arts à Anvers, 1926-31.

Atelier Pol Berger   1926-28
        Antoon de Mol   1929-29
        Evrard   1929-30
        Jef Huygh   1930-31

Co-fondateur de la Ligue Joe English en 1928. Membre actif jusqu'à sa dissolution en 1933.

Etudes Supérieures d'Architecture à l'Institut National Supérieur des Beaux-Arts d'Anvers, dans l'atelier Smolderen, 1931-35; interrompues pour service militaire: juillet 1932 - sept. 1933; études couronnées par le Prix Rubens (février 1935) pour l'ensemble des projets d'architecture et par le Prix Godecharle (novembre 1935) pour le projet d'une Bibliothèque Royale à Bruxelles.

Membre du Parti Communiste belge de 1936 jusqu'à 1950 environ.

Stage chez Le Corbusier à Paris, 1936-37.

Mariage avec Elsa Severin, le 3 octobre 1936.

Participation au 5ème Congrès des CIAM «Logis et Loisirs» à Paris, 28 juin - 2 juillet 1937.

Mobilisé en septembre 1939-

Fin mai 1940, prisonnier de guerre à Tielt, et déporté via Valsoorden, Altengrabow, Fallingborstel à Bokeloh en Basse Saxe.

De retour à Anvers le 14 janvier 1941, il accède au Front d'Indépendance le 1er mars. En tant que membre de la Résistance armée, Département Propagande, il porte le matricule 18985.

A la suite d'un concours urbanistique organisé par le Commissariat Général à la Reconstruction, il est nommé urbaniste d'Enghien au printemps de 1941.

Capturé par le Gestapo le 6 décembre 1942, emprisonné 100 jours à Anvers.

Après la guerre, il collabore aux journaux *Het Vrije Woord (La Parole Libre)* et *De Roode Vaan (Le Drapeau Rouge)* sous le pseudonyume Michel Staal. En même temps, il travaille aux services de la Ville d'Anvers, en tant qu'expert pour les dommages de guerre causés par les bombes V1 et V2.

Urbaniste de la commune de Deurne, 1946.

Professeur d'urbanisme à l'Académie Royale des Beaux-Arts d'Anvers, 1947-75.

Rédacteur en chef de la revue *Bouwen en Wonen (Construire et Habiter),* 1952-62.

Participation au 9ème Congrès des CIAM à Aix en Provence, 19-25 juillet 1953.

Directeur intérimaire de l'Académie Royale des Beaux-Arts à Anvers, 1962-65.

Rédacteur en chef de la revue *Plan,* 1964-65.

Membre de l'Académie Royale Flamande des Beaux-Arts et des Lettres de Belgique, 1962.

Membre du Conseil National de l'Ordre des Architectes, nommé par le Roi, 1964-75.

Publication de «Le Pays le plus laid du Monde» par le Davidsfonds, 1968.

Membre de la Commission Royale des Monuments et des Sites, 1970-81.

INVENTAIRE DES PROJETS ET REALISATIONS
INVENTORY OF PROJECTS AND ACHIEVEMENTS

1927

Différentes esquisses dans l'esprit de l'Ecole d'Amsterdam, notamment: maisons de campagne, villas, églises...

Maisons de campagne et «Station Radio-Téléphonique» inspirées par F.L. Wright.

1928

Différents dessins d'habitations et de bâtiments publics, inspirés par le style Art Déco et par Dudok.

1929

Projet d'habitations minimum.

Différents projets d'inspiration constructiviste.

Projet de banc de jardin avec pergola (exercice pour l'atelier Evrard, 4ème année de l'Académie Royale des Beaux-Arts d'Anvers).

Projet de pavillon dans un parc (idem).

Projet d'école (idem).

1930

Projet d'hôtel (exercice pour l'atelier Evrard, 4ème année, Académie Royale des Beaux-Arts d'Anvers).

Projet de pavillon de chasse (idem).

Projet de Maison pour Marins (idem).

Concours pour l'Ecole de Navigation d'Anvers (coll. A. Smet), classé 3ème.

Projet «complexe d'habitation dans une partie de la ville à démolir» (exercice pour l'atelier Huygh, 5ème année, Académie Royale des Beaux-Arts d'Anvers).

Projet de maison de cure dans la Campine anversoise (idem).

1931

Projet de Gare Centrale à Bruxelles (travail de fin d'année pour l'Académie Royale, atelier Huygh; Grand Prix d'Architecture).

Hôtel de Lohan, La Roche-en-Ardennes (commande de Van Kuyck; seul le squelette de l'ossature fut exécuté en 1935).

1932

Projet de coopérative (exercice pour l'atelier Smolderen, Institut National Supérieur des Beaux-Arts).

Projet de petite maison de week-end pour M. Bogaert.

1933

Projet d'immeuble à appartements pour M. Segers, Burcht (coll. M. Segers; non exécuté).

Projet pour la maison van Spaandonck, Berchem (coll. M. Segers; non exécuté).

1934

Projet de transformation du magasin Locquet, coin Eikenstraat, Meir à Anvers (non exécuté).

Esquisse pour un monument à Pierre Benoit (non exécuté).

Projet de Ville Linéaire (dans le cadre de l'atelier Smolderen, Institut National Supérieur des Beaux-Arts d'Anvers).

Projet de «théâtre total» (idem).

1935

Projet de magasin avec appartements pour M. Van Daele.

Burcht (différents projets en collaboration avec Marc Segers, non exécuté).

Maisons ouvrières à Burcht (non exécuté).

Projet de Maison du Peuple, Burcht (non exécuté).

Habitation P. Van den Berghe, Dichtersstraat 82, Wilrijk (1ère habitation exécutée, coll. M. Segers).

Exposition du bois au Palais des Beaux-Arts de Bruxelles.

Projet de Ville des Morts (dans le cadre de l'atelier Smolderen à l'Institut National Supérieur des Beaux-Arts d'Anvers).

Projet pour l'Albertine à Bruxelles (idem, prix Godecharle 1935).

Etude urbanistique du Grand-Anvers (coll. H. Hoste).

1936

Projet d'habitation pour A. Braem, à Boelaerlei, Borgerhout (maison avec appartement, non exécuté).

Maison Janssens, Van Erstenstraat, 73, Deurne (coll. M. Segers, prix Van de Ven, 1938, légèrement transformé).
Bibl.: *Emulation* 1938, n° 3, p. 47.

Maison Lenders, Statielei 9, Mortsel (rez-de-chaussée transformé en magasin).

Maison double, Stienletlaan, Wilrijk (coll. M. Segers).

Projet de «Maison de la Culture» (projet imaginaire).

1938

Maison Himschoot, Drakenhoflaan 50, Deurne (troisième prix Van de Ven, 1937, transformé).
Bibl.: *KMBA,* sept. 1937, n° 9, p. 222.

Premier projet de concours pour la bibliothèque Albertine Mont des Arts, Bruxelles (coll. Schillemans, Cols et De Roeck).

1938

Projet de concours pour un monument à Lieven Gevaert (coll. M. Macken, non exécuté).

Deuxième projet de concours pour la bibliothèque Albertine au Jardin Botanique, Bruxelles (coll. Smet, 7e prix).
Bibl.: *Emulation* 1939, n° 5, p. 77.

Maison Barré, Sorbenlaan 57, Wilrijk (coll. Segers; après dommage de guerre, la façade a été revêtue de plaques de marbre).
Bibl.: *Bouwkunst en Wederopbouw* 1944, n° 3, p. 74.
Projet de concours pour un magasin de mode, prix Philips 1938; deuxième prix (non exécuté).
Bibl.: *Emulation* 1938, n° 5, p. 82.
Maison commerciale, Kerkendijk 3, Borgerhout (coll. Segers, transformé).
Bibl.: *Bouwkunst en Wederopbouw,* 1944, n° 3, p. 71.
Projet de concours pour un monument à Anseele, Gand (coll. E. Wijnants, non exécuté).
Projet de transformation de l'établissement de bain Moriens, Dambruggestraat, Anvers (coll. Schillemans, non exécuté).
Etude urbanistique du Grand Anvers 1938-39 (coll. H. Hoste).

1941

Maison de Weekend A. Braem, Vraagstraat, Brecht (partiellement exécutée, démolie).
Fabrique de liqueurs Corijn, Coquilhatstraat 10, Anvers.
Bibl.: *Le Document* 1948, p. 20-21; *La Maison* 1945, n° 6, p. 195.
Projet de Bungalow pour Carl de Roover, Zoersel (non exécuté).
Bibl.: *Bouwen en Wonen* 1954, n° 4, p. 147.
Maison Goukens, Markstraat, Putte-Mechelen (pour l'architecte A. Smets).
Maison Croonen, Putte-Mechelen (pour l'architecte A. Smets).
Projet de concours pour l'aménagement urbanistique d'Enghien (Braem est couronné et nommé urbaniste).
Bibl.: *Reconstruction* mai 1941, n° 6, p. 8).

1942

Exposition « Stedebouw in Stad en Dorp », salle de marbre du Jardin Zoologique d'Anvers (coll. Macken, Cornelissen, De Roover. E. Severin).
Bibl.: *Bouwkunst en Wederopbouw* 1942, n° 3; *Reconstruction* 1942, n° 25, p. 6-9.

1943

Transformation de la brasserie Verhofstede, Nieuwkerke-Vaas. Projet de concours de Nieuw Kruyningen, quartier de Deurne, concours organisé par le KMBA, 1er prix (non exécuté).

1944

Transformation de la maison Sagers, Van Havrelei 25, Deurne (grand volume projeté par Smet, détaillée par Braem; petit volume projeté par Braem).
Projet de concours de maisons préfabriquées pour le Ministère des Travaux Publics. Système de construction avec éléments métalliques (coll. avec Bouchout et Thirion; 3ème prix, sans suite).
Projet de concours de la maison communale de Boom ° 1944 1er prix).

1945

Projet pour l'école Decroly, Bruxelles (coll. avec J. Sokol, non exécuté).
Exposition U.R.S.S. au Cinéma Coliseum, Anvers (coll. avec M. Baugniet).
Monument à la Résistance, Diest (coll. avec le sculpteur M. Macken; exécuté en pierre de sable ferrugineux, rassemblée pendant la guerre pour un monument à Staf De Clercq).
Projet d'une maison de campagne dans le Brabant (non exécuté).

1946

Projet de la maison communale pour Boom (conformément aux implantations changeantes du projet, celui-ci fut retravaillé à plusieurs reprises en 1951-52, 1957, 1960, 1976 et 1978, mais toujours non exécuté).
Projet du centre administratif de l'Etat, Boom (non exécuté; le projet fut repris en 1978 avec une autre implantation: une glaisière comblée).
Transformation du cinéma Nova, Sint Bernardsesteenweg 318, Anvers (commande de Langohr).
Transformation de la laverie Van Camp, Te Couwelaarlei, Deurne.
Quartier résidentiel pour sinistrés, Fortje, Deurne, ° 1946, 1947-48 (coll. avec Brosens et Laforce).
Habitations pour sinistrés, Jacob Smitstraat, Borgerhout. °1946-48 (commande du Ministère de la Reconstruction; coll. avec Brosens et Laforce).
Bibl.: *La Maison,* mars 1948, n° 3.
Transformation de la maison de campagne Minnaert, Steenweg de St.-Antonius Brecht à Zoersel, Schilde, 1946-48. (Transformation de trois maisons existantes en maison de campagne).
Bibl.: *BW* 1954, n° 4, p. 145.

1947

Monument funéraire Nollet, Deurne.
Transformation du Cinéma Rubens, Kerkstraat 44, Hemiksem, °1947-48 (commande de Langohr).
Expositions Arts et Métiers dans la salle de fête à Anvers (coll. avec De Roover, Van Gils, Havenith, ...).
Transformation de villa, Dellafaillelaan 21 (commande de Corijn; en mars 1943, Braem a été enfermé quelques temps dans une cave de cette villa, qui était à l'époque le quartier général de la Gestapo).
Tombe Aldeweireldt, Edegem.
Magasin Van den Heuvel, Osystraat 3, Anvers.
Immeuble à appartements Langohr, Van Straelenstraat 17, Anvers (coll. avec Jan de Mol).
Normes pour les terrains de camping « De Natuurvrienden ».

1948

Habitation Trommelen; J. De Groofstraat 28, Wilrijk.
Monument à la Résistance, Saint-Nicolas (coll. avec Mark Macken).

Projet de cimetière d'honneur à Schaffen (coll. avec Macken; non exécuté).

Lay-out et organisation d'un cortège pour le parti communiste à Anvers.

Exposition des arts et métiers (commande de la Province d'Anvers).

Transformation de la façade de la maison Corijn, Acacialaan, Wilrijk.

Maison d'artiste De Martelaere, Schotensteenweg 301, Deurne.

Maison Paeshuys, Lod. Brionstraat, Wilrijk.

Peinture murale dans une auberge de jeunesse à Nijlen (coll. avec E. Severin).

1949

Auberge de jeunesse, Zoersel (coll. avec W. Van Gils).

Projet de maison Bernard, Jules Destréestraat, Hoboken (non exécuté).

Monument à la Liberté, «kakkershoek», Anvers (coll. avec M. Macken; à exécuter en bronze destiné à l'origine à un monument à Staf De Clercq; non exécuté).

Quartier résidentiel Kiel, Zaanstraat, Anvers (800 habitations en collaboration avec Maes et Maeremans, commande de la S.C. Huisvesting), °1949-50, 1951-54, 1956-58.
Bibl.: *Architecture* 1965, n° 63, p. 879; *Architecture* 1962, n° 1; *La Maison* 1950, n° 10, p. 310; *La Maison* 1958, n° 5, p. 154-57; *Rythme* 1953, n° 16, p. 12; *L'Architecture d'Aujourd'hui* 1954, n° 57, p. 66-70.

1950

Maison Brewaeys, Schotensteenweg, Deurne (à côté de la maison d'artiste De Martelaere).

Monument à la Libération, «Tijl en Nele», Anvers Rive gauche (coll. avec Mark Macken, non exécuté).

Peinture murale dans le local de détente des habitations pour personnes âgées dans le quartier du Kiel, Anvers (coll. avec E. Severin).

Maison Bert Brauns, Berkenlaan 43, Kraainem, Bruxelles; °1950-51, 1952-53.
Bibl.: *Architecture* 1965, n° 63, p. 679; *BW* 1954, n° 3, p. 74; *La Maison* 1954, n° 4, p. 119.

1951

Centre Administratif de la Ville d'Anvers, Oudaan, °1951-53, 1957-67 (coll. avec De Roover et Wynants).
Bibl.: *Architecture* 1952, n° 1, p. 7; *Architecture* 1965, n° 63, p. 884; *Architecture* 1959, n° 28, p. 191; *La Maison* 1968, n° 3, p. 159.

1952

Esquisses pour un monument à Julien Lahaut (sans suite).

Villa Van den Bosch, Schepersveldlei, Ekeren.
Bibl.: *B & W* 1964, n° 4, p. 143.

Projet de la maison du professeur Cuypers-Herion, Bruxelles (non exécuté).

Showroom de la S.A. Haentjes, Plantin en Moretuslei 60-62, Anvers (aménagement intérieur et mobilier).

1953

Aménagement du hall de réception du Pan American Airways Office, Arenbergstraat, Anvers.

1954

Maison Hendricks, Polygoonstraat 9, Berchem.

Maison Jef Burm, Argussenlaan 12, Oudergem.
Bibl.: *Architecture* 1965, n° 63, p. 861.

Maison Rik De Roover, Luchtvaartstraat 28, Borgerhout.

Immeuble à appartements Clinck, Boekenberglei, Borgerhout.

1955

Maison Ray Gillis, Vaartdijk, Malines.
Bibl.: *Architecture* 1965, n° 63, p. 861.

Transformation de l'atelier M. Macken, Van Beersstraat, Anvers.

Esquisse d'une nouvelle maison pour Mark Macken (non exécuté).

Maison et atelier Braem, Menegemlei 23, Deurne, °1955, 1956-57.
Bibl.: *Architecture* 1957, n° 20, p. 852; *Architecture* 1959, n° 28, p. 188.

1956

Cité Modèle au Heysel, Bruxelles, °1956, 1957-63 (coll. avec Coolens, l'Equerre, Structures, Panis et Van Dooselaere).
Bibl.: *Architecture* 1965, n° 63, p. 880; *Architecture* 1957, n° 22, p. 889-91; *La Maison* 1960, n° 8, p. 247; *B & W* 1958, n° 10.

Quartier Jos Van Geellaan, Deurne, °1956, 1957-60.

Arena Deurne; transformation du «Fortje» en un centre sportif et culturel (plus tard transformé entièrement par la commune de Deurne).

1957

Exposition du Bois, Palais des Beaux-Arts, Bruxelles (exécutée par De Coene, Courtrai).

Quartier St.-Maartensdal, Louvain. °1957-61, 1961-67 (coll. avec De Mol et Moerkerke, commande du bourgmestre Thielemans, plus tard vice-ministre des Finances).

Pavillon principal du Bouwcentrum, Van Rijswijcklaan, Anvers.

Marché Rood Kruisplein, Deurne; les reliefs en brique ont été peints par Elza Severin (négligés et défigurés par la commune de Deurne).

Hôpital du Middelheim, Anvers, °1957-1978... (commande du C.O.O., coll. avec Francken et Van Riel; commande reçue en 1946).

Projet du parc sportif, Berchem (coll. avec De Koninckx, non exécuté).

Jardin d'enfants, Sint-Gummarusstraat, Anvers, ° 1957-60, 1967-71 (commande de l'administration communale; coll. avec Nolf; peintures murales réalisées par J. Weemaels).

Quartier Kruiskenslei, Boom — construction basse (commande de N.M. Huisvesting; coll. avec Van Camp et Van de Velde).

Projet du Pavillon du Crédit, Expo '58, Bruxelles (non exécuté).

1958

Pierre tombale de Lode Severin, cimetière de Kalmthout.

Maison Pierre Serneels, St.-Augustinuslei, Wilrijk (fut démolie pour la construction d'une autoroute).

Projet de la ville satellite de Lillo (étude urbanistique; non exécuté).

Expo Architecture 1958 (apport à l'exposition organisée par J. Franssen).

Etude urbanistique du Westhoek à De Panne (coll. avec De Koninckx; commande du groupe Launoit).

Projet du bloc à appartements R.V.S. Wilrijk (coll. avec O. De Koninckx, sans suite).

Maison européenne, Bourse annuelle, Gand 1958 (a été reconstruite, après l'exposition, à Sint-Maartens-Latem).

Maison Nagels, Drabstraat, Mortsel.

1959

Maison et Magasin De Feyter, Gentse Steenweg, St.-Agatha-Berchem.

Maison Huib Van Hellem, Steenweg op Gent, Zellik.

Projet de maison de jeunes et de sculpture à grimper, quartier Jos Van Geellaan, Deurne (non exécuté).

Appartements, bureaux et showroom De Vel et Eternit, Frankrijklei, Anvers, ° 1959, 1959-60 (légèrement transformé).

1960

Pavillon du Bouwcentrum, prototype en béton vibré et Eternit.

Quartier Arena, Deurne, bloc 2, 30 appartements, 10 studios, garages (commande N.M. Huisvesting), ° 1960-65, 1966-71 projet de sculpture de Braem, exécuté par l'entrepreneur: «soleil-fleur», «étoile florissante», «amour»).

Maison Van de Vijvere, Vlaamse Hoofdlaan, Anvers Rive Gauche.

Maison Van den Brande, coin Salvialaan-Broechemlei, Ramst, ° 1960-62, 1962-63.

Esquisse d'un projet de maisonettes pour personnes agées, Deurne (commande C.O.O., non exécuté).

Projet d'une fabrique pour Ballegeer (sans suite).

Projet de la maison Creado, Helmstraat, Hemiksem.

Projet d'un prototype de maison en plastique (commande du Bouwcentrum, sans suite).

Pavillon du Bouwcentrum, prototype en plaques Durox.

1961

Projet du bungalow pour le recteur Gillis, St.-Denijs-Westrem (sans suite).

Extérieur du hall du montage Cockerill Ougrée, Hoboken (avec reliefs colorés en blocs de béton; coll. avec Jul De Roover).

Etude urbanistique du métro d'Anvers: projet de métro entièrement automatisé (coll. avec le groupe a.s.b.l. Aménagements souterrains, Centre de Recherches et d'Etudes d'Aménagements souterrains de Liège; sans suite).

1962

Maison en Durox, commande de Ina Lauwers, Rode Weg, parcelle 76, Heide-Kalmthout.

«Maison à atrium» Verschoren, Keizerhoeksteenweg, Kontich.

Projet de concours Parkwijk Rive Gauche, Anvers (coll. avec Peeters et Fuyen: 4ème prix).

Fabrique Schulman Inc., Bornem (coll. avec Jul De Roover).

1963

Maison Verschoren, angle Prins Karellaan, Prins Alexanderlaan, Wilrijk.

Maison Schandevyl, Thonetlaan, Anvers Rive Gauche.

Projet de cimetière, Deurne (en partie exécuté mais défiguré).

Projet de concours pour un pont sur l'Escaut (coll. avec prof. Paduart; primé).

Siège social de Glaverbel, Chaussée de la Hulpe, Watermael-Boitsfort, Bruxelles, ° 1963, 1967 (coll. avec Jacqmain, Mulpas et Guilissen).

1964

Projet de cabine EBES, «Fortje», Deurne (non exécuté).

Plan d'urbanisme du quartier «Vorsenkweek», Deurne Nord.

Parking couvert, Boom (coll. avec Van Camp et Van de Velde, non exécuté).

Projet de «Ville Linéaire Belgique».

1965

Projet de la maison du Dr. Peeraer, Montebellostraat, Anvers (sans suite).

Pavillon temporaire de sculpture pour la Biennale du Middelheim (construction en acier, coll. avec P. Mara, détruit).

Projet de bassin de natation, Arena, Deurne (sans suite).

Quartier Kruiskenslei, Boom. Tour et blocs oblongs 1 et 2 (coll. avec Van Camp et Van de Velde; par économie le couronnement des tours et la moitié des fenêtres ne furent pas exécutés) ° 1965, 1966-70.

1966

Projet d'extension de la maison du Dr. Heeremans, Liedekerke (maison construite par H. Hoste; sans suite).

Maison Helena Brants-Brauns, Kasteelstraat 76, Overijse.
Plan Particulier d'Aménagements des glaisières comblées à Boom, 1er projet.

Plan d'aménagement du territoire du stade de l'Antwerp à Deurne.

Projet de maison en acier à Westmalle (commande de Leo Geerts; non exécuté).

Maison de campagne G. Alsteens (Gal), Labélaan, Overijse, °1966-67, 1968-69.

Maison L. Van den Brande, Van Amstelstraat 88, Hoboken, °1966-67, 1968-69.

1967

Projet d'urbanisation des Polders à Hoboken (coll. avec Wittockx et Wynants; sans suite; en dépit de l'ampleur de l'étude accomplie, le projet fut confié au groupe I de B.P.P.B.).

Maison Van de Pas, Diesegemlei 110, Mortsel, °1967, 1968-70.

Maison Van Humbeek, Pastorijstraat 3, Buggenhout, °1967-69, 1969-70.

1968

Pavillon de sculpture, Middelheimpark, Anvers, ° 1968-69, 1969-71.

Projet d'une tour près du Boekenbergpark (commande de Toen; sans suite).

Projet H.B.K. - Hypothecaire Beleggingskas, Lange Lozanastraat, Anvers (concours limité; sans suite; le projet fut décerné à W. Vandermeeren).

Bibliothèque communale, Schoten, °1968-71, 1972-74 (coll. avec P. Janssens).

Projet de concours pour les bureaux B.V.M. - Société d'Assurances à Gand (concours limité en coll. avec Th. Van Looy; sans suite).

Projet du siège de l'Ordre des Architectes (sans suite).

1969

Projet du Centre Administratif de la Ville d'Anvers, 2ème phase (sans suite).

Projets d'un domaine de recréation à St.-Annastrand, Anvers Rive Gauche (sans suite).

Projet de concours pour l'Hôtel de Ville d'Amsterdam (sans suite).

Maison Schellekens, Loenhoutsebaan 58, Hoogstraten, °1969, 1970-72.

Quartier Kruiskenslei, Boom, bloc 4 (coll. avec Van Camp et Van de Velde; exécuté fidèlement); °1969-72, 1972-77.

1970

Travaux d'assainissement du bassin de natation de St. Annastrand (commande de l'Administration communale d'Anvers).

Projet de concours du campus universitaire de la V.U.B., Plaine des Manœuvres, Ixelles, Bruxelles (sans suite).

1971

Immeuble pour l'Administration et le rectorat, V.U.B., Bruxelles, °1971-73, 1974-78 (étant donné les crédits limités, le premier projet fut rejeté).

Projet de construction (annexe) de la maison communale de Malines, °1971 (consultants: van Faes et Levrier; fidèlement exécuté en 1976-78).

1972

Transformation d'un fleuriste, Cloots-Kok, Gitschotellei 296, Borgerhout.

Villa Van Hoecke, Oudestraat, Elversele, °1972-75, 1975-77.

1973

Restauration d'un moulin à St.-Annastrand, Anvers (commande de l'Administration Communale).

Maison Moyson, Veldenstraat 95, Malines, °1973-1974.

Projet de maison De Decker, Meerbeek (non exécuté).

1974

Projet d'une maison de campagne pour le Dr. Onghena, Sint Martens-Latem (non exécuté).

Projet de logements pour étudiants (commande Fam. Corijn sans suite).

Projet d'internat à Hoboken, °1974.

Projet de l'Ecole R.M.S. à Kalmthout, °1974.

Maison de campagne Vermeylen, Driehoeksdreef, Schilde °1974-76, 1977-78.

1975

Transformation d'un café sous le moulin de St.-Annastrand, Anvers (seul le projet des façades extérieures a été exécuté commande de Imalso, Anvers).

1977

Villa De Belder, Kwikstaartlaan, Wilrijk, °1977, 1978.

Plan particulier d'Aménagements des glaisières comblées à Boom; esquisse du plan de l'Hôtel de Ville, du Centre Administratif, du centre culturel (à la suite du concours de 1946 coll. avec Van Meerbeeck et Van Camp depuis 1977).

1978

Projet pour le Centre Administratif de Boom. °1978-82.

Projet d'extension de l'Ecole Royale de Kalmthout. °1978-82

1981

Projet d'école primaire, Sledderlo, Gand, °1981-

Projet d'Institut Royal d'Enseignement spécial technique Rect. °1981-

1982

Projet de station de Métro du Palais des Sports, Anvers °1982-

ECRITS - WRITINGS

Twee minuten architektuur, in *Joe English Gilde,* 1931, nr. 1.

Bouwen, woonmachines, liefde, enz., in *Joe English Gilde,* 1931, nr. 3.

Ideologische bovenbouw en economische onderbouw, in *Joe English Gilde,* 1931, nr. 4.

Waarheen? Proeve van Oriëntering.
1. *Le Corbusier,* in *KMBA,* 1934, nr. 7, p. 186.
2. *De Nieuwe Zakelijkheid,* in *KMBA,* 1934, nr. 8, p. 198.
3. *Herbeginnen van 0,* in *KMBA,* 1934, nr. 10, p. 256.
4. *Naar een architektuur,* in *KMBA,* 1934, nr. 11, p. 295.

Naar een nieuwe eenheid, in *KMBA,* 1935, nr. 12, p. 370.

Ontwerp lijnstad, in *KMBA,* 1934, nr. 7, p. 178.

Richtlijnen voor een totale architektuur, in *KMBA,* 1938, nr. 9, p. 225.

Directives pour l'architecture totale, in *Le Document,* 1939, nr. 2, p. 33.

Monumentaliteit, in *Bouwkunst en Wederopbouw,* 1941, nr. 4, p. 103.

Tentoonstellingstechniek in dienst van een stedebouwkundige taktiek, in *BkW,* 1942, nr. 9, p. 192.

La technique de l'exposition au service de la propagande urbanistique, in *Reconstruction,* 1942, nr. 25, p. 6.

Tegen struisvogelarchitektuur, in *Bouwkunst en Wederopbouw,* 1942, nr. 12, p. 278.

Vraagstukken van den Wederopbouw. 3 artikels in *Het Vrije Woord,* 22 en 29 déc.; 1944, 5 jan. 1945.

Beroep op de Kunstenaars, in *Het Vrije Woord,* 12 jan. 1945.

De Taak der Moderne Architektuur, in *Het Vrije Woord,* 24 fevr. 1945.

Bevrijdende Kunst, in *Het Vrije Woord,* 21 en 28 avril 1945. (Ces articles furent publiés dans *Het Vrije Woord* sous le pseudonyme Michel Staal).

Stedebouw in Engeland, in *Débats,* 1946, nr. 1.

Prefabrikatie en Standaardisatie, in *Bouwen,* 1946, nr. 1, p. 3.

Op zoek naar een basis voor het nieuwe urbanisme, in *Bouwen,* 1946, nr. 3, p. 45.
(réponse de H. Delvaux et J. Schellekens in *Bouwen,* 1946, nr. 4).

Urbanistische indrukken uit het Frankrijk van 1946, in *Bouwen,* 1946, nr. 5, p. 85.

Bij het ontwerp van een Decrolyschool, , in *Architectura,* 1948, nr. 3, p. 45.

Uit het land van de Grimlach, in *Architectura,* 1948, nr. 4-5, p. 53.

1948, Balans en vooruitzichten, in *Bouw,* 16 oct. 1948.

Interview (par F. Kemps), in *Architectura,* 1952, nr. 1, p. 4.

10 commandements pour une architecture, in *Architecture,* 1952, nr. 1, p. 7 en in *BW.,* 1953, nr. 1, p. 4.

Wooneenheid Kiel. in *BW.,* 1954, nr. 2, p. 55.

Bouwen en nog bouwen, maar hoe?, in *BW.,* 1954, nr. 3, p. 100.

Alle De Taeye-woningen zijn niet lelijk, in *BW.,* 1954, nr. 3, p. 110.

Over landhuizen, in *BW.,* 1954, nr. 4, p. 142.

Verkeer en Stedebouw, in *BW.,* 1954, nr. 7, p. 241.

Hout en de moderne architekt, in *BW.,* 1954, nr. 8-9, p. 337.

Tegen Formalisme, in *BW.,* 1954, nr. 11, p. 376.

Mexicaanse architectuur, in *BW.,* 1954, nr. 12, p. 408.

Kleine woningen in Duitsland, in *BW.,* 1954, nr. 12, p. 413.

Voor een nieuwe synthese der kunsten, in *BW.,* 1955, nr. 1, p. 3.

Goedkope of goede woningen, of goedkope en goede woningen, in *BW.,* 1955, nr. 1, p. 13.

Mens en ruimte, in *BW.,* 1955, nr. 3, p. 92; en nr. 4, p. 110.

Buitenlands perspektief, in *BW.,* 1955, nr. 3, p. 77.

Hout, vriend van de mens, in *BW.,* 1955, nr. 6, p. 196.

Le bois, la nature et l'homme, in *LM.,* 1955, nr. 7, p. 190.

Neutra, in *BW.,* 1955, nr. 7, p. 240.

Vacantiekrabbels, in *BW.,* 1955, nr. 9, p. 326.

Beton en architectuur, in *BW.,* 1955, nr. 10, p. 344.

De tweede revolutie, in *BW.,* 1955, nr. 12, p. 430.

E. Van Steenbergen, een geslachtofferde generatie, in *BW.,* 1956, nr. 1, p. 13.

Het onbeweeglijke in dienst van de beweging, in *BW.,* 1956, nr. 3, p. 81.

Ronchamp, in *BW.,* 1956, nr. 5, p. 207.

De eeuwige baksteen, in *BW.,* 1956, nr. 7, p. 287.

Voor goedkopere woningen, in *BW.,* 1956, nr. 10, p. 447.

Bij de Nuova Pirelli, in *BW.,* 1956, nr. 12, p. 625.

Over kerkbouw, in *BW.,* 1957, nr. 1, p. 11.

Kleine filosofie voor architecten, in *BW.,* 1957, nr. 7, p. 236.

Architectuur van heden door architecten van morgen, in *BW.,* 1957, nr. 11, p. 403.

Staande tegenover 1958 - nogmaals waarheen?, in *BW.,* 1958, nr. 1, p. 20.

Interbau 57, in *BW.,* 1958, nr. 3, p. 107.

Bouwcentrum, in *BW.,* 1958, nr. 8, p. 254.

Modelwijk Heysel-Brussel, in *BW.,* 1958, nr. 10, nr. spéc.

Vrijheid door Orde. Voor een totale architektuur, in *BW.,* 1958, nr. 10, p. 286.

Over Team-work, in *BW.,* 1958, nr. 10, p. 29.

Expo 58, goede wil is niet genoeg of de boom der kennis geplant in dorre grond, in *BW.,* 1959, nr. 2, p. 59.

Bouwen in Nederland. Van Berlage tot Bakema, in *BW.,* 1959, nr. 4, p. 120.

Aan de jeugd, in *BW.,* 1959, nr. 9, p. 319.

Grondslagen voor een rationeel kunstonderwijs, in *BW.,* 1959, nr. 9, p. 325.

Volkskunst in Roemenië, in *BW.,* 1959, nr. 12, p. 433.

Totaalarchitektuur, in *Tien jaar atelier*. Deurne 1960.

Modern wonen in België, in *Kompas*, 1960, nr. 1, p. 12.

Henry van de Velde en de toekomstige harmonie in de architectuur, in *De Natuurvriend*, feb. 1960, nr. 2.

Het Administratief Centrum in wording, in *Antwerpen*, déc. 1960, nr. 4, p. 147.

Durox-huis, in *BW.*, 1960, nr. 5, p. 183.

Vormproblemen, in *BW.*, 1961, nr. 2, p. 99.

Architektuur en Kunstambacht, in *Kunstambacht N° 1*, 1961.

Economische, technologische, sociale en culturele feiten van vandaag die de huisvesting beïnvloeden, in *BW.*, 1961, nr. 3, p. 124.

In memoriam Walter Bouchery, in *BW.*, 1961, nr. 7, p. 307.

Einde, punt achter de 'moderne kunst', in *BW.*, 1962, nr. 11, p. 3.

Begrafenis van de sociale woningbouw?, in *Links*, 31 mars 1962.

Henry van de Velde, in *Antwerpen*, 1963, nr. 4, p. 137-140.

De „Libre esthétique" te Antwerpen, in *Bouwkundig Weekblad*, 13 déc. 1963, nr. 25, p. 477.

Operation for freedom: a model housing estate, in *Delta*, winter 1963-64.

Overwegingen tussen ijs en bloemen, in *Plan*, oct. 1964, nr. 1, p. 6.

Het fortje gisteren, heden en morgen, in *Plan*, oct. 1964, nr. 1, p. 45.

Heeft architektuur nog zin?, in *Plan*, 1964, nr. 2, p. 3.

Konservatisme en barbaarsheid, in *Plan*, 1965, nr. 3, p. 19.

Drie verblijven voor Vlaamse kunstenaars, in *Plan*, 1965, nr. 3, p. 28.

Sacrale architektuur of helemaal geen architektuur!, in *Ars sacra nova*, Zwijndrecht, 1965.

Hommage à L.H. de Koninck, in *La Maison*, 1965, nr. 7, p. 217.

Stad België, in *De Nieuwe*, 31 déc. 1965.

Voor een urbanisme met visie, in *Plan*, 1965, nr. 4, p. 7.

De betekenis van het werk van Stijnen, in *Plan*, 1965, nr. spéc.

Quelques rappels, in *A.*, 1965, nr. 63, p. 872.

Wonen, een te herzien begrip, in *Plan*, 1965, nr. 3, p. 3.

Toekomstproblemen voor de Orde, in *Kontakt*, 1 juni 1965.

Il y aura moins de joie dans le monde, in *LM.*, 1965, nr. 10, p. 326.

In memoriam Le Corbusier, in *Publication annuelle de l'Académie Royale des Sciences, des Lettres et des Beaux-Arts de Belgique*, 1965.

Totale vernieuwing of totale ondergang, in *De Nieuwe*, 14 oct. 1966.

Esquisse d'un manifeste pour l'architecture totale, in *A.*, 1966, nr. 70, p. 325.

Wat doen we met de historische stadskernen, in *'t Land van Rijen*, 1966, p. 145.

Voorstel tot een manifest: Vlamingen, waarom zijt gij zo lelijk, in *Kontakt*, 1966, nr. 8.

Vlaanderen nu en straks. Noodzaak van een plan, in *Vlaams Marxistisch Tijdschrift*, 1967, nr. 2, p. 69.

Kontakt met de Kunst, in *De Belleman*, 1967, nr. 4.

Braems wet op de Stedebouw, in *De Standaard*, 8-9 juil. 1967.

België het lelijkste land ter wereld...?, in *De Natuurvriend*, juil.-août, nr. 7-8.

Auto-autopsie, in *Academische Tijdingen*, 1967, nr. 8.

Nee, aan de negativisten, in *TABK*, 1967, nr. 9, p. 215.

Van Djoser tot Nasser, in *TABK*, 1967, nr. 10, p. 238.

Europa en de noodzaak van een plan, in *TABK.*, 1967, nr. 15, p. 333.

Het lelijkste land ter wereld. Leuven, 1968, Davidsfonds.

Les deux architectures modernes, in *Synthèses*, 1968, nr. 263-264, p. 92.

Egypte, een lijnstad, in *TABK*, 1968, nr. 1, p. 44.

Leve Gaudi!, in *TABK*, 1968, nr. 4, p. 101 en: in *Volksgazet*, 16 mai 1968.

De architect en het maatschappelijk bestel, in *Bouw*, 27 avril 1968, p. 674.

Mea culpa... of niet?, in *TABK*, 1968, nr. 5, p. 130.

Op weg naar een grote federatie, in *TABK*, 1968, nr. 22, p. 556.

Kritiek op kritiek, in *TABK.*, 1968, nr. 12, p. 288.

'Vacantiepsychologische' waarnemingen van een urbanist te Saas-Fee, in *TABK.*, 1968, nr. 16, p. 402.

België, krotwoning voor twee volken, in *TABK*, 1968, nr. 1, p. 14.

Stedebouw en Ruimtelijke Ordening onder het neo-kapitalisme, in *Links*, 30 nov. 1968, nr. 1, p. 14.

Op weg naar één grote federatie, in *Tijdschrift voor architectuur en beeldende kunsten*, nov. 1968, nr. 22, p. 556.

La vraie révolution, in *Synthèses*, 1969, nr. 281, p. 15.

L'architecture de demain et l'ordre d'aujourd'hui, in *Architecture*, 1969, nr. 87, p. 358.

De 'art nouveau' en wij. Mededelingen van de Koninklijke Vlaamse Academie voor Wetenschappen, Letteren en Schone Kunsten van België, 1969, nr. 1.

Bandstad België, in *Kontakt*, 1969, nr. 1, p. 16.

Voorstel verbeteringsmogelijkheden voor onderwijs in de architektuur, in *TABK*, 1969, nr. 2, p. 49.

Antwerpen morgen. Een leefbaar milieu? Deurne, 1969.

Vormgeving en architektuur. Elementen voor een grotere doelmatigheid in het onderwijs, in *Architectón*, 1969, nr. 2, p. 23.

La loi en architecture, in *SADBr.*, avril 1969, nr. 7.

Ruimte of Dood, in *Ruimte voor de Jeugd*, avril 1969.

Het Bauhaus is dood - Wat nu?, in *De Standaard der Letteren*, 5 sept. 1969.

Vlaanderens geschonden gezicht, in *De Standaard der Letteren*, 13 déc. 1969.

Mort et résurrection de l'architecture, in *Architectón*, , 1969, nr. 12, p. 11.

Stedebouw, stagnatie of revolutie, in *Kontakt*, 1969, nr. 4, p. 85.

Niet kunnen spelen is een vorm van hongerlijden!, in *De Bond*, 19 déc. 1969.

Prefabrikatie, myte of werkelijkheid, in *Infordesign*, sept. 1970, nr. 34, p. 129.

Pleidooi voor een idee, in *Kontakt*, 1970, nr. 12, p. 247.

Tout ou rien, in *Communications de l'Académie Royale des Sciences, des Lettres et des Beaux-Arts de Belgique*, 1971, nr. 1.

Renaat Braem, in BEKAERT, STRAUVEN, *La construction en Belgique 1945-70*, Bruxelles, 1971, p. 278.

Over de geestelijke mazelen van de jeugd, in *TABK.*, 1971, nr. 10, p. 252.

Cogels-Osylei, in *Openbaar Kunstbezit*, 1971/17.

Binnenstadbeleving, in *Bouw*, 6 nov. 1971.

De les van Japan, in *Mededelingen van de Koninklijke Vlaamse Academie voor Wetenschappen, Letteren en Schone Kunsten van België*, 1972, nr. 1.

Einde of Begin der architectuur, in *Kontakt*, 1 mars 1972.

Architekten en hun beperkte fantasie, in *Spectator*, août 1972, nr. 33.

Interview (par Godfried Bomans), in *G. BOMANS, Een Hollander ontdekt Vlaanderen*. Elsevier, Amsterdam, Brussel 1972, p. 255.

Mekanismen van de visuele vervuiling, in *Kontakt*, 1 juil. 1973.

Architektuur en leefmilieu. Over de tragische noodzaak ener diepgaande revolutie. Antwerpen 1973.

Kleine Filosofie van het Bouwen, in *Gentse Bijdragen tot de Kunstgeschiedenis*, 1973-5 XXIII.

Flor Van Reeth negentig!, in *Kontakt*, 15 juin 1974.

Tien jaar architektuur, in *De Vlaamse Gids*, 1974, nr. 8-9, p. 30.

In memoriam W.M. Dudok, in *Publication annuelle de l'Académie Royale des Sciences, des Lettres et des Beaux-Arts de Belgique*, p. 142.

L'Architecture de demain, in *Notre Temps*, 11 sept. 1975..

Architecture, perspective possible, in *Art, vie, esprit*, sept. 1975, nr. 14, p. 7.

Ons bouwkundig erfgoed, in *School en Omroep*, sept.-oct. 1975, p. 5.

Over architectuur in Turnhout. Wegen en dwaalwegen, in *Openbaar Kunstbezit*, 1975, p. 76-97.

Architekten en Architektuur, in *Kontakt*, 1 juin 1977.

Naar een nieuwe synthese, in *Futura*, 1978, nr. 2, p. 18.

Interview door „Koerier" Antwerps woonblad: moed ontbreekt om te denken aan de toekomst, fév. 1978.
Architectuur, bouwen aan een toekomst, een betere of een slechtere! in *Mens & Taak*, 1980, nr. 1.

De Stad van Morgen. Bruxelles 1982.

Actuele problemen, CIAM... en verder? in *Ruimtelijke Planning*, nr. 2, 1982.

Abréviations:
KMBA: Maandblad van de Koninklijke Maatschappij der Bouwmeesters van Antwerpen.
LM.: La Maison.
A.: Architecture.
BW.: Bouwen en Wonen.
TABK.: Tijdschrift voor Architectuur en Beeldende Kunsten.

CONFERENCES - LECTURES

Principales conférences pour la fondation De Raet, l'Université du Peuple. Em. Vandervelde, le cercle culturel de la Femme Prévoyante Socialiste, Tribune, l'école Saint-Luc, la fondation post-universitaire de Hasselt, l'ENSAAV (La Cambre).

Wonen gezien van buiten naar binnen. 15 déc. 1954.

Toespraak Bouwcentrum. 3 oct. 1959 (in *BW* 1959, nr. 10, p. 369).

Team-werk in de architektenpraktijk. VAV Brabant, 23 mai 1962.

A De Koninck. 11 mai 1965.

Opdracht van de architekten in dienst van het goede wonen. Seminarie KMBA Turnhout, 27 mars 1965.

Vlaanderen op het keerpunt der wegen. De vormgeving van het fysisch leefmilieu (pour la fondation Lodewijk de Raet), 11 sept. 1965.

De arbeidende mens en zijn problemen, woonprobleem. BRT, 24 nov. 1965.

Oú allons-nous ? (La Cambre), 26 jan. 1966.

Het woord is aan de ingenieurs en de architekten. Bouwcentrum, 8 fév. 1966.

Totale vernieuwing of totale ondergang ? AVPL Hasselt, 29 avril 1966.

Over Le Corbusier. Université de Gand, 14 mars 1966.

La Révolution permanente des formes. Avionpuits, mai 1966.

Vlamingen waarom zijt gij zo lelijk ? De Blanckaert, Woumen, 28 oct. 1966.

Bezoek België, het lelijkste land ter wereld. Académie Royale Flamande, Bruxelles, jan. 1967.

Europa 1980, een probleem van urbanisme. 10 jan. 1967.

Het lelijkste land ter wereld. Inst. Emile Vandervelde, Antwerpen, 19 jan. 1967.

Ruimtelijke ordening in Vlaanderen van nu tot 2000. Antwerpen, 18 fév. 1967.

La mission de l'architecte. SBUAM, 23 fév. 1967.

Hoe woont men in Vlaanderen ? Tribune, Edegem, 15 mars 1967.

Liberté, égalité, fraternité ou la mort des arts. Ensaav, mars 1967.

Nota over mijn werk. Design Center, 5 sept. 1967.

Europa 1980, een probleem van urbanisme. AVPL Hasselt, 19 avril 1967.

Architektuur, de dinosaurus en de space-man. Limburgse Academie voor Bouwkunst, Maastricht, 22 sept. 1967.

Onze toekomst. Kultuurraad Leuven, 20 nov. 1967.

Proeve van open en duidelijke stellingname t.o.v. de architektuur van deze tijd. Apeldoorn, 20 nov. 1967.

Eloge du Cercle. Glaverbel, Bruxelles, nov. 1967.

Mens en Wonen. Jong Davidsfonds Antwerpen, 7 avril 1968.

Architektuur en gemeenschap. Nationaal Congres FAB Mechelen, 4-6 oct. 1968.

Waarheen ? V.A.V. Leuven, 11 oct. 1968.

Vlaanderen, welig huis. Hoogstraten, 4 mars 1969.

La vraie Révolution. H.I.R.A.M., Liège, 12 mars 1969.

Antwerpen morgen, een leefbaar milieu. L. de Raetstichting, Antwerpen, 26 avril 1969.

Mort et résurrection de l'architecture. A.P.I.A.W. Liège, 24 oct. 1969.

De bevrijdende architektuur. Geluwe, 6 juil. 1969.

Het lelijkste land ter wereld. Droit Humain, Antwerpen, 4 nov. 1969.

Over Gaudi. Academie Tilburg, 30 août 1969.

L'architecture nulle part ou l'architecture partout. La foire aux architectes, Tournai, 15 avril 1970.

Op zoek naar een filosofie van aktie voor architektuur en stedebouw. Bruxelles, 12 nov. 1970.

Architectuur en gemeenschap. Postuniv. Centrum Hasselt, 21 nov. 1970.

België een vuilnishoop of een paradijs. Vermeylenfonds, Woluwe-Saint-Pierre, 2 fév. 1971.

A little speech about architecture - to architects, pour des architectes canadiens, Eternit, Bruxelles, 15 sept. 1972.

Einde of begin der architektuur. 16 nov. 1972.

Ma philosophie. Académie de Liège, 27 avril 1973.

Problems of the city. American Library Bruxelles, 2 mai 1973.

Monumentenzorg... Beleidszorg. Vlaamse Regionale voor Stedebouw en Huisvesting, Mechelen, 13 déc. 1973.

Filosofie van het wonen. A.V.P.L. Hasselt, 14 déc. 1973 (débat avec B. van Reeth).

Petites suggestions pour le grand chambardement. Ensaav Bruxelles, 12 nov. 1975.

Een geniaal architekt, Julien Schillemans. A l'occasion d'une exposition consacrée à son œuvre au Kon. Inst. Schone Kunsten, Antwerpen, 12 nov. 1976.

13 stellingen voor een nieuwe architektuur. T.H. Eindhoven, 1977.

Naar een nieuwe synthese. T.H. Eindhoven, 1978.

Leven en wonen in Antwerpen. Jordaenshuis Antwerpen, 13 jan. 1978.

Architektuur als moraal en als wijsbegeerte. Université de Gand, 1978.

Colloquium over stadsrenovatie. Aug. Vermeylenfonds Antwerpen et *KMBA,* 1978.

Wie zonder zonden is werpe de eerste baksteen, à l'occasion de la remise des prix du concours La Brique, 1978.

Naar een nieuwe visuele kultuur. Lecture donnée à l'Académie Royale des Sciences, des Lettres et des Beaux-Arts de Belgique, 15 mars 1978.

Curriculum, TV-programma BRT, interview de L. Simons, 18 jan. 1980.

Langs de ruïnes van CIAM naar de stad van morgen. PHA Hasselt, 11 mars 1980 ; et SHIAS, Gent, 19 mars 1980.

COLLABORATEURS DE RENE BRAEM DEPUIS 1940
COLLABORATORS OF RENE BRAEM SINCE 1940

Suske Peeters	juin 1941-jan. 1946
Walter Bresseleers	1951
Lode Wouters	juin 1955-1960
Edouard Vandevelde	août 1958-1961
Hans Verhavert	1964-65, 1967-68
Rud Vael	sept. 1965-nov. 1972
Werner De Bondt	août-sept. 1966
Karel Beuten	oct. 1966-1968
Hugo Lejon	sept. 1967-1973
Piet Vanreusel	août 1967-août 1968
Josephine Moyson	nov. 1967-jan. 1978
Jan Willems	août 1968-juin 1979
Wim Mortelmans	juin 1970-jan. 1972
Rina Kimzeke	oct. 1969-oct. 1970
Gusta van de Voorde	jan. 1971
Juan Frazao	1972-73
Dannie Staut	sept. 1972
Jean-Pierre Frisson	avr. 1972
Dirk Jacobs	mars 1974

TRAVAUX REALISES EN COLLABORATION
WORKS THROUGH COLLABORATION

Plan d'assainissement d'Anvers, avec Huib Hoste, 1935.

Habitations diverses, avec Marc Segers, 1935-1940.

Concours pour l'Albertine à Bruxelles, avec Julien Schillemans (bureau Cols & De Roeck), 1937.

Cités à Borgerhout et Deurne, avec Brosens et Laforce, 1946-1948.

Auberge de jeunesse à Zoersel, avec W. Van Gils, 1949.

Monuments, avec Marc Macken, 1948-1950.

Cité Kiel à Anvers, avec Maeremans et Maes, 1949-1958.

Centre Administratif d'Anvers, avec Jul De Roover et Maxime Wijnants, 1951-1967.

Cité Modèle du Heysel à Bruxelles, avec Coolens, L'Equerre, Panis et Van Dooselaere, 1956-1963.

Cité Sint-Maartensdal, avec De Mol et Moerkerke, 1957-1967.

Hôpital du Middelheim, avec Francken et Van Riel, 1957-1968.

Jardin d'enfant à Anvers, avec Nolf, 1957-1971.

Cité à Boom, avec Van Camp et Vandevelde, 1957-1977.

Usine à Bornem, avec Jul De Roover, 1961.

Hall de montage à Hoboken, avec Jul De Roover, 1962.

Siège social de la société Glaverbel à Bruxelles, avec Jacqmain, Mulpas et Guilissen, 1963-1967.

Pavillon temporaire de sculpture au Middelheim, avec Pol Mara, 1965.

Projet d'urbanisation des Polders de Hoboken, avec Wittockx et Wijnants, 1967.

Bibliothèque à Schoten, avec P. Janssens, 1968-1974.

Projet de concours pour des bureaux à Gand, avec Th. Van Looy, 1968.

Hôtel de ville de Malines, avec Faes et Levrier, 1971.

BIBLIOGRAPHIE - BIBLIOGRAPHY

H. COLLEYE, *L'Architecture à l'Institut des Beaux-Arts*, in *La Métropole*, 24 juin 1934, p. 7.

E. VAN DER PAAL, *Hooger Instituut voor Schoone Kunsten. Beschouwingen bij de Jaarlijkse Tentoonstelling*, in *KMBA*, 1934, nr. 7, p. 172-81.

LE CORBUSIER, *Application des thèses de la ville radieuse*, in *l'Architecture d'Aujourd'hui*, avril 1936, p. 78.

G. HUMPHREY, *Borgerhoutse Kunstenaars, XI Renaat Braem*, in *Nele*, 25.2.1937.

M. VAN EYCK, *Maison de la Culture, projet de l'architecte Renaat Braem*, in *Le Document*, 1939, nr. 2, p. 34.

J. SEVERIN, *Het teekenwerk van bouwmeester Renaat Braem*, in *Volk en Staat*, 14 juin 1941.

B. LAENENS, *Renaat Braem, teekenaar*, in *Volk en Kultuur*, 14 juin 1941.

J.S., *Tentoonstelling Stedebouw in Stad en Dorp*, in *Laagland*, 22 août 1942.

E. LEONARD, *Een gelukkig initiatief van het Provinciebestuur van Antwerpen, Tentoonstelling „Stedebouw in Stad en Dorp"*, in *Bouwkunst en Wederopbouw*, 1942, nr. 8, p. 181.

Wedstrijd Gemeentehuis Boom, in *Bouwen*, 1946, nr. 2, p. 31.

Des communistes chargés des plans du centre de la police anversoise, in *La Libre Belgique*, 5 fév. 1952, p. 5.

J.L.L., *Anvers a elle aussi sa „Maison du Fada"*, in *Le Peuple*, 22 juin 1953.

H. GOOSSENS, *Het nieuwe wonen*, in *ABC*, 4 juil. 1953, p. 4.

Le Corbusier heeft te Antwerpen slechte volgelingen, in *Het Bouwbedrijf*, 19 juil. 1953.

Steeds „Het Nieuwe Wonen", in *Het Handelsblad*, 8 sept. 1953.

L'immeuble du „Huisvesting" à Kiel-Anvers, in *Rythme*, 1953, nr. 16, p. 12.

Van Bouwstijl naar Levenstijl, in *Volksgazet*, 16 sept. 1954, p. 15.

Quartier Kiel à Anvers, in *l'Architecture d'Aujourd'hui*, 1954, nr. 57, p. 66-70.

A.W. LEMESRE, *De sociale uitrusting van de woning. Een degelijk voorbeeld*, in *Wonen*, jan. 1958, p. 221.

A. BONTRIDDER, *De parkwijk op de Heysel*, in *Wonen*, sept. 1958, p. 407.

Constructie ter keuze, in *Het Bouwwerk*, déc. 1959, nr. 3.

R. Braem, *Kenschets van een architect*, in *Het Bouwwerk*, jan. 1960, nr. 1.

E.J. BASTIAENEN, *De C.M. „Huisvesting - Antwerpen" in de Sociale Woningbouw*, in *Wonen-Habiter*, oct. 1960, nr. 13-14, p. 57.

M. CALLEWAERT, *Leuven: woonwijk in hoogbouw vervangt een kazerne*, in *De Gemeente*, mars 1961, nr. 122, p. 129.

R. COURTOIS, *Concours national Cité Parc à Anvers*, in *Rythme*, fév. 1962, nr. 36, p. 11.

K.N. ELNO, *Een hoofdstad die bouwend haar on-zin exhibitioneert*, in *De Nieuwe*, 5 sept. 1964.

K.N. ELNO, *Van legerfort tot sport- en cultuurcentrum*, in *De Nieuwe*, 16 oct. 1964, nr. 29.

L'architecte R. Braem nous parle de l'urbanisation de Deurne et du Pavillon Middelheim, in *La Métropole*, 16 et 18 oct. 1964.

E. BERGEN, *Renaat Braem*, in *Architecture*, 1965, nr. 63, nr. spéc.

K.N. ELNO, *Fraai wonen in een Leuvens dal*, in *De Nieuwe*, 19 mars 1965, nr. 51, p. 3.

K.N. ELNO, *Verrassende benoeming in het architectuuronderwijs*, in *De Nieuwe*, 7 mai 1965, nr. 58.

Braem, in *La relève*, 5 juin 1965.

A. VAN HOORNWIJCK, *Renaat Braem*, in *TABK*, 1965, nr. 7, p. 153.

K.N. ELNO, *België is vooral om politieke redenen het lelijkste land van de wereld*, in *De Nieuwe*, 23 sept. 1966.

G. BEKAERT, *Richting Sint-Maartensdal*, in *De Standaard*, 18 mars 1967.

P. BOURGEOIS, *Interview met Renaat Antoon Braem*, in *MD*, avril 1967.

Bouwen aan „de Stad België", in *De Post*, 9 juil. 1967.

J. DE ROEY, *Renaat Braem „ziet" Vlaanderen 2000*, in *De Standaard*, 8-9 juil. 1967.

M. TH., , *Ruimtelijke ordening nog niet aan de beurt in Vlaanderen*, in *De Rode Vaan*, 13 et 20 juil. 1967.

A. VAN BEECK, *België: 'lelijkste land ter wereld!'*, in *Cobouw*, 28 juil. 1967.

P.L., *Pour une autre architecture*, in *Le Drapeau Rouge*, 15 sept. 1967.

R. DE DIJN, *Architekt Braem vecht tegen de slechte smaak*, in *Ons Volk*, 5 oct. 1967, p. 29..

De duivel in de Stedebouw, interview de Braem, in *Volksgazet*, 14 mars 1968.

E. PANKHURST, *De Belg leeft van pronkerig vertoon*, in *Zondagmorgen*, 21-27 juin 1968, p. 15.

Het lelijkste land ter wereld, in *De Bond*, 21 juin 1968.

J.M., *Renaat Braem, Menswaardig leven. Menswaardig wonen*, in *De Rode Vaan*, 1 août 1968.

J. DREESEN, *Renaat Braem*, in *De Bond*, 6 sept. 1968.

K.N. ELNO, *De Bouwmeester in het Belgisch Braembos*, in *De Nieuwe*, 27 sept. 1968.

J. TANGHE, *Speurend in de toekomst*, in *Kontakt*, 1 oct. 1968.

J. TANGHE, *Het Lelijkste Land ter Wereld*, in *La Maison*, 1968, nr. 12, p. 468.

R. SCH., *Het lelijkste land ter wereld*, in *Pallieterke*, 28 nov. 1968.

Renaat Braem, in *Winkler Prins van deze tijd 1958-1968*, Amsterdam, Bruxelles 1969.

Het lelijkste land ter wereld, in *Strijk en Zet* (Pieter Schoen), jan. 1969.

Un appel de Renaat Braem, in *Le Drapeau Rouge*, 7 fév. 1969.

Het lelijkste land ter wereld, in *Cobouw*, 21 fév. 1969.

Lelijkste land? in *De Standaard*, 6 mars 1969.

J. DE ROEY, *Wonen in Braem*, in *Marlux*, 1969, nr. 2, nr. spéc.

F. AUWERA, *Renaat Braem: ,,leefmilieu verpest door neo-kapitalisme''*, in *De Volkskrant*, 29 mars 1969.

T. VAN DORMOLEN, *Een bom in het hart*, in *Panorama*, 7-14 juin 1969.

België, het lelijkste land ter wereld?, in *Ons Land*, 26 juil. 1969.

M. VAN NAELTEN, *Gaat de vrije mens in een kosmische reuzelintworm wonen?*, in *Kontakt*, 1 oct. 1969, nr. 3.

L. SOETE, *Ruimtelijke vormgeving: het scheppen van mogelijkheden tot (r)evolutie, kontinu veranderen, door een wetenschappelijke aanpak van vormgevingsproblemen. Reaktie op Braem*, in *Kontakt*, 1 déc. 1969.

J. TANGHE, *Bandstad*, in *Kontakt*, 16 déc. 1969.

E. DE CLEEN, *Braem: nog niet van deze tijd*, in *Golflengte*, mars 1970, nr. 50.

G. BEKAERT, *Braem en de Art Nouveau*, in *Kunst en Cultuuragenda*, 4 mars 1970, p. 6.

S. MARK, *Bouwen in België*. Interviews de R. Braem et W. De Bondt, in *ABC*, 1970, nr. 13, p. 5.

Zijn wij dwazen in het lelijkste land? Culturele Raad Turnhout, nov. 1970.

G. BEKAERT en F. STRAUVEN, *Bouwen in België - La Construction en Belgique*, Bruxelles, 1971, p. 276-281.

M. DELTOUR, *De duizendvoudige verlatenheid van de Heiselvlakte*, in *TABK*, 1971, nr. 3, p. 62.

G. JONKER, *De P.O.P. der progressieven*, in *Bouw*, 28 août 1971.

I. HINTJENS, *Alles of niets. Een nieuwe studie van Renaat Braem*, in *Kontakt*, 1 sept. 1971.

G. JONKER, *Alles of niets*, in *Bouw*, 30 oct. 1971, p. 1589.

H. BORST & A. VAN STAEN, *Antwoord aan Renaat Braem*, in *TABK*, 1971, nr. 10, p. 255.

Het stinkt ook visueel. Débat in *De Standaard*, 12 avril 1973.

H. GEENS, *R. Braem, een architekt voor arme mensen?*, in *Ons Volk*, 29 juin 1973.

M. VAN IMPE, *Braems grote liefde: het Antwerps Station*, in *De Vlaamse Elsevier*, 18 fév. 1974.

P. PUTTEMANS, *Architecture moderne en Belgique*, Bruxelles, 1974, passim.

V. BRANTSEN, I. DELABIE, J. HEEREN, A. NEYS, *Analyse van twee woningen van Braem*, mémoire, Schaerbeek, 1974.

P. ST., *Braem wil Antwerps station beschermen*, in *De Standaard*, 8 fév. 1974.

PH. LEFEBVRE, *Renaat Braem. De Vienne à Moscou*. Mémoire ENSAAV, 1975.

Braem over het Centraal Station. Interview in *De Neus*, 1975, nr. 4.

K.N. ELNO, *R. Braem kiest architektuur*, in *Openbaar Kunstbezit*, 1975, p. 73.

L. BECKERS, *Moderne architektuur heeft ook recht op respekt*, in *De Nieuwe*, 28 nov. 1976.

F. BOOGAARD, *Revolutionair plan van Antwerpse architect Braem: België afbreken en heropbouwen*, in *Cobouw*, 20 août 1976, p. 11.

E. MEEUSSEN, *Renaat Braem... ook interieurontwerper?* Mémoire, Schaerbeek, 1977.

S.C., *,,Respect voor het verleden is een ongezond gevoel''*, in *Volksgezet*, 16.1.1978.

M. DUMON, *Architekt Renaat Braem: Waarom knoeien we verder?* Interview in *TV-expres* 7 jan. 1980, p. 104.

J. DE ROECK, *Renaat Braem, architekt en ook schilder: ,,Alle verbeelding ontspruit uit de aarde''*, in *De Standaard*, 18 jan. 1980, p. 7.

P. DARGE, *Architektuur is een vorm van religie*. Interview de R. Braem dans *Bouwen Spécial*, publié par *Knack*, 5 mars 1980, nr. 10.

L. BECKERS, *Braem zeventig*, in *De Nieuwe*, 5 déc. 1980.

P. STERCKX, *Braem zeventig, hulde aan een visionair architekt*, in *De Nieuwe Gazet*, 5 déc. 1980.

F. BOENDERS, *Renaat Braem 70*, in *Kunst- en Cultuuragenda*, 1 jan. 1981.

P. PUTTEMANS, *Vive Braem*, in *Artribune* jan. 1981, nr. 3.

L. BECKERS, *Renaat Braem, een architekt met gezonde illusies*, in *Kunstbeeld*, mars 1981, nr. 6.

INDEX

ACHEVÉ D'IMPRIMER
EN FÉVRIER MILLE NEUF CENT QUATRE-VINGT CINQ
SUR LES PRESSES DE SNOECK-DUCAJU & ZOON,
À GAND, BELGIQUE